中国法学会研究会支持计划
最高人民法院审判理论研究会主持

中国法院类案检索与
裁判规则专项研究

环境资源纠纷案件裁判规则（一）

环境侵权

韩德强　主编

法律出版社
LAW PRESS·CHINA
北京

图书在版编目(CIP)数据

环境资源纠纷案件裁判规则. 一, 环境侵权 / 韩德强主编. --北京 : 法律出版社, 2021

ISBN 978-7-5197-6095-3

Ⅰ. ①环… Ⅱ. ①韩… Ⅲ. ①环境保护-民事诉讼-审判-案例-中国 Ⅳ. ①D922.680.5

中国版本图书馆 CIP 数据核字(2021)第 223067 号

环境资源纠纷案件裁判规则(一):环境侵权
HUANJING ZIYUAN JIUFEN ANJIAN CAIPAN GUIZE(YI): HUANJING QINQUAN

韩德强 主编

责任编辑 周 洁
装帧设计 李 瞻

出版发行 法律出版社
编辑统筹 司法实务出版分社
责任校对 晁明慧
责任印制 胡晓雅
经　　销 新华书店

开本 710 毫米×1000 毫米 1/16
印张 19.25 **字数** 330 千
版本 2021 年 12 月第 1 版
印次 2021 年 12 月第 1 次印刷
印刷 三河市龙大印装有限公司

地址:北京市丰台区莲花池西里 7 号(100073)
网址:www.lawpress.com.cn
投稿邮箱:info@lawpress.com.cn
举报盗版邮箱:jbwq@lawpress.com.cn

销售电话:010-83938349
客服电话:010-83938350
咨询电话:010-63939796

书号:ISBN 978-7-5197-6095-3
定价:55.00 元

最高人民法院审判理论研究会
类案同判专项研究首席专家组组长
姜启波

首席专家组成员（以姓氏笔画为序）：
丁文严　王保森　王　锐　王毓莹　牛　凯　代秋影
包献荣　刘俊海　李玉萍　李　明　杨　奕　吴光荣
沈红雨　宋建宝　张勇健　陈　敏　范明志　胡田野
钟　莉　俞秋玮　姜俊禄　唐亚南　曹守晔　韩德强
黎章辉

环境资源纠纷案件裁判规则（一）
环境侵权

主　编：韩德强
副主编：花玉军
专家组（以姓氏笔画为序）：
卜　素　王亚南　王昌奇　杜　林　李帅胜
李　娟　吴一冉　张　辰　张　建　周　威
周美来　赵　涛　莫燕雯　晋　海　韩　旗

中国法院类案索引与类判规则专项研究说明

最高人民法院《五五改革纲要》提出“完善类案和新类型案件强制检索报告工作机制”,周强首席大法官提出法官办案应当进行案件检索。为配合司法体制综合配套改革,落实周强首席大法官的指示要求,循序推进人民法院类案同判工作,中国应用法学研究所组织了最高人民法院审判理论研究会及其下设18个专业委员会的力量,开展中国法院类案索引与类判规则专项研究,并循序推出类案索引和裁判规则研究成果。

最高人民法院审判理论研究会及其分会的研究力量主要有最高人民法院法官和地方各级人民法院法官、国家法官学院和大专院校专家教授、国家部委与相关行业的专业人士,这些研究力量具有广泛的代表性,构成了专项研究力量的主体。与此同时,为体现法为公器,应当为全社会所认识,并利用优秀的社会专业人士贡献智慧力量,专项研究中也有律师、企业法务参加,为专项研究提供经验与智慧,并参与和见证法律适用的过程。以上研究力量按照专业特长组成若干研究团队开展专项研究,坚持同行同专业同平台研究的基本原则。

专项研究团队借助大数据检索平台,形成同类案件大数据报告,为使用者提供同类案件裁判全景;从检索到的海量类案中,挑选可索引的、优秀的例案,为使用者提供法律适用参考,增加裁判信心,提高裁判公信;从例案中提炼出同类案件的裁判规则,分析裁判规则提要,提供给使用者参考。从司法改革追求的目标看,此项工作能够帮助法官从浩如烟海的同类案件中便捷找到裁判思路清晰、裁判法理透彻的好判决(即例案),帮助法官直接参考,从这些好判决中提炼、固化裁判规则。如此,方能帮助法官在繁忙工作中实现类案同判。法院类案索引与类判规则专项研究,致力于统一法律适用,实现法院依法独立行使审判权与法官依法独立行使裁判权的统一。这也正是应用法学研究的应有之义。

专项研究的成果体现为电子数据和出版物(每年视法律适用的发展增减),内容庞大,需要大量优秀专业人力长期投入。有关法院裁判案件与裁判内容检索的人工智能并不复杂,算法也比较简单,关键在于“人工”,在于要组织投入大量优秀的“人工”建设优质的检索内容。专项研究团队中的专家学者将自己宝贵的时间、智力投入到“人工”建设优质内容的工作中,不仅需要为统一我国法律适用、提升裁判公信力作出贡献的情怀,还需要强烈的历史感、责任感,具备科学的体系思维和强大的理性能力。此次专项研究持续得越久,越能向社会传达更加成熟的司法理性,社会也越能感受到蕴含在优质司法中的理性力量。

愿我们砥砺前行。

曹士兵

二〇一九年五月十六日

前　言

随着社会发展及司法公开力度加大，案件裁判信息的交流、比较日益频繁、便捷，人民群众对法律适用及裁判尺度不统一问题的关注度不断提升，并成为强烈的社会司法需求。最高人民法院也在持续关注并出台措施加以应对，如2018年印发的《关于进一步全面落实司法责任制的实施意见》提出，健全完善法律统一适用机制，各级法院应当在完善类案参考、裁判指引等工作机制的基础上，建立类案及关联案件强制检索机制，确保类案裁判标准统一、法律适用统一；存在法律适用争议或者“类案不同判”可能的案件，承办法官应当制作关联案件和类案检索报告。2019年发布的《人民法院第五个五年改革纲要（2019—2023）》再次重申完善统一法律适用机制，完善类案和新类型案件强制检索报告工作机制。推动类案同判已经成为提升司法公信、实现法律适用统一的重要工作内容和手段。而实现类案同判，首先要发现类案并确立类案裁判规则，进而通过规则约束个案裁判。

近年来，随着经济社会的快速发展，环境问题趋于复杂化、多样化，环境侵权民事诉讼数量呈不断上升趋势。作为一种特殊的侵权行为，环境侵权具有不同于普通侵权的特性：主体具有不平等性，受害对象具有广泛性，过程具有间接性，后果具有长期性、潜伏性等。正是由于环境侵权纠纷的特殊性，使环境侵权受害人的维权之路较为艰难。环境侵权民事诉讼案件能否适应环境侵权的特性，正确分配举证责任、合理确定证明标准，直接关系当事人受损的环境权益能否得到维护。因此，该类案件统一裁判尺度的压力更大，需求更强烈。在持续推进环境保护力度、建设美丽中国的背景下，研究环境侵权民事诉讼的类案规则更具法律价值和现实意义。

为确保环境侵权类案裁判规则研究的公信度和权威性，最高人民法院审判理论研究会、中国应用法学研究所组织牵头，由江苏省徐州市中级人民法院和江苏中虑律师事务所负责具体的编著事务。徐州市中级人民法院和江苏中虑律师事务所从具有博士、硕士学位,从事环境侵权民事诉讼实务的一线法官、律师中,遴选优秀人员组成专业化编写团队,在最高人民法院韩德强主编、徐州市中级人民法院花玉军副主编的统筹指导下,认真论证、反复打磨,终成本书。针对环境侵权民事案件审理中遇到的争议问题、新类型或疑难复杂问题,编写团队依托大数据检索平台、辅之各类经典案例,从检索收集到的海量类案中,研究、分析、提炼类案裁判规则30条,并最终形成20条成熟的裁判规则。每条规则下均附有该规则的类案检索报告,确保项下案例与该规则具有高度契合性,保证统计数据的准确度。此外,每条规则下还提供了可供参考的例案、裁判规则提要及辅助信息,彰显了裁判规则的权威性、准确性和可适用性。可供参考例案均系编写团队精心挑选,通过个案向读者展示裁判思路;裁判规则提要是类案裁判规则的核心,是对规则的法理依据、审理要点及适用情形的具体阐释;辅助信息则附注了与裁判规则相关的高频法律条文,方便读者查阅。

本书20条裁判规则基本涵盖了当前环境侵权民事司法领域重点、热点问题,全面展示了该领域内的权威司法裁判观点,是环境保护法官、律师及其他从事相关实务、研究人员工作的有益参考。当然,受制于编者水平等原因,本书难免存在疏漏,希望广大读者不吝赐教,帮助笔者进一步总结提高,共同凝聚环境侵权民事诉讼法律适用共识,推进类案同判,促进适法统一。

目　　录

环境资源纠纷案件裁判规则第 1 条：

在环境资源纠纷案件鉴定困难、鉴定成本过高或不宜进行鉴定的情况下，人民法院可以参考专家意见，结合案件具体案情，依正当程序合理确定损失数额

〔**规则描述**〕：基于环境侵权案件的特性，环境损害数额往往需要通过技术手段予以确定。但实践中囿于各种原因，存在鉴定困难、鉴定成本过高或不宜进行鉴定的情况，为了破解专业技术难题，降低鉴定成本，人民法院可以引入专家辅助制度，通过参考专家意见，结合案件具体案情，依正当程序合理确定损失数额。

一、类案检索大数据报告

截至 2020 年 6 月 15 日，分别以"专家""酌情确定"等为关键词，通过 Alpha 案例库共检索到类案 32 件。整体情况如下：

从年份分布可以看到当前条件下案件数量的变化趋势（见图 1－1）。

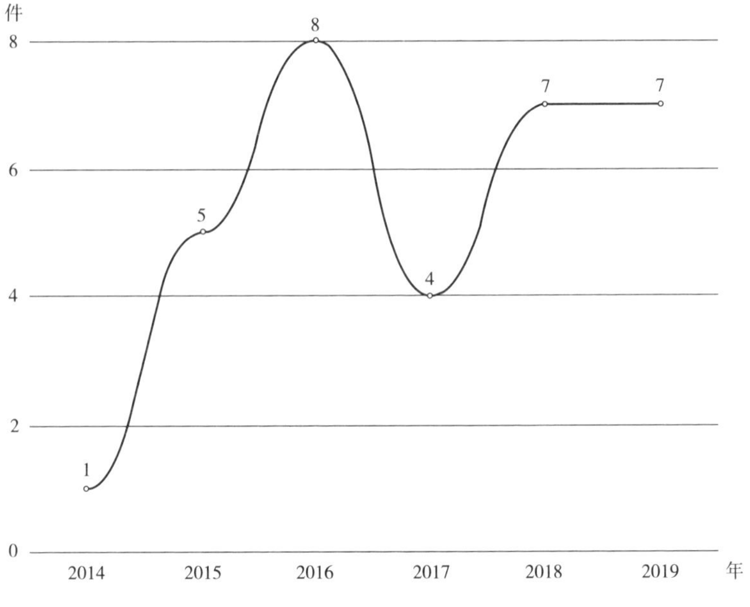

图 1－1 类案结案年份分布

从地域分布来看,当前案件主要集中在重庆市、江苏省。其中重庆市的案件量最多,达到 10 件(见图 1 - 2)。

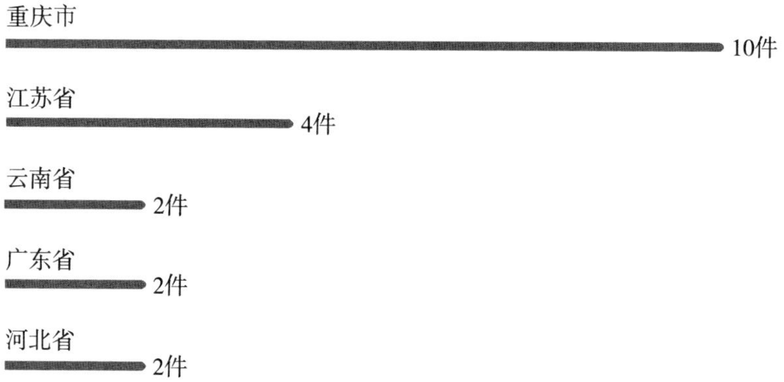

图 1 - 2 类案主要地域分布

从案由分类情况可以看到,当前最主要的案由是其他案由,有 18 件,占一半以上;其次是水污染责任纠纷、大气污染责任纠纷、噪声污染责任纠纷、固体废物污染责任纠纷(见图 1 - 3)。

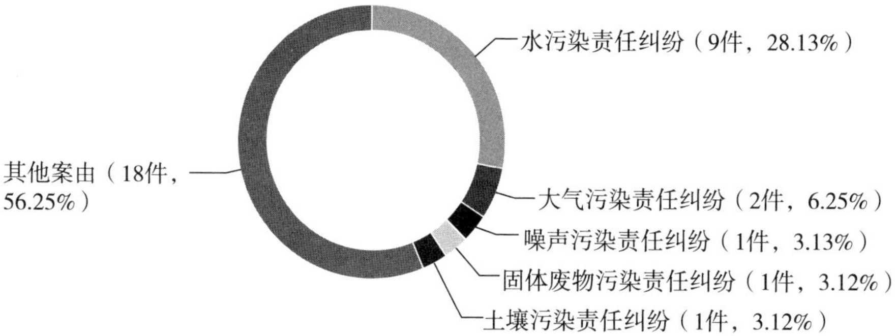

图 1 - 3 类案案由分布

从程序分类统计可以看到当前的审理程序分布状况。一审案件有 16 件,二审案件有 15 件,再审案件有 1 件(见图 1 - 4)。

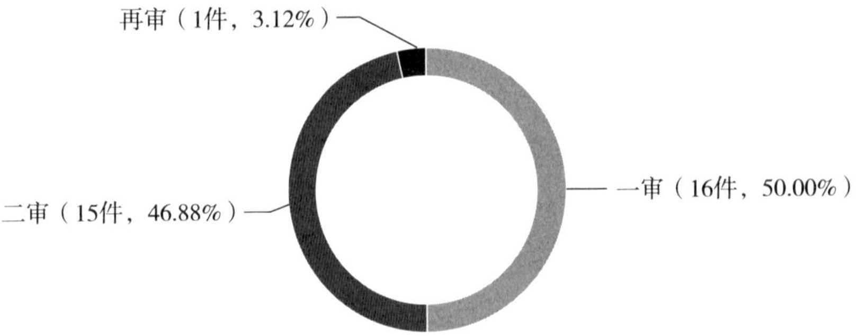

图 1－4 类案审理程序分布

二、可供参考的例案[①]

例案一　吴某某诉中铁五局（集团）有限公司、中铁五局集团路桥工程有限责任公司噪声污染责任纠纷案[②]

【法院】

贵州省贵阳市中级人民法院

【案号】

（2015）筑环保民终字第 2 号

【当事人】

上诉人（原审原告）：吴某某

上诉人（原审被告）：中铁五局（集团）有限公司

上诉人（原审被告）：中铁五局集团路桥工程有限责任公司

原审被告：贵州建工监理咨询有限公司

原审第三人：贵州贵安新区管理委员会

【基本案情】

吴某某于 2010 年在贵阳市花溪区麦坪开办了鑫鑫源养殖场，进行蛋鸡养殖。吴某某分别于 2013 年 4 月 16 日、6 月 20 日、9 月 16 日分三批购买了品种为新罗曼粉的鸡苗进行养殖。

---

① 例案中引用的法律法规等规范性文件，涉及的地名、机构名称、机关名称等均以裁判文书生效时为准。全书同。

② 本例案为 2015 年 12 月 29 日最高人民法院发布的 10 起环境侵权典型案例之一。

2013年7月20日,中铁五局(集团)有限公司(以下简称中铁五局)通过招投标,中标贵州贵安建设投资有限公司的贵安新区金马路道路工程土建施工第2标段,并与发包人贵州贵安建设投资有限公司签订了施工合同,后由中铁五局集团路桥工程有限责任公司(以下简称中铁五局路桥公司)从2013年10月开始施工,至2014年5月10日施工基本完成。

中铁五局、中铁五局路桥公司施工期间曾造成吴某某10只鸡死亡和3个鸡笼损坏,中铁五局金马路2标段项目部于2013年11月15日向吴某某赔偿了2300元。随后,吴某某的养殖场出现蛋鸡大量死亡,产生软蛋、畸形蛋等情况。吴某某便于2014年3月1日聘请贵州省农委动物疫病防治中心退休研究员乐某某、贵州大学动物医学教授汤某某、贵阳市兽疫防治站高级兽医师白某三位专家到养殖场进行探查,得出蛋鸡是在突然炮声或长期噪声下受到惊吓,卵子进入腹腔内导致腹膜炎死亡,而不是因为疫病死亡的结论。吴某某认为,蛋鸡大量死亡,产生软蛋、畸形蛋等情况是由中铁五局、中铁五局路桥公司所造成的,遂请求:(1)判令被告赔偿原告损失暂定共计为1,537,250元;(2)诉讼费及其他费用由被告承担。

经实地踏勘查明,吴某某的养殖场共6个鸡舍,位于贵安新区金马路道路工程土建施工第2标段的一侧,距离道路20~30米。

【案件争点】

如何确定吴某某养殖场因噪声而导致的损失。

【裁判要旨】

公民合法的民事权益受到法律保护,《侵权责任法》(已废止)第65条[①]规定,因污染环境造成损害的,污染者应当承担侵权责任。据有关科学论证,噪声污染作为环境污染的一种,对动物生理机能会产生一定影响,使动物出现烦躁不安、失去常态的症状,严重的可能会导致死亡,如鸟类在噪声环境中会出现毛脱落、影响产卵率等情况。中铁五局作为工程承包人、中铁五局路桥公司作为工程具体实施人,在道路施工过程中应采取合理措施,以保证在施工过程中产生的噪声符合国家相关标准。为了明确中铁五局路桥公司的施工噪声与吴某某养殖的蛋鸡产蛋率下降之间是否存在因果关系以及相关的损失,考虑鉴定成本和鉴定周期,吴某某聘请了相关专家。一审法院在案件审理过程中,通知贵州省畜牧兽医研究所高级畜牧师陶某某作为专家就案件所涉的专业性问题出庭作证。通过庭审质证,确认蛋鸡是

① 参见《民法典》第1229条。

在突然炮声或长期噪声下，受到惊吓后死亡的，而不是因为疫病死亡的。一审法院聘请的专家也证实，噪声对蛋鸡的影响主要表现在：(1)造成惊吓后死亡，(2)产蛋率下降。二审审理过程中，法院再次向原审出庭作证的贵州省畜牧兽医研究所高级畜牧师陶某某进行咨询，陶某某向法院出具了《关于吴某某案专家对噪声污染造成蛋损失计算模型的补充咨询意见》，并就该意见出庭向当事人进行了解答。根据专家证人提供的证言，养殖的正常死亡率在8%～9%，噪声对蛋鸡的影响幅度在1%～30%，以10%左右居多。本案养殖地离施工地点近的有10多米，远的有30多米，产蛋率下降的具体数值不好界定，要根据放炮的地点、放药量、时间等多方面因素判断。噪声多造成蛋鸡惊吓后挤压或者被笼子卡住致死，且产蛋率一旦下降即无法恢复到正常水平。此外，中铁五局、中铁五局路桥公司对于施工中产生的噪声造成原告损失的事实不持异议，表示愿意承担赔偿责任，但对于吴某某所提150多万元的赔偿数额不予认可。因此，结合专家证言和中铁五局、中铁五局路桥公司的自认，均应认定吴某某养殖场的蛋鸡损失与中铁五局路桥公司施工所产生的噪声之间具有因果关系，中铁五局、中铁五局路桥公司应承担相应侵权责任。

关于吴某某养殖场因噪声而导致的损失如何计算的问题，应该以确定损失计算模型及蛋鸡具体数量、蛋鸡死亡数量、蛋鸡产蛋下降率、育成蛋鸡成本（至18周开始产蛋）等基础数据为首要。按照举证责任分配的规则，吴某某养殖场遭受的具体损失数额属于原告的举证责任，即原告需提供能准确计算出具体损失数额的基础数据。而从吴某某所提供的证据来看，不同来源的基础数据均存在一定差距，不能准确计算出具体损失数额，但仅以证据不完全驳回吴某某诉请未免有失公正。吴某某养殖场存在实际损失，中铁五局、中铁五局路桥公司亦认可就造成的损失部分赔偿，考虑环境损害纠纷案件中损失证明确定特殊性与难易度，对于吴某某的举证责任不宜太苛求，应以公平公正的原则为指导，同时依据养殖手册等专业书籍、专家证人所提供的较为科学的基础数据，综合计算出较为客观的损失数额。

例案二　王某、中国石油天然气股份有限公司长庆油田分公司第二采油厂环境污染责任纠纷

【法院】

甘肃矿区人民法院

【案号】

(2018)甘95民终3号

【当事人】

上诉人(原审原告):王某

上诉人(原审被告):中国石油天然气股份有限公司长庆油田分公司第二采油厂

【基本案情】

王某在承包地上定植了油松及樟子松幼苗,2011年4月,中国石油天然气股份有限公司长庆油田分公司第二采油厂(以下简称采油二厂)所属的城壕作业区西259-05增压点回注水管线破裂,工业污水外泄,致使王某定植的苗木被大面积严重污染,苗木相继死亡。华池县林业技术推广站站长、林业高级工程师结合当时的市场行情,对王某定植的苗木进行了估价,即樟子松苗木市场价格为25元/株,预期出圃价格为30元/株;油松苗木市场价格为30元/株,预期出圃价格为35元/株。案件审理期间,双方多次调解未果。采油二厂不同意王某提出的土地采用置换新鲜土层的方法,遂提出书面鉴定申请。经王某、采油二厂同意,由庆阳市农业科学研究院的高级工程师、庆阳市林木种苗管理站正高级工程师以及陇东学院农林科技学院副教授组成专家组进行鉴定。经过现场勘查、取样,专家于2017年11月5日作出《城壕作业区油田污水浸渗王某育苗地块鉴定意见》1份。该书面意见对污染的原因、范围、后果、土壤恢复地力的方法和所需时间以及污水浸渗对现存活苗木的影响进行了专业详细的分析,鉴定认为五年土壤修复费用为63,425元。

【案件争点】

1. 专家意见能否采用。

2. 污染损害的大小及赔偿数额的认定。

【裁判要旨】

1. 关于专家意见能否采用的问题

最高人民法院《关于审理环境侵权责任纠纷案件适用法律若干问题的解释》规定了鉴定与专家辅助并存的专家证据制度,该司法解释除在第8条规定了鉴定制度外,其第9条规定,当事人申请通知一至两名具有专门知识的人出庭,就鉴定意见或者污染物认定、损害结果、因果关系等专业问题提出意见的,人民法院可以准许。具有专门知识的人在法庭上提出的意见,经当事人质证,可以作为认定案件事实的根据。通过确立专家辅助制度,协助当事人就有关专门性问题提出意见或者对鉴定意见进行质证，回答审判人员和当事人直接的询问，或者是与对方当事人申请的专家辅助人对质。因此，专家就案件的专业技术问题提出的意见是独立于司法鉴定、与司法鉴定不同的、具有独立价值的证据制度。采油二厂在对专家出具的意见进行质证的过程中提出，专家均无司法鉴定资格，不能出具鉴定意见，而应由司法鉴定机构出具鉴定意见。对此，采油二厂虽提出鉴定申请，但认为鉴定费用过高而未缴纳，事实上已放弃鉴定。因对本案涉及的污染后果以及污染治理的方法措施进行专业技术的认定是本案审理的关键，法院为查明案件事实，在经过多方查找未找到合适的、有资质的鉴定机构进行鉴定的情况下，组织三位专家现场取样勘查，采油二厂指派工作人员全程参与，所制作和获取的勘查结果、笔录具有客观性。出具专家意见的专家作为环境相关领域工程师或教授，具有相应专门知识，其所出具的意见具有一定权威性与可靠性。此外，法院在审理中将甘肃省环境科学研究设计院具备案件所涉事项的鉴定资质明确告知采油二厂，若采油二厂认为专家意见确有错误，可申请鉴定，但其并未实际申请委托鉴定，也未要求专家出庭质证。虽然专家于2017年11月5日作出的《城壕作业区油田污水浸渗王某育苗地块鉴定意见》名为"鉴定意见"，但实际属于专家意见，并非环境侵权司法解释第8条所规定的鉴定制度。故对该专家意见的审查亦有异于鉴定制度中鉴定意见的审查。任何证据均须经过各方当事人的质证方能作为认定案件事实的根据。依据环境侵权司法解释的规定，专家针对案件所涉的专业技术问题出具的专家意见，在经当事人质证之后，可以作为认定案件事实的根据。

2.关于环境污染责任纠纷损害大小及赔偿数额的认定

在环境污染责任纠纷损害大小及赔偿数额的认定上，除了受制于案件所涉及的专业技术问题外，受害人自身的过错、对证据的固定、取证等亦会影响相关数额的计算。王某2011年定植的樟子松和油松，一般在3~5年就可以出圃，2014年遭受污染时部分苗木已经可以出圃。王某未及时出售存活的苗木，使苗木还继续生长在被污染的地块之上，致损失继续扩大，王某亦有过错。因此，在对王某受损苗木的认定上，法院结合专家作出的专家意见、参照当时的市场行情，对苗木价格进行评估，酌定对死亡苗木损失按照预期出圃价格计算。

关于土壤修复期间损失认定的问题。土地是农民的基本生产资料，也是农民赖以生存和发展的基本保障，违反国家保护环境防治污染规定，污染环境造成他人损害的，应当依法承担民事责任。王某要求采油二厂赔偿土壤修复费用于法有据，但是王某定植的苗木在2014年遭受损失时部分苗木已经可以出圃，在该土地污染后,王某未及时出售当时存活的苗木,也未在污染地块上种植其他农作物,苗木继续生长在受污染地块,致使损失扩大。现已对被污染死亡苗木按照预期出圃价格进行了赔偿,王某再要求赔偿从2014年到2017年3月的产值损失,属请求重复。但对于王某要求赔偿土地恢复原状期间5年产值损失的诉求,因在恢复土地原状期间,该地块不能种植其他农作物,给王某带来的产值损失客观存在,对该项损失应予以认定。在目前国家对恢复土地原状期间的产值未制定规范性文件的情况下,法院参照甘肃省人民政府《甘肃省征地补偿区片综合地价及甘肃省征地补偿标准》(甘政法〔2017〕第17号)对采油二厂应赔偿王某恢复土地原状期间的产值损失进行了酌定。

例案三 | 孔某某与江西省康辉生态农牧科技有限公司水污染责任纠纷

【法院】

江西省上饶市中级人民法院

【案号】

(2019)赣11民终258号

【当事人】

上诉人(原审原告):孔某某

被上诉人(原审被告):江西省康辉生态农牧科技有限公司

【基本案情】

2010年2月13日,孔某某与铅山县河口镇玉石村欧家组村民签订了《烂泥垄水库经营权承包协议》,协议约定:地点在欧家组烂泥垄,名称为烂泥垄水库(面积约30亩),由孔某某承包经营,承包期限为2011年1月1日起至2041年12月30日止,孔某某需支付鲜草鱼92斤(或按当年草鱼市场价折价成人民币给付),另付200元给轮养户。协议落款处有孔某某与欧阳宏某、欧宏某、欧阳祥某、欧阳某、欧某有、陈保某、孔春某等人签名。2014年1月1日,孔某某与欧阳宏某签订《鱼塘转包合同》,合同约定:孔某某承包面积约6亩的烂泥垄水库上塘,承包期限为2014年1月1日到2024年12月30日,孔某某每年支付欧阳宏某1000元承包费。合同落款处有孔某某与欧阳宏某的签名。江西省康辉生态农牧科技有限公司(以下简称康辉公司)位于孔某某承包上塘鱼塘边,其建有养猪场及相关设施,康辉公司地势高于孔某某承包的上塘和水库。孔某某承包的烂泥垄水库与上塘鱼塘水道相连通。2017年10月20日,孔某某向原铅山县环境保护局反映康辉公司废水排到鱼塘问题，原铅山县环境保护局于2017年12月7日作出《关于办理孔某某信访事项答复意见书》，答复如下："……2017年10月20日我局监察大队对该公司的排污情况进行了现场检查。经查，该公司东南角的厂区有一座长满了水葫芦的水塘，水塘内的水满后溢流到水塘外的上塘……2017年11月18日，我局监察大队和监测站工作人员再次现场检查时，该公司东南角厂区内的水塘已进行加固并做好堵塞措施，未发现生产废水外排。我局监测站工作人员对投诉者反映受污染的上塘鱼塘内采了水样检测，检测结果为pH 7.04、COD81mg/L、氨氮10.45mg/L。针对投诉者反映水库内鱼苗死亡的情况，待渔业部门鉴定后……"此外，孔某某上塘和水库曾均出现过鱼死亡现象。

【案件争点】

1. 康辉公司是否有排污行为以及排污行为是否造成孔某某上塘及水库污染。

2. 承包鱼塘的死鱼现象与康辉公司排污行为是否有因果关系。

3. 孔某某损失如何确定以及孔某某的举证能否证明其主张的损失存在。

【裁判要旨】

1. 关于专家意见的证据性质

对于孔某某损失如何确定，孔某某在一审中曾提交熊某、曾某作出的《上饶市铅山县河口镇玉石村欧家自然村烂泥垄水库、上塘水塘经济效益评估报告》予以证明，但一审法院认为孔某某没有提供熊某、曾某相关的资质证明而未予采信。在案件二审时，孔某某申请熊某、曾某出庭作证。其中专家证人熊某系南昌市农业科学院水产研究所水产专业高级工程师，从事水产科研工作，专家证人曾某系南昌市农业科学院水产养殖工程师，主要负责苗种培育工作。专家出庭的主要证明目的是烂泥垄水库和上塘水塘在正常情况下养殖鱼类的收益情况。对于熊某、曾某出具的评估报告以及出庭陈述意见的证据性质的认定，根据《民事诉讼法》第79条的规定："当事人可以申请人民法院通知有专门知识的人出庭，就鉴定人作出的鉴定意见或者专业问题提出意见。"熊某、曾某出具的评估报告并非鉴定结论，其在出庭时所作的证言亦非对自己亲身感知的案件事实进行描述，而是基于其专业知识就专业问题的客观判断和陈述，因此，从证据的种类和性质上，其不属于证人证言。根据最高人民法院《关于适用〈中华人民共和国民事诉讼法〉的解释》第122条第2款的规定："具有专门知识的人在法庭上就专业问题提出的意见，视为当事人的陈述。"熊某及曾某出具的评估报告及出庭证言，是根据自己的专业知识对案涉水库及鱼塘的经济效益发表意见，是对当事人诉讼能力不足的一种补充，可以视为孔某某的陈述。

2. 关于专家意见的证据效力

环境资源案件与普通的民事案件相比,具有很强的专业性和复杂性,法官缺乏全面的环境科学、生物学、医学等专门知识,对于原告损害的程度大小、原告的损害与被告的排污行为之间是否有因果关系等问题很难判断。有专门知识的人出庭对于辅助当事人诉讼,帮助法官查清案件事实,推动环境侵权责任纠纷案件审理非常有必要。孔某申请出庭的专家证人熊某系水产专业高级工程师,有较高的理论知识,在水产养殖行业亦具有多年的从业经验;曾某为水产养殖专业工程师,该两位专家证人虽然不具备鉴定资质,但是其在水产养殖行业具有较高的专业知识,且具备丰富的实践经验,对于水产养殖行业的养殖方式、养殖成本、养殖收益等方面具有专业的认知能力。上述专家所出具的评估报告虽然不属于我国《民事诉讼法》规定的评估意见,但是对于案件的处理具有参考价值。

康辉公司存在污染行为,且污染行为与损害后果之间具有因果关系,孔某某在一审时提供的照片可以证实其损失客观存在。由于孔某某没有及时固定损失的证据,导致实际损失现在难以查清,但是认定当事人的损失或者当事人应当获得赔偿数额的方式并非只有一种。除了直接认定实际损失方法之外,还可以参考被侵权人的可得利益,或者侵权人因侵权行为所获得利益等予以确定。本案中孔某某的实际损失已经无法确定,熊某及曾某所提供的案涉水库及鱼塘按照正常养殖可获得的收益的意见,其中的收益为可能获得的利益。在没有其他更为精确的标准对孔某某的损失进行认定的情况下,以该意见作为参考具有现实意义。同时熊某及曾某的意见虽然视同当事人自己的陈述,但是该陈述具有很强的专业性,且被上诉人亦未能提供更为充分的理由推翻该陈述意见的成立。因此,当孔某某的客观损失在审理中难以查清,且无法进行鉴定时,法院在参考专家意见的基础上,可以结合本案的相关事实进行综合认定。

三、裁判规则提要

(一)环境侵权案件专家辅助人参与的必要性

环境侵权案件的特性决定了案件中专业事实技术查明困难、因果关系复杂等,往往需要具有环境损害鉴定资质的机构就相关问题进行鉴定。但是受制于鉴定制度的制约,有些专门问题无法通过鉴定解决。此时,由具有专门知识的人采取就专业问题进行说明、回答询问、提出意见等多种方式辅助案件的办理,有利于提高案件审理的效率和纠纷的实质化解。

1. 环境侵权特性的制约

环境侵权行为是由行为人的活动引起的对自然环境的破坏，及因此而导致他人人身、财产权益和环境权益损害的行为。这种行为具有不同于传统侵权行为的特性，这些特性使得在一般侵权领域能够较为精确计算和评估的损害结果，在环境民事侵权中却难以准确认定。主要体现在：（1）损害利益多元化。环境侵权行为所产生的损害形式既包括环境污染又包括生态破坏，同时又伴随着对人身或者财产的损害，其损害形式、内容是多样的。一方面，环境污染和生态破坏在各自内部都有着不同的样态；另一方面，环境污染和生态破坏二者之间常常互为因果，发生转化。除此之外，自然环境的公共利益属性决定了环境民事侵权既有公益性又有私益性，其在损害利益上亦是多元的。（2）因果关系复杂化。首先，环境民事侵权行为所产生的侵害具有潜伏性。环境侵权行为通常通过空气、水、土壤、生物等环境介质间接作用于受害人，且有些侵害因多种因素经过复杂的物理、化学、生物化学等复合作用、累积，往往会潜伏在环境中持续作用一段时间后才逐渐形成并显现。其次，环境法律关系所具有的“人—自然—人”的特点使得有些环境民事侵权行为不仅仅是人的行为作用的结果，而是人的行为与自然因素共同作用的结果，这必然使环境侵权的因果关系呈现复杂状态。（3）价值判断综合化。除了具有违法性的环境民事侵权行为之外，很多情况下造成环境民事侵权的行为本身乃是社会必要的经济活动或正常生产生活的“副产品”。这些“副产品”是创造社会财富、从事公共福利生活中不可避免的衍生行为，在产生这些“副产品”的同时也给社会不同程度地带来了利益。环境侵权的这一特性使得我们在认定环境侵权损害赔偿时不仅要对侵权行为的违法性、行为人的主观过错程度进行衡量，还要结合生态环境的稀缺性、生态环境恢复的难易程度等客观因素予以考量。

2. 司法鉴定制度的制约

环境民事侵权案件中，判断因果关系、确定损害的程度和范围、评估生态环境的恢复等专业性、技术性问题都需要借助科学的方法予以确定。司法鉴定作为在诉讼活动中鉴定人运用科学技术或者专门知识对诉讼涉及的专门性问题进行鉴别和判断并提供鉴定意见的活动，能够为裁判提供更为专业、科学、权威的依据，提高司法公正和效率。[①] 但是目前环境资源审判司法实践中，环境损害的鉴定存在诸多

① 参见全国人民代表大会常务委员会《关于司法鉴定管理问题的决定》第1条。

问题,对环境侵权案件的审理形成了很强的制约。主要表现在:(1)环境损害评估鉴定资源稀缺。最高人民法院《关于审理环境侵权责任纠纷案件适用法律若干问题的解释》第8条规定对查明环境污染案件事实的专门性问题,可以委托具备相关资格的司法鉴定机构出具鉴定意见,或者由国务院环境保护主管部门推荐的机构出具检验报告、检测报告、评估报告或者监测数据。但是目前提供环境损害司法鉴定服务的鉴定机构无论是从数量上还是地域分布上都尚不能满足司法实践中对环境损害评估鉴定的现实和潜在需求。(2)环境损害评估鉴定管理尚不规范。环境损害评估体系涉及环保、农业、国土、林业、海洋等行政管理部门。这些部门正在或已经组织编制的技术规范各有侧重,关于环境损害范围的界定与评估方法也有差别,甚至有些方面的环境损害司法鉴定技术标准缺失。[①] 此外。我国分散式的环境损害司法鉴定管理模式也会导致环境损害司法鉴定行业的准入门槛较低,评估鉴定市场机构林立,良莠不齐。(3)环境损害评估鉴定周期长、费用高。环境损害评估鉴定周期长,难以适应案件的审理期限需求。环境损害评估鉴定涉及范围广、污染因子较多、时空变化较快、牵涉其他因素众多,使得鉴定相对复杂。同时,环境损害鉴定链条包含了污染物质鉴别、污染成因分析、累积因素排除、损失分析评估、损害量化确认等环节,导致环境损害鉴定的周期较长。此外,环境损害评估鉴定的专业性决定了对其投入、周期和专家的技术要求相对较高,必然导致较高的环境损害评估鉴定成本。

(二)环境损害数额的酌定因素

任何对环境和生态造成损害的单位和个人都必须依法承担相应的法律后果。[②] 但是环境侵权的特性及环境损害司法鉴定评估的现状无疑增大了确定环境损害数额的难度,因此,在环境侵权案件中,对于鉴定困难、鉴定成本过高或不宜进行鉴定的情况,法院可以结合以下因素酌情确定损害数额。

1. 防治污染设备的运行成本。《环境保护法》第41条规定,建设项目中防治污染的设施,应当与主体工程同时设计、同时施工、同时投产使用。“三同时”制度拟通过对防治污染设备的建设与运行来最大限度地减少对环境的污染和破坏。但是防治污染设备的建设与运行必然会带来生产成本,在此情况下,生产经营者往往会

---

① 参见王旭光:《环境损害司法鉴定中的问题与司法对策》,载《中国司法鉴定》2016年第1期。

② 参见周珂主编:《环境与资源保护法》(第3版),中国人民大学出版社2015年版,第35页。

选择应建设防治污染设备而未建设即投产，或者虽然已经建设但不依法运行的方式来减少生产成本。因此法院可将企业正常运行防治污染设施的成本作为损害数额认定的考量因素。

2. 相关环境保护监管部门的意见。我国对环境保护的监管依所监管资源的不同，采取环境保护、国土、海洋、农业、林业、水利等分散管理模式。我国环境损害评估体系主要包括农业环境污染损害鉴定、养殖和野生渔业环境污染损害鉴定、海洋生态环境损害鉴定、室内环境质量检测、林业环境破坏评估鉴定、危险废弃物认定等，分别由环境保护、农业、国土、林业、海洋等环境资源行政管理部门管理。行政执法阶段的证据因具有直接性和时效性，往往能够最为全面地反映案件发生时生态环境受到损害的事实情况，对该部分事实的认定客观上影响环境侵权责任是否成立以及如何承担。因此，前述环境资源行政管理部门能够充分利用其专业人员、技术、设备和经验的优势为法院提供更加专业的意见，该意见可以作为法院认定环境损害数额时的参考。

3. 专家意见。法院在进行损害数额认定时可以参考的专家意见主要来自以下四种渠道：一是当事人申请的技术专家提供的专家意见。二是法院内部建立的环境资源专家库。为了处理环境资源审判中的专业问题，许多法院成立了环境资源专家库或者在专家库中设立环境资源专家。三是法院以外的专家资源。主要包括行政机关、检察机关、科研院校内的专家。四是合议庭成员中的专家陪审员。法院在审理较为复杂的环境侵权案件时可以将既被任命为人民陪审员又具有专门知识的人纳入合议庭参与案件审理，其对案件中专业技术问题发表的合议意见，能够为合议庭进行环境损害数额认定提供参考。

在存在多个考量因素时，需要法官在以案件的事实和证据为依据的前提下，综合考虑各个因素，合理行使自由裁量权予以酌定。对于对环境损害数额认定有影响的因素以及考量因素的采纳情况，法官应当在判决理由中予以说明，既可防止法官在裁判时裁量权的恣意扩张，同时又提高了当事人对损害额认定的信服度。

四、辅助信息

高频词条：

《民事诉讼法》

第 79 条　当事人可以申请人民法院通知有专门知识的人出庭，就鉴定人作出的鉴定意见或者专业问题提出意见。

最高人民法院《关于适用〈中华人民共和国民事诉讼法〉的解释》

第122条 当事人可以依照民事诉讼法第七十九条的规定,在举证期限届满前申请一至二名具有专门知识的人出庭,代表当事人对鉴定意见进行质证,或者对案件事实所涉及的专业问题提出意见。

具有专门知识的人在法庭上就专业问题提出的意见,视为当事人的陈述。

人民法院准许当事人申请的,相关费用由提出申请的当事人负担。

第123条 人民法院可以对出庭的具有专门知识的人进行询问。经法庭准许,当事人可以对出庭的具有专门知识的人进行询问,当事人各自申请的具有专门知识的人可以就案件中的有关问题进行对质。

具有专门知识的人不得参与专业问题之外的法庭审理活动。

最高人民法院《关于民事诉讼证据的若干规定》

第83条 当事人依照民事诉讼法第七十九条和《最高人民法院关于适用〈中华人民共和国民事诉讼法〉的解释》第一百二十二条的规定,申请有专门知识的人出庭的,申请书中应当载明有专门知识的人的基本情况和申请的目的。

人民法院准许当事人申请的,应当通知双方当事人。

第84条 审判人员可以对有专门知识的人进行询问。经法庭准许,当事人可以对有专门知识的人进行询问,当事人各自申请的有专门知识的人可以就案件中的有关问题进行对质。

有专门知识的人不得参与对鉴定意见质证或者就专业问题发表意见之外的法庭审理活动。

最高人民法院《关于审理环境侵权责任纠纷案件适用法律若干问题的解释》

第9条 当事人申请通知一至两名具有专门知识的人出庭,就鉴定意见或者污染物认定、损害结果、因果关系修复措施等专业问题提出意见的,人民法院可以准许。当事人未申请,人民法院认为有必要的,可以进行释明。

具有专门知识的人在法庭上提出的意见,经当事人质证,可以作为认定案件事实的根据。

环境资源纠纷案件裁判规则第 2 条：
环境资源纠纷案件中认定专家辅助人意见效力，应注重对专家辅助人的专家适格性、载体规范性、证言有助性与可靠性等方面的审查

〔**规则描述**〕：环境侵权案件一般具有专业性强、技术问题对审理的影响大等特点。解决该类案件中的技术问题，可由专家辅助人针对专业技术问题提供意见，辅助当事人举证、质证，协助人民法院查清涉案技术事实；对专家辅助人提供的意见，应从专家资格及其意见内容可靠性等方面进行全面审查。

一、类案检索大数据报告

截至 2020 年 6 月 15 日，分别以"环境""专家辅助人"等为关键词，通过法信平台、中国裁判文书网、Alpha 案例库共检索到类案 1123 件。经过筛选与本规则相关的案例，剔除同一案件因多次审判程序的重复裁判文书，实际共有 793 件案件。整体情况如下：

从年份分布可以看到当前条件下案件数量的变化趋势（见图 2－1）。

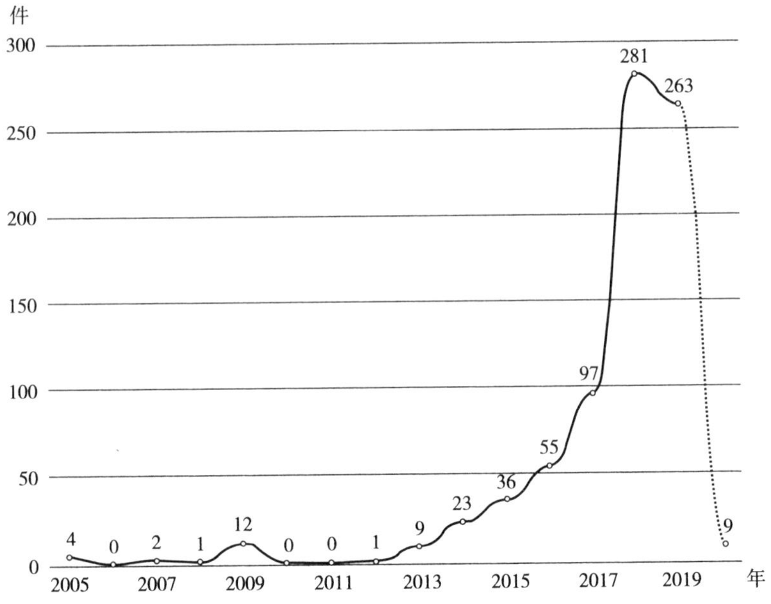

图 2－1　类案年份分布

从地域分布来看,当前案件主要集中在天津市、北京市、江苏省,分别占比为51.58%、8.20%、7.06%。其中天津市的案件量最多,达到409件(见图2-2)。

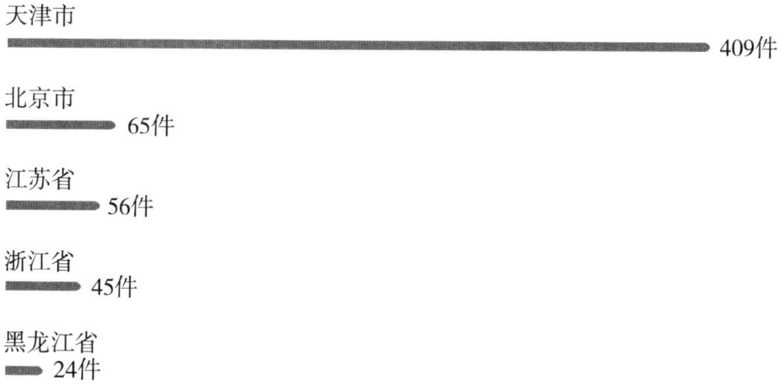

图2-2 类案主要地域分布

从案由分类情况可以看到,当前最主要的案由是民事,有750件,占一半以上;其次是刑事、行政(见图2-3)。

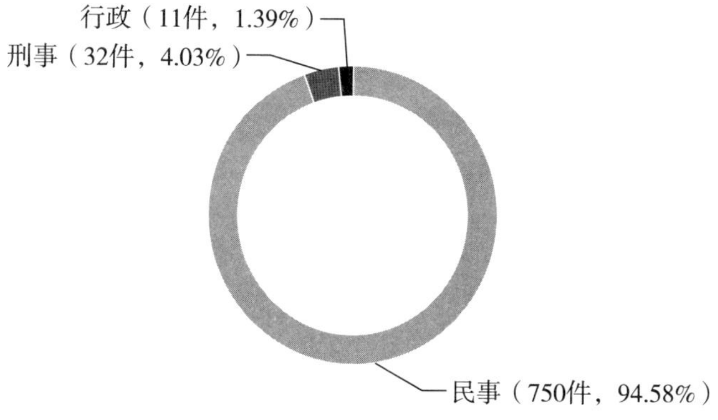

图2-3 类案案由分类

从程序分类统计可以看到,当前的审理程序分布状况。一审案件有385件,二审案件有204件,再审案件有203件,执行案件有1件(见图2-4)。

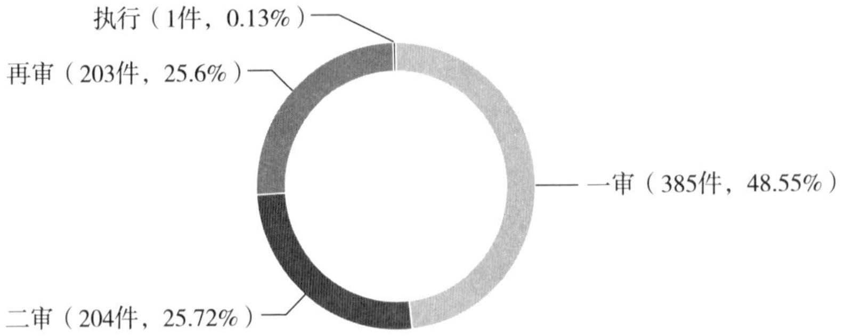

图2-4 类案审理程序分布

二、可供参考的例案

例案一 | 盱眙卫岗牧业有限公司诉盱眙淮润工贸有限公司环境污染责任纠纷

【法院】

江苏省淮安市中级人民法院

【案号】

(2017)苏08民终546号

【当事人】

上诉人(原审被告):盱眙淮润工贸有限公司

被上诉人(原审原告):盱眙卫岗牧业有限公司

【基本案情】

盱眙卫岗牧业有限公司(以下简称卫岗公司)与盱眙淮润工贸有限公司(以下简称淮润公司)毗邻。2014年10月27日凌晨,淮润公司燃烧、提炼有毒金属,产生大量有毒废气飘入卫岗公司场区,卫岗公司的65头奶牛和7头牛犊死亡。

2014年10月29日,扬州大学动物科学与技术学院杨某平、扬州大学兽医学院卞某春出具《盱眙仇集卫岗奶牛场奶牛急性死亡病例的现场诊疗初步意见》,该意见认为奶牛急性死亡初步排除传染性疾病的可能,符合中毒性疾病的基本特征,排除药源性、食源性和水源性中毒的可能,病因极有可能是急性化学性肺损伤。卫岗公司后期没有采取进一步措施做毒物分析、病料分离、培养和重金属、无机酸、气溶胶微粒检查,以排除传染病可能、确定中毒源、确诊急性化学性肺损伤。

2014年11月12日,淮润公司出具认可书,载明:“盱眙县卫岗牧业有限公司:

由于我公司的生产影响,于2014年10月27日贵公司的奶牛受到中毒损害,造成贵公司所计算出的直接损失人民币215.4万元,间接损失289.94万元。本公司对以上认可……”淮润公司在认可书上加盖了公章。因淮润公司一直没有履行赔偿义务,卫岗公司诉至法院。

【案件争点】

1. 关于淮润公司所致损害赔偿责任的认定。

2. 关于卫岗公司各项损失的认定。

【裁判要旨】

1. 关于赔偿责任的认定

因环境污染造成损害的,污染者应当承担侵权责任。本案卫岗公司是以环境污染提起的财产损害赔偿。环境污染损害赔偿作为一种特殊侵权行为,卫岗公司首先应就淮润公司有污染行为及损害的事实承担举证责任。卫岗公司提供的视频资料、照片证实了淮润公司的污染行为和损害事实。淮润公司虽然辩解卫岗公司奶牛死亡与淮润公司行为之间是否具有因果关系尚不明确,但未能提供证据证明其“就法律规定的免责事由及其行为与损害结果之间不存在因果关系”,淮润公司的认可书也对其污染行为造成卫岗公司的损害事实予以自认。因此,可对淮润公司的污染行为与卫岗公司的损失事实之间存在因果关系予以确认。

此外,淮润公司在成立后,江苏久力环境工程有限公司出具了建设项目环境影响报告表,淮润公司没有按照规定程序报盱眙县环境保护局审查批准。盱眙县环境保护局出具了审核意见,称淮润公司在建设项目投入生产或者使用之前,其大气污染防治设施没有经过环境保护行政主管部门验收,且在生产过程中向大气排放有毒有害气体等污染物时,没有采取除尘措施,违反了《大气污染防治法》的相关法律规定。淮润公司不提供侵权时段的生产报表,应当承担举证不能的法律后果。综上所述,淮润公司违反法律规定,向大气排放有毒有害气体,是造成本次污染纠纷的侵权责任主体,应当承担赔偿责任。

2. 关于卫岗公司各项损失的认定

卫岗公司主张经济损失505.34万元,包括直接损失215.4万元、间接损失289.94万元,淮润公司出具认可书予以认可。对于淮润公司提出的认可书系在卫岗公司胁迫与诱导下作出的辩解,因淮润公司没有提供相关证据予以证实,不予支持。考虑中毒死亡65头奶牛和7头牛犊的这一双方无争议事实的客观存在,对卫岗公司主张的直接损失215.4万元,法院予以支持。卫岗公司虽然提供中毒奶牛无公害处理记录及照片，证明后期陆续死亡110头奶牛，但淮润公司不予认可。中毒奶牛无公害处理记录仅有卫岗公司单位公章，照片仅能反映奶牛被深埋和焚烧，难以分辨出作无公害处理的是前期死亡的65头奶牛，还是卫岗公司主张的后期死亡的110头奶牛，证据指向不具有唯一性和确定性，卫岗公司也没有提供其他证据予以证明。经调查，盱眙县仇集镇畜牧兽医站及镇政府相关负责人对中毒死亡65头奶牛和7头牛犊的事实均无异议。死亡奶牛作无公害处理，均需畜牧兽医站跟踪监督，并全程录像。卫岗公司主张的后期110头奶牛死亡，却未按规定申报，既违反法律规定，也有违常理。现有证据不能证明卫岗公司289.94万元间接损失的客观存在，法院遂判令淮润公司赔偿卫岗公司各项损失215.4万元。

例案二　江苏省徐州市人民检察院诉徐州市鸿顺造纸有限公司环境污染侵权赔偿纠纷

【法院】

江苏省高级人民法院

【案号】

(2016)苏民终1357号

【当事人】

上诉人(原审被告)：徐州市鸿顺造纸有限公司

被上诉人(原审公益诉讼人)：江苏省徐州市人民检察院

【基本案情】

2008年8月20日，原徐州市环境保护局作出《关于对铜山县鸿顺造纸厂年产6万吨高强瓦楞原纸技改项目环境影响报告表的批复》(徐环项〔2008〕75号，以下简称技改项目环评报告表)。2014年12月，原江苏省环境保护厅给徐州市鸿顺造纸有限公司(以下简称鸿顺公司)颁发排放污染物许可证，要求该项目执行《纸浆造纸工业水污染物排放标准》(GB3544－2008)表2中“制浆和造纸联合生产企业”排放标准，废水排放总量限值为19.5万吨/年，废水只能用于回用或者灌溉，不能排放到地面水体。2013～2015年，鸿顺公司6万吨高强瓦楞纸技改项目正常生产。

2013年4月27日，原徐州市铜山区环境保护局柳新环境监察中队发现鸿顺公司年产6万吨高强瓦楞纸项目存在私设暗管排放生产废水和污水处理设施不能正常运转等问题。

2014年4月5日至6日,鸿顺公司私设暗管排放未经处理的生产废水600吨,废水汇入苏北堤河。2014年4月18日,原徐州市铜山区环境保护局作出铜环责改字〔2014〕21号责令改正环境违法行为决定书,责令该公司立即拆除暗管。2014年5月12日,原徐州市铜山区环境保护局向鸿顺公司发出铜环罚字〔2014〕25号行政处罚决定书,对鸿顺公司处以5万元的罚款。2014年8月14日,鸿顺公司缴纳5万元罚款。

2015年2月24~25日,鸿顺公司临时设置直径20厘米铁质排放管,将未经处理的生产废水经该公司污水处理厂南侧排入苏北堤河,排放量2000吨。徐州市铜山区环境监测站于2015年2月25日对该公司外排废水进行采水样监测,数据显示"化学需氧量为1180mg/L、氨氮为28.2mg/L、总磷为1.60mg/L",分别超过《纸浆造纸工业水污染物排放标准》(GB3544-2008)12.1倍、2.5倍、1倍。2015年3月12日,原徐州市铜山区环境保护局作出铜环罚字[2015]6号行政处罚决定书,对鸿顺公司处以10万元的罚款。2015年4月27日,鸿顺公司缴纳罚款10万元。

苏北堤河入顺堤河后进入京杭运河不牢河段,系流经区域的灌溉排涝主要河流之一。公益诉讼人江苏省徐州市人民检察院(以下简称徐州市检察院)为调查取证,支付专家咨询费用3000元。

【案件争点】

1. 鸿顺公司应否承担恢复原状的法律责任。

2. 公益诉讼人主张鸿顺公司2014年、2015年两次排放共计2600吨生产废水,相应的生态环境修复费用为26.91万元,能否成立。

3. 公益诉讼人主张如鸿顺公司不能将其污染的环境恢复原状,则应赔偿生态环境修复费用及生态环境受到损害至恢复原状期间的服务功能损失,其数额以26.91万元为基数计算3~5倍,是否具有事实和法律依据。

【裁判要旨】

1. 鸿顺公司应当承担恢复原状的侵权责任。鸿顺公司违反《水污染防治法》等法律规定,2013年、2014年、2015年三次违法排放废水,2014年、2015年排放的废水直接汇入苏北堤河,造成环境污染,应依法承担相应的法律责任。鸿顺公司外排废水经稀释后浓度逐步降低,不能以此认为未对环境造成损害或损害程度较小。因河水流动,污染源向下游扩散,倾倒处水质的好转并不意味着地区水生态环境已修复,生态环境依然有修复的必要。即使现在苏北堤河水质已达标准,依然需要用替代修复方案对地区生态环境进行修复，鸿顺公司应当承担替代修复责任。鉴于鸿顺公司已明确表示没有能力将环境恢复原状亦不能提出修复方案，依据最高人民法院《关于审理环境民事公益诉讼案件适用法律若干问题的解释》第 20 条的规定，可直接确定鸿顺公司所应承担的生态环境修复费用来替代恢复原状的责任。

2. 公益诉讼人和鸿顺公司双方的技术专家均认可本案生态环境修复费用可按照原环境保护部《关于开展环境污染损害鉴定评估工作的若干意见》（环发〔2011〕60 号）和《环境损害鉴定评估推荐方法（第Ⅱ版）》的相关规定，采用“虚拟治理成本法”确定；均认可 2014 年及 2015 年两次违法排放的废水每吨治理单价为 50 元。综合考虑本次污染行为的污染物成分、被破坏的生态环境状况等因素，决定取双方申请的技术专家意见关于倍数取值的平均值，即 2.035 倍作为生态环境损害数额的倍数取值。由于 2014 年鸿顺公司违法排放生产废水时的生产工艺以及受污染环境情况与 2015 年基本相同，鸿顺公司也未能举证证明两次排污有实质区别，对 2014 年所排放的 600 吨生产废水的生态环境损害赔偿数额理应与 2015 年排放的生产废水以相同的方法予以计算。鸿顺公司 2014 年及 2015 年两次共计违法排放 2600 吨废水，按照“虚拟治理成本法”计算生态环境修复费用为 2600 × 50 × 2.035 = 264,550（元）。

3. 鸿顺公司年产 6 万吨高强瓦楞原纸技改项目环境影响报告表、建设项目竣工环境保护验收申请表均表明，鸿顺公司运行生产设备每天废水排放量最高可达 960 吨，年度废水排放量更是高达 19.5 万吨。法院作出释明后，鸿顺公司未能提供近年的产量、废水产生量、防治污染物设施建设和运行情况等相关证据证明其违法排污量仅限于 2600 吨。根据最高人民法院《关于适用〈中华人民共和国民事诉讼法〉的解释》第 108 条的规定，确信鸿顺公司实际排污量远大于 2600 吨的事实具有高度可能性。每吨 50 元的防治污染设备运行成本，意味着违法偷排能获取较高的非法利益。鸿顺公司连续三年、三次被查获违法排污，均采用偷埋、私设暗管等方式违法排放。鸿顺公司在环保部门给予环境监察建议、处以罚款后，仍加大废水排放量，主观过错明显。环境侵权行为及后果的复杂性、长久性、隐蔽性、迁移性等特点导致其危害性强、损害范围广且难以及时固定证据。不能仅就 2600 吨的排污事实确定鸿顺公司的赔偿责任。本案应综合考虑案件事实及相关因素，酌情确定生态环境修复费用。最高人民法院《关于审理环境民事公益诉讼案件适用法律若干问题的解释》（2015 年版）第 21 条规定，原告请求被告赔偿生态环境受到损害至恢复原状期间服务功能损失的，人民法院可以依法予以支持。公益诉讼人申请出庭的技术专家提出,高浓度废水排入河流后会导致灌溉用水不符合灌溉需要,甚至会影响京杭运河的水质。鉴于本案受污染环境的复杂性、功能的多样性,虽然服务功能损失难以准确计算,但鉴于此项损失客观存在,在确定鸿顺公司所应承担的赔偿费用时,应予以酌情考虑。综合考虑已查明的环境污染情节、违法程度及主观过错程度、防治污染设备的运行成本、鸿顺公司生产经营情况及因侵害行为所获得的利益、污染环境的范围和程度、生态环境恢复的难易程度、生态环境的服务功能等因素,酌情确定鸿顺公司所应当承担的生态环境修复费用及生态环境受到损害至恢复原状期间服务功能损失共计为105.82万元,并应承担公益诉讼人为本案支付的专家费用3000元。

4.鸿顺公司因行政违法而被行政机关处以行政处罚,并不影响其民事责任的承担。鸿顺公司主张用已经缴纳的罚款抵扣赔偿数额,该主张缺乏法律依据,但在确定鸿顺公司应承担的环境污染责任时,对其已缴纳15万元行政罚款的事实酌情综合评判。法院判决鸿顺公司赔偿生态环境修复费用及生态环境受到损害至恢复原状期间服务功能损失共计105.82万元,支付至徐州市环境保护公益金专项资金账户,支付公益诉讼人为本案支付的合理费用3000元。

例案三 | 江苏省人民政府诉安徽海德化工科技有限公司环境污染侵权赔偿纠纷

【法院】

江苏省高级人民法院

【案号】

(2018)苏民终1316号

【当事人】

上诉人(原审被告):安徽海德化工科技有限公司

被上诉人:江苏省人民政府

【基本案情】

2014年4月28日,安徽海德化工科技有限公司(以下简称海德公司)营销部经理杨某将该公司在生产过程中产生的29.1吨废碱液,交给无危险废物处置资质的李某生等人处置,处置费用为每吨1300元。李某生等人将上述废碱液交给无危险废物处置资质的孙某才处置。2014年4月30日夜间,孙某才与朱某等人在江苏省泰兴市虹桥镇大洋造船厂码头将废碱液倾倒进长江,造成了严重的环境污染。

2014年5月7日，杨某将海德公司的20吨废碱液交给李某生等人处置，李某生等人将上述废碱液交给孙某才处置。孙某才与朱某等人于2014年5月7日夜间及同年6月17日凌晨，在江苏省泰兴市虹桥镇大洋造船厂码头分两次将废碱液倾倒进长江，造成江苏省靖江市城区5月9日9时20分至11日2时集中式饮用水源中断取水40多个小时。其间，靖江市有关部门采取了添加活性炭吸附、调用内河备用水源稀释等应急处置措施。

2014年5月8日至9日，杨某将53.34吨废碱液交给李某生等人处置，李某生等人将上述废碱液交给丁某东处置。丁某东等人于2014年5月14日指使陆某等人将该废碱液倾倒进新通扬运河，致江苏省兴化市城区集中式饮用水源于2014年5月16日7时35分至22时中断取水超过14小时。其间，兴化市自来水厂、兴化市戴南镇自来水厂、兴化市张郭镇自来水厂等分别采取了停止供水、投放活性炭吸附、加高锰酸钾处理等应急处置措施。

上述污染事件发生后，原靖江市环境保护局和靖江市人民检察院于2015年3月24日联合委托江苏省环境科学学会对污染损害进行评估。江苏省环境科学学会经调查、评估，于2015年6月作出《评估报告》，认定上述靖江市长江段发生的三次水污染事件共造成环境损害1731.26万元。其中，4月30日夜间发生的非法倾倒29.1吨废碱液污染事件，造成生态环境损害费用1024.38万元；5月7日夜间发生的非法倾倒18吨废碱液污染事件，造成环境损害742.63万元（包括应急投料费4.2万元、应急监测费62.13万元、备用水源启动费16.4万元、生态环境损害费用633.9万元、事务性费用即评估费26万元）；6月17日凌晨发生的非法倾倒2吨废碱液污染事件，造成环境损害19.55万元（包括应急投料费3.85万元、应急监测费7.99万元、备用水源启动费7.71万元）。

【案件争点】

1. 海德公司是否应承担本案的生态环境损害赔偿责任。

2. 评估机构采用资源等值分析法评估生态环境损害费用，是否适当、合法。

3. 本案能否采用类比的方法，评估新通扬运河水环境损害。

4. 江苏省人民政府主张的各项赔偿数额，是否应当得到支持。

【裁判要旨】

1. 关于海德公司是否应当承担本案的生态环境损害赔偿责任问题

海德公司作为化工企业，对其在生产经营过程中产生的危险废物废碱液，负有防止污染环境的义务。海德公司放任该公司营销部负责人杨某将废碱液交给不具备危废物处置资质的个人进行处置,导致废碱液被倾倒进长江和新通扬运河,严重污染环境。依照《侵权责任法》(已废止)第65条①、最高人民法院《关于审理环境侵权责任纠纷案件适用法律若干问题的解释》(2015年版)第1条第1款之规定,应当承担侵权责任。

2. 关于评估方法是否适当问题

《环境损害鉴定评估推荐方法》第8.3.1.3.1规定,生态环境损害评估优先选择替代等值分析方法中的资源等值分析方法和服务等值分析方法。如果受损的环境以提供资源为主,采用资源等值分析方法。《环境损害鉴定评估推荐方法(第Ⅱ版)》附录A《常用的环境价值评估方法》A.2.3也指出,虚拟治理成本法,适用于环境污染所致生态环境损害无法通过恢复工程完全恢复、恢复成本远远大于其收益或缺乏生态环境损害恢复评价指标的情形。本案海德公司所致长江水体受到污染损害的情形可以采用资源等值分析方法进行计算,因此不适用虚拟治理成本评估办法。《评估报告》采用资源等值分析方法评估生态环境损害并无不当。

3. 关于新通扬运河水环境损害费用的计算问题

发生在长江段的三次污染事件(2014年5月1日、2014年5月9日、2014年6月17日)与发生在新通扬运河的污染事件(2014年5月14~16日)处于同一时期。两个区域所倾倒的危险废物均为海德公司产生的废碱液,且两个区域的水质同属三类水质。污染事件发生后,两地也均采取了相应的应急处置措施。根据两地危废物的排放数量、水文环境以及环境污染、生态破坏的程度和范围,参考专家辅助人的意见,可以采用类比方法确定新通扬运河生态损害数额。

4. 关于生态环境损害赔偿数额的计算问题

根据《评估报告》,靖江市饮用水源地污染事件环境污染损害修复费用为1760.26万元。该费用系江苏省环境科学学会经规范程序作出的《评估报告》所确定的费用,应当支持。新通扬运河非法倾倒53.34吨废碱液环境污染修复费用类比靖江市饮用水源地污染事件环境污染损害修复费用进行计算,即以在靖江污染事件修复费用中扣除应急处置费用后的数值为基数,确定平均每吨废碱液导致的环境损害修复费用为35.2万元。新通扬运河非法排放废碱液的数量53.34吨,生态环境损害修复费用为1877.64万元。该计算方式合理,且得到出庭的有专业知识的人的认可,应当支持。海德公司非法处置危险废物造成两地生态环境损害修

① 参见《民法典》第1229条。

复费用共计3637.90万元，必然对两地乃至下游的生态环境服务功能均造成了巨大的损失。中共中央办公厅、国务院办公厅印发的《生态环境损害赔偿制度改革试点方案》（已废止）明确规定，生态环境损害赔偿范围包括清除污染的费用、生态环境修复费用、生态环境修复期间服务功能的损失、生态环境功能永久性损害造成的损失以及生态环境损害赔偿调查、鉴定评估等合理费用。海德公司应当赔偿污染行为所导致的生态环境修复期间服务功能的损失。江苏省人民政府主张以生态环境损害修复费用3637.90万元的50%计算该项费用，该主张合理，应当支持。环境污染事件发生后，有关部门为评估本次污染事件的损害结果，实际支出了26万元的调查、评估费用，且有相应票据予以证实，该费用属于合理支出费用，江苏省人民政府要求海德公司赔偿该项费用的请求应当支持。

5.关于是否应当给予海德公司重新答辩时间的问题

江苏省人民政府就新通扬运河污染事件所主张的环境损害明显偏低，与新通扬运河所造成的生态环境损害后果不相适应。经原审法院释明，江苏省人民政府申请将赔偿总额从3845.27万元增加到5532.85万元。江苏省人民政府系基于海德公司同一侵权事实变更诉讼请求，只是计算损害赔偿数额的方法有变化，海德公司当庭申请重新给予答辩时间的理由不能成立。

6.关于生态环境是否需要修复的问题

案涉废碱液倾倒进水体引起水体pH明显变化，导致水生动植物的死亡。向水体倾倒废碱液必然会造成区域自然资源和生态环境功能的破坏。监测区域水体自净系污染物向下游流动和因稀释而降低浓度的结果，不能因此否认污染物对水体已经造成损害。海德公司所提的无须对受损环境进行修复的主张缺乏科学依据。

法院据此判决海德公司赔偿环境修复费用3637.90万元、赔偿生态环境服务功能损失1818.95万元、赔偿评估费26万元。

三、裁判规则提要

专家辅助人以其掌握的专业知识参与庭审（包括证据交换），其意见附属于当事人陈述等法定证据，不具有独立证据效力。审判实践中对专家辅助人意见的司法审查，基本上处于探索性阶段。在英美法系国家如英国，陪审团制度是专家证人产生的基础。当时的陪审团的构成与现在有很大差别，其并非完全由外行组成，而是经常有专家或有相关经验的人参与，由他们依据自身的专业知识和特殊经验对案件进行裁决，同时充当了专家证人、法律顾问、事实裁判者的角色。而在职权主义诉讼模式的大陆法系国家,由于法官专司案件事实裁判权,在专家参审制度设计中,专家一般只能充当专家辅助人或法律顾问的角色,而事实裁判者的角色一般通过陪审员制度得以实现。

一些案件中,法官对专家辅助人意见并未做出直接回应,相关裁判文书并无对专家辅助人意见司法审查的说理,其根源在于司法审查标准不明。证明效力是证据对案件事实的证明价值或证明程度,主要判断标准是该证据是否具有真实性与关联性。当然,证明效力认定本质上属于经验层面的问题,无法通过详尽、成文的规定一一列明。专家辅助人意见的证明效力认定规则不明,不但束缚司法裁判手脚,也不利于案件裁判说理水平提升以及司法权威维护。

对专家辅助人意见的司法审查应侧重以下方面:

1. 适格专家辅助人资格审查。专家辅助人首先必须是专家,即必须是具备特定专业知识或实践经验的人。“专家”的定义属于概念法学层面的范畴,并无实质统一认知标准。具体而言,审查专家辅助人适格要件就是结合个案具体实际,通过专家个体审查,从而确定其专业性与实践性。换言之,在符合一般证人的基本要求,即能够辨别是非和正确表达的基础上,只要从专家过往的教育背景和从业经历来看,其具备查明案件事实所需的特定专业知识、技能和经验,原则上都应该允许其出庭作证,即一种较为宽松的专家辅助人适格充分性审查标准。专家作为辅助人出庭或提交书面意见,须提交证实其具备专家资质的证明材料。应当对专家资质、学历、教育、经验等方面进行考察。一般情况下,专家的资质、经历、职务、权威以及行业认可度等是其专业技能的外在表征。当然,是否具备专家资格仅仅是审查专家辅助人意见证明力大小需考量的因素之一。

2. 专家辅助人出庭程序是否合法、科学。以环境民事公益诉讼举例:生态环境受到损害至恢复原状期间服务功能的损失,是指受损生态环境从损害发生到其恢复至基线状态期间提供生态系统服务的损失量。在环境民事公益诉讼中,如果原告或公益诉讼人提出服务功能损失的赔偿请求,人民法院应予审查并依法支持,在服务功能损失难以计算的情况下,可以在确定被告所应承担的环境污染损害赔偿数额时,结合受损环境客观情况、专家意见等因素予以酌情考虑。环境民事公益诉讼中所涉生态环境修复费用及生态环境受到损害至恢复原状期间服务功能的损失等专门性问题,可以由双方当事人分别申请通知有专门知识的人出庭,就上述专门性问题提出意见。对上述具有专门知识的人针对专门性问题提出的意见,可以采取先专家论证、后当事人质询的方式。具体的程序可以设置为:首先,专家论证。

其次，由申请方主询问，再由另一方当事人反询问；当事人可以进行多次询问。最后，由法官对专家辅助人进行询问。法官可以结合案件事实审查程度，对专家辅助人进行询问，并结合当事人交叉询问情况，得出专家辅助人意见采纳与否的自由心证。

3. 专家辅助人意见效力认定规则。专家证言的有助性即证据关联性，是指专家证言是否有助于事实的发掘、证据的理解和争议事实的认定。专家证言的可靠性及真实性，是指专家得出相关结论的事实依据及过程是否真实可靠。美国联邦证据规则规定了专家证言的有助性和可靠性标准，对我国设立环保案件专家辅助人制度提供了有益的借鉴。1993 年，美国联邦最高法院在道伯特诉美里尔·道药品公司案中，根据联邦证据规则第 702 条创立了采纳科学证据的新规则，即道伯特(DAUBERT)标准。该标准为：科学技术和其他专门知识只有具有相关性和可靠性才具有可采性，不一定要得到相关领域的普遍接受。确定科学证据的可靠性，应当从以下四个方面对专家证言进行判断：(1)形成专家证言所依靠的科学理论与科学方法是否可以被重复检验；(2)形成专家证言所使用的科学理论与科学方法是否经同行复核或已被公开出版；(3)有关该理论的已知的或潜在的错误率是否可以被接受；(4)指导相关理论的方法论及研究方法是否为相关科学团体所接受以及接受的程度。意即，第一，证据基于充分的事实或者数据。第二，证言是可靠的原理和方法的产物，即专家证人的方法应当具有可靠性。第三，专家证人将这些原理和方法可靠地适用于案件的事实。

四、辅助信息

高频词条：

《民事诉讼法》

第 79 条　当事人可以申请人民法院通知有专门知识的人出庭，就鉴定人作出的鉴定意见或者专业问题提出意见。

最高人民法院《关于审理环境民事公益诉讼案件适用法律若干问题的解释》

第 15 条　当事人申请通知有专门知识的人出庭，就鉴定人作出的鉴定意见或者就因果关系、生态环境修复方式、生态环境修复费用以及生态环境受到损害至修复完成期间服务功能丧失导致的损失等专门性问题提出意见的，人民法院可以准许。

前款规定的专家意见经质证，可以作为认定事实的根据。

第 23 条　生态环境修复费用难以确定或者确定具体数额所需鉴定费用明显

过高的,人民法院可以结合污染环境、破坏生态的范围和程度,生态环境的稀缺性,生态环境恢复的难易程度,防治污染设备的运行成本,被告因侵害行为所获得的利益以及过错程度等因素,并可以参考负有环境保护监督管理职责的部门的意见、专家意见等,予以合理确定。

环境资源纠纷案件裁判规则第 3 条:
实际支出应急处置费用的政府机关单独提起民事诉讼要求污染者承担有关费用的,人民法院应予支持

〔**规则描述**〕:污染者实施环境侵权行为造成突发环境事件后,人民政府或其组成部门为减轻突发事件对环境的侵害而采取应急处置措施的,只要在诉讼中能提供证据证明为此所支出的费用是必要合理的,人民法院应判决污染者向原告赔偿其已垫付的应急处置费用。

一、类案检索大数据报告

截至 2020 年 6 月 15 日,以"政府""应急处置""垫付"为关键词,通过法信平台、中国裁判文书网、Alpha 案例库共检索到类案 283 件。经过筛选与本规则相关的案例,剔除同一案件因多次审判程序的重复裁判文书,实际共有 137 件案件。整体情况如下:

从年份分布可以看到,当前条件下案件数量的变化趋势(见图 3-1)。

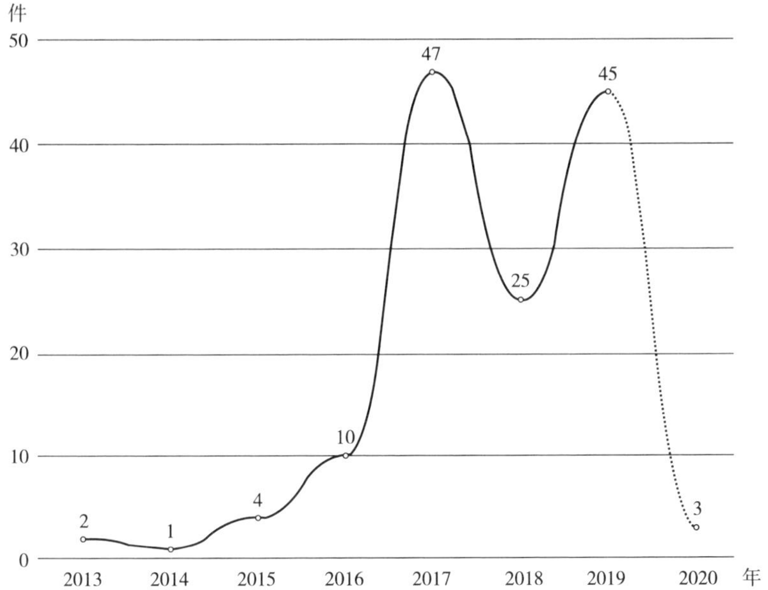

图 3-1　类案年份分布

从地域分布来看,当前案件主要集中在广西壮族自治区、广东省、山东省,分别占比为28.47%、9.49%、7.30%。其中广西壮族自治区的案件量最多,达到39件(见图3-2)。

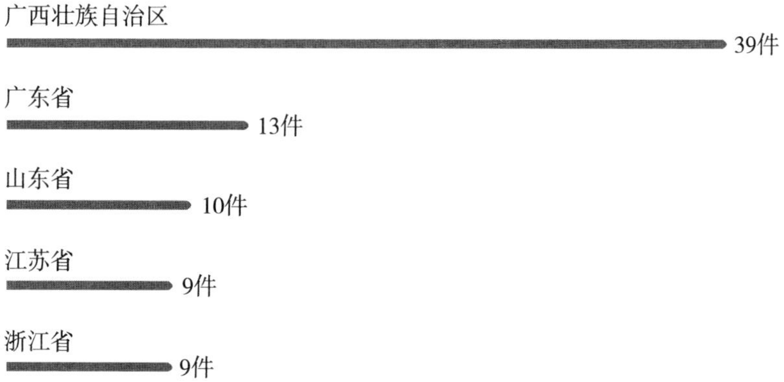

图3-2 类案主要地域分布

从案由分类情况可以看到,当前最主要的案由是民事,有89件,占一半以上;其次是刑事、行政、国家赔偿(见图3-3)。

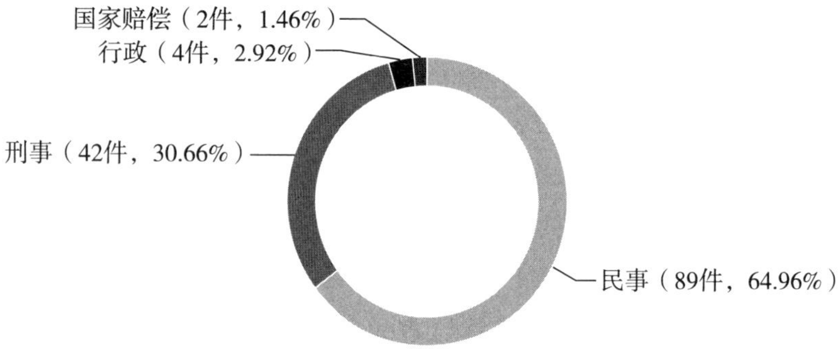

图3-3 类案案由分布

从程序分类统计可以得出当前的审理程序分布状况,其中一审案件有112件,二审案件有25件。并能够推算出一审上诉率约为22.32%(见图3-4)。

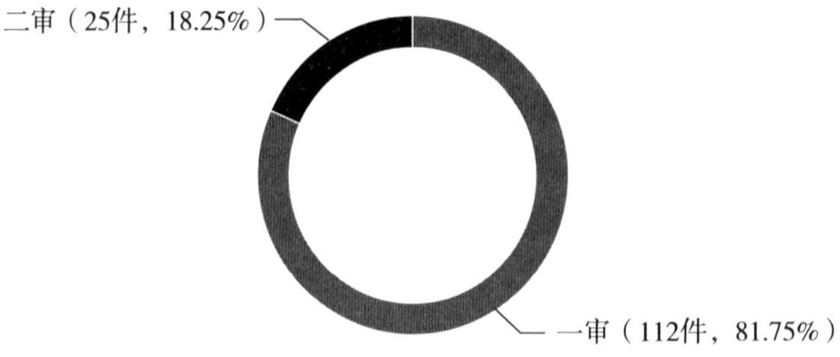

图3-4　类案审理程序分布

二、可供参考的例案

例案一 | 江苏省人民政府诉安徽海德化工科技有限公司环境污染侵权赔偿纠纷①

【法院】

江苏省高级人民法院

【案号】

(2018)苏民终1316号

【当事人】

原告：江苏省人民政府

被告：安徽海德化工科技有限公司

【基本案情】

生效刑事判决认定，2014年4月28日，安徽海德化工科技有限公司（以下简称海德公司）营销部经理杨某将该公司在生产过程中产生的29.1吨废碱液，交给无危险废物处置资质的李某某等人处置，处置费用为每吨1300元。李某某等人将上述废碱液交给无危险废物处置资质的孙某某处置。2014年4月30日夜间，孙某某与朱某等人在江苏省泰兴市虹桥镇大洋造船厂码头将废碱液倾倒进长江，造成了严重的环境污染。

2014年5月7日，杨某将海德公司的20吨废碱液交给李某某等人处置，李某某等人将上述废碱液交给孙某某处置。孙某某与朱某等人于2014年5月7日夜间及同年6月17日凌晨，在江苏省泰兴市虹桥镇大洋造船厂码头分两次将废碱液

① 本例案为最高人民法院发布的指导性案例。

倾倒进长江,造成江苏省靖江市城区5月9日9时20分至11日2时集中式饮用水源中断取水40多个小时。其间,靖江市有关部门采取了添加活性炭吸附、调用内河备用水源稀释等应急处置措施。

2014年5月8日至9日,杨某将53.34吨废碱液交给李某某等人处置,李某某等人将上述废碱液交给丁某某处置。丁某某等人于2014年5月14日指使陆某等人将该废碱液倾倒进新通扬运河,致江苏省兴化市城区集中式饮水源于2014年5月16日7时35分至22时中断取水超过14小时。其间,兴化市自来水厂、兴化市戴南镇自来水厂、兴化市张郭镇自来水厂等分别采取了停止供水、投放活性炭吸附、加高锰酸钾处理等应急处置措施。

上述污染事件发生后,原靖江市环境保护局和靖江市人民检察院于2015年3月24日联合委托江苏省环境科学学会对污染损害进行评估。江苏省环境科学学会经调查、评估,于2015年6月作出《评估报告》,认定上述靖江市长江段发生的三次水污染事件共造成环境损害1731.26万元。其中,4月30日夜间发生的非法倾倒29.1吨废碱液污染事件,造成生态环境损害费用1024.38万元;5月7日夜间发生的非法倾倒18吨废碱液污染事件,造成环境损害742.63万元(包括应急投料费4.2万元、应急监测费62.13万元、备用水源启动费16.4万元、生态环境损害费用633.9万元、事务性费用即评估费26万元);6月17日凌晨发生的非法倾倒2吨废碱液污染事件,造成环境损害19.55万元(包括应急投料费3.85万元、应急监测费7.99万元、备用水源启动费7.71万元)。江苏省人民政府遂提起诉讼,请求判令海德公司赔偿生态环境修复费用3637.90万元,生态环境服务功能损失费用1818.95万元,承担评估费用26万元及诉讼费等。

【案件争点】

1. 被告应否承担环境侵权责任。

2. 生态环境损害的计算是否正确。

3. 是否应当承担事务性费用。

【裁判要旨】

1. 关于被告应否承担环境侵权责任的问题

《生态环境损害赔偿制度改革试点方案》(已废止)明确规定,试点地方省级政府经国务院授权后,作为本行政区域内生态环境损害赔偿权利人。江苏省系试点省份,国务院已经授权江苏省人民政府作为江苏省内生态环境损害赔偿权利人。经授权后,江苏省人民政府有权就江苏省行政区域内的污染环境、破坏生态所造成的损害提起诉讼。虽然《生态环境损害赔偿制度改革试点方案》（已废止）规定，赔偿权利人可以就赔偿所涉及的具体问题与赔偿义务人磋商，但该方案明确规定，赔偿权利人也可以直接提起诉讼。可见，在试点期间磋商并非提起诉讼的前置程序，江苏省人民政府未经磋商就提起诉讼并不违反上述规定。因此，江苏省人民政府具备提起生态环境损害赔偿诉讼的原告资格。

海德公司作为化工企业，对其在生产经营过程中产生的危险废物废碱液，负有防止污染环境的义务。海德公司放任该公司营销部负责人杨某将废碱液交给不具备危废物处置资质的个人进行处置，导致废碱液被倾倒进长江和新通扬运河，严重污染环境。依据《环境保护法》第64条的规定："因污染环境和破坏生态造成损害的，应当依照《中华人民共和国侵权责任法》的有关规定承担侵权责任。"《侵权责任法》（已废止）第65条①规定，因污染环境造成损害的，污染者应当承担侵权责任。《侵权责任法》（已废止）第15条②将恢复原状、赔偿损失确定为承担责任的方式。环境修复费用、生态环境服务功能损失、评估费等均为恢复原状、赔偿损失等法律责任的具体表现形式。因此，被告海德公司应依照《侵权责任法》（已废止）第15条第1款第6项、第65条，最高人民法院《关于审理环境侵权责任纠纷案件适用法律若干问题的解释》第1条第1款、第13条之规定承担侵权赔偿责任。

2. 关于生态环境损害的计算是否正确的问题

污染事件发生后，原靖江市环境保护局和靖江市人民检察院于2015年3月24日联合委托江苏省环境科学学会对污染损害进行评估。江苏省环境科学学会经调查、评估作出《评估报告》。因此，该《评估报告》是否应予采信是本案计算生态环境损害的关键。江苏省环境科学学会曾经分别被最高人民法院、原环境保护部确定为环境损害鉴定评估试点单位，具备开展环境损害鉴定评估的能力。本案所涉评估系对污染环境破坏生态行为导致损害的评估，并非突发环境事件应急处置阶段的环境损害评估，应当依照《环境损害鉴定评估推荐方法（第Ⅱ版）》进行评估。依照《环境损害鉴定评估推荐方法（第Ⅱ版）》第8.3.1.3条之规定，生态环境损害评估方法的选择原则是优先选择替代等值分析方法中的资源等值分析方法和服务等值分析方法。只有在其他方法不能适用的情况下才适用虚拟治理成本法计算生态环境损害费用。因此，本案生态环境损害评估应当优先选择资源等值分析方法，

① 参见《民法典》第1229条。

② 参见《民法典》第179条。

江苏省环境科学学会采用资源等值分析方法进行分析,方法适当。江阴市查获的污染物与本案被倾倒的污染物来源相同,均为海德公司非法处置的污染物。故而江阴市查获废碱液特征污染因子的成分、浓度的检测数据可以作为对靖江污染事件生态环境损害的评估依据。评估技术小组确定二乙基二硫醚的浓度临界值以及污染团的长度等计算数值时均采取了保守的计算方法。《评估报告》所确定的水资源价值必然小于实际受到损害的水资源的价值。因案涉非法倾倒废碱液事件发生在24点左右,2014年5月1日的污染行为因未被及时发现,未能产生检测数据。鉴于5月1日的污染事件与5月9日的污染事件仅仅间隔8天,污染物倾倒时点相近,水文变化不大,参照5月9日污染事件检测数据进行评估,评估方法合理,结果可信。综上所述,《评估报告》依据长江靖江段受到污染后的水质监测数据、水文、流速等数据作出评估,详细阐明了长江靖江段受到污染后的损害计算方式方法以及结论,评估结论得到了专家的论证确认,故《评估报告》可以作为认定靖江水污染事件生态环境损害的依据。

在采信《评估报告》的基础上,本案还通过类比的方式计算新通扬运河污染事件的生态环境损害。发生在长江靖江段的污染事件与发生在新通扬运河的污染事件处于同一时期,所倾倒的危废物均为海德公司产生的废碱液,两地的水质同属三类水质,且在新通扬运河倾倒的废碱液数量更多。新通扬运河污染事件发生在兴化市,地处里下河腹地,系低洼河网地区,水流缓慢,环境容量远不及长江。一审时的专家辅助人认为,新通扬运河河面比长江窄,水流速度比长江缓慢,污染物稀释速度远低于长江,同样的污染物倾倒进新通扬运河所造成的损害要大于长江。因此,采用类比的方式所计算出来的生态环境损害不会高于实际发生的生态环境损害。因此,江苏省人民政府在本案中请求按照类比的方式计算新通扬运河污染事件生态环境损害的请求合理,应当予以支持。

3. 关于是否应当承担应急处置以及事务性费用的问题

《侵权责任法》(已废止)第65条①规定,因污染环境造成损害的,污染者应当承担侵权责任。《环境损害鉴定评估推荐方法(第Ⅱ版)》明确将污染环境、破坏生态所造成的人身损害、财产损害、生态环境损害、应急处置费用和事务性费用作为损害的组成部分。江苏省人民政府要求海德公司承担因污染行为而产生的事务性费用于法有据。

---

① 参见《民法典》第1229条。

《评估报告》在评估靖江三次水污染事件的损失时分别得出以下数值:2014年5月9日的损失分别为生态环境损害633.9万元、应急处置费用82.73万元、事务性费用26万元;2014年5月1日的损失为生态环境损害1024.38万元;2014年6月17日的损失为应急处置费19.55万元。上述费用合计1786.56万元。江苏省人民政府将上述费用中的生态环境损害费用总和即633.9万元和1024.38万元之和1658.28万元,除以5月1日、5月9日所倾倒的废碱液的总量47.1吨,确定靖江污染事件每吨废碱液所造成的生态环境损害为35.2万元。再根据在新通扬运河倾倒的废碱液53.34吨,折算出新通扬运河生态环境损害费用1877.64万元。新通扬运河生态环境损害并不包括事务性费用。法院根据新通扬运河和长江靖江段生态环境损害总和(不包括事务性费用)的50%确定服务功能损失,可见,在服务功能损失中也不包括事务性费用。此外,《评估报告》在计算应急处置费用时,共剔除缺乏票据证实的环境监测机构工作人员人工费、应急人员的住宿餐饮等费用27.22万元。《评估报告》所认定的应急处置费用合理且有足够的证据证明,海德公司在一审庭审中既未质疑《评估报告》支撑材料的真实性,也未质疑对应急处置费用的合理性。在江苏省人民政府提供有效证据证明应急处置费用和相关事务性费用实际发生,且该费用必要而合理的情况下,法院判令海德公司承担生态环境修复费用、服务功能损失的同时,判令其承担应急处置费用和事务性费用并无不当。本案生效后,2019年6月起施行的最高人民法院《关于审理生态环境损害赔偿案件的若干规定(试行)》第14条规定,原告请求被告承担实施应急方案以及为防止生态环境损害的发生和扩大采取合理预防、处置措施发生的应急处置费用;为生态环境损害赔偿磋商和诉讼支出的调查、检验、鉴定、评估等费用;合理的律师费以及其他为诉讼支出的合理费用的,人民法院根据具体案情予以判决,亦对本案应急处置费用和事务性费用的裁判进行了佐证。

例案二 | 常州市天宁区郑陆镇人民政府与常州市开拓化工有限公司、黄某某环境污染侵权赔偿纠纷

【法院】

常州市天宁区人民法院

【案号】

(2019)苏0402民初2253号

【当事人】

原告:常州市天宁区郑陆镇人民政府

被告:常州市开拓化工有限公司

被告:黄某某

【基本案情】

常州市开拓化工有限公司(以下简称开拓化工公司)于1992年8月1日注册成立,2013年10月期间,开拓化工公司为扩大生产用地,在进行鱼塘填埋施工过程中,黄某某作为公司法定代表人指使他人将该公司在生产富马酸过程中产生的废活性炭与其他建筑垃圾一起倾倒进鱼塘填埋并用水泥固化地面,后在该处地面上建造生产车间。2017年12月该公司拆迁,2018年4月常州市天宁区新塘路工程施工过程中,在该公司原址地块上挖掘出上述倾倒填埋的废活性炭混合固体废物。2018年8月15日,原常州市天宁区环境保护局召集相关人员召开开拓化工公司废物非法填埋案情专题会议,明确由常州市天宁区郑陆镇人民政府(以下简称郑陆镇政府)负责委托第三方开展对开拓化工公司填埋废物的开挖、现场清理、暂存及依法应急处置工作。2018年8月28日,原常州市天宁区环境保护局委托环境保护部南京环境科学研究所司法鉴定所对开拓化工公司原厂址地块混合固体废置物堆置区域及其影响区域的土壤及地下水环境损害进行鉴定评估,明确事件造成公私财产损失和环境损害数额。2018年11月2日,原常州市天宁区环境保护局再次召开相关专题会议,明确本次开挖、现场清理、暂存、检测鉴定及依法应急处置的费用由郑陆镇政府垫付。2018年12月19日,原环境保护部南京环境科学研究所司法鉴定所出具《司法鉴定意见书》,鉴定意见认为:(1)生态环境损害确认。开拓化工公司原厂址地块区域相关土壤和地下水环境受到损害,特征污染物为铜、锌、铅、锑。环境损害与混合固体废物堆置等活动存在因果关系。(2)生态环境损害恢复方案。针对已调查的土壤及地下水损害区域,可通过移除相关固体废物以切断和控制污染源,防止对土壤和地下水的进一步污染。针对两处污染物浓度较高点位的土壤,在具备操作条件的情况下,可选择挖掘后异位处置,并进行客土回填及相关基建工作。如果地块用地规划调整为居住、学校等敏感用地类型,需重新进行风险评估,以确定进一步的生态环境恢复方法。(3)生态环境损害价值量化。该事件造成的应急处置费用(公私财产损失)合计为1,452,744元,包括防止污染扩大、消除污染而产生的应急处置分拣工程作业费用和水泥窑协同处置费用。该事件产生的事务性费用主要有环境详细调查与风险评估产生的费用277,000元。截至意见书编制完成时，暂未产生相关生态环境恢复费用，固体废物处置费用及其他事务性费用尚未结算，最终以实际支出费用为准。

郑陆镇人民政府为妥善处理固体废物，委托相关单位进行应急处置。2018年7月，郑陆镇政府与江苏龙环环境科技有限公司签订《技术服务合同书》1份，委托开展开拓化工公司原厂址地块环境详细调查与风险评估项目。2018年8月，郑陆镇政府与江苏龙环环境工程有限公司签订活性炭分拣工程《合同书》及补充《合同书原件》各1份，支出工作费用360,000元。2018年9月，江苏龙环环境工程有限公司出具《活性炭分拣项目监理报告》。2018年11月5日，郑陆镇政府与原环境保护部南京环境科学研究所签订《司法鉴定项目合同》2份，开展开拓化工公司原厂址地块堆置固体废物污染事件环境损害鉴定评估，分别支出工作费用480,000元和320,000元。2018年12月，郑陆镇政府与江苏龙环环境工程有限公司签订固废处置工程《合同书》1份，支出工作费用50,000元。2018年12月14日，郑陆镇政府与江苏长三角环境科学技术研究院有限公司签订《固体废物应急水泥窑协同处置项目业务委托合同》1份，约定工程单价为1500元/吨，合同总价暂定1,050,000元，最终以实际数据为准。2018年12月26日，由江苏金峰水泥集团有限公司出具的《协同处置情况说明》表明，实际处置量为718.98吨，总价为1,078,470元。2019年1月，江苏龙环环境工程有限公司出具《固废处置监理报告》。

2019年1月2日，常州市武进区人民检察院以开拓化工公司、黄某某犯污染环境罪，向常州市武进区人民法院提起公诉。根据原环境保护部南京环境科学研究所司法鉴定所的鉴定，确认本次事件的应急处置费用（公私财产损失）包括污染控制费369,444元，污染清理费1,083,300元，合计1,452,744元。2019年1月18日，常州市武进区人民法院分别依法判处常州市开拓化工有限公司、黄某某犯污染环境罪。

【案件争点】

开拓化工公司对郑陆镇政府因处置固体废物所垫付款项是否返还以及黄某某应否承担返还的义务。

【裁判要旨】

黄某某作为开拓化工公司直接负责的主管人员，明知废活性炭属有害物质仍指使他人非法填埋，其污染环境的行为既触犯了刑律，又构成环境污染侵权。依据法律法规和司法解释的规定，侵权人因污染环境的行为应当承担刑事责任的，不影响依法承担民事侵权责任。本起环境污染是开拓化工公司和黄某某的共同行为所致,黄某某应就环境损害所造成的损失承担连带赔偿责任。郑陆镇政府根据环境保护部门的指示,在协同处置相关固体废物过程中垫付了应急处置费用,依法有权向开拓化工公司、黄某某主张返还。常州市武进区人民法院在审理检察机关提起公诉的案件中,对涉案公私财产损失的认定系根据原环境保护部南京环境科学研究所司法鉴定所作出的司法鉴定意见书给出的数据,主要包括污染控制费、污染清理费,并不包含环境详细调查与风险评估产生的事务性费用277,000元以及在该意见书编制完成时暂未产生的相关生态环境恢复费用、固体废物处置费用以及其他事务性费用。郑陆镇政府所垫付的款项中包含了仍应支付的事务性费用以及应急处置费用、生态环境恢复费用、事务性等费用,所支出的款项以及对应的项目均有相应的合同和支付凭证等证据印证,对于郑陆镇政府实际支出的总计2,565,470元,开拓化工公司和黄某某应当履行返还的义务,并应支付利息损失,郑陆镇政府主张按银行同期贷款基准利率的标准计算该损失,符合法律规定,依法予以支持。开拓化工公司和黄某某抗辩称在刑事案件处理中涉案金额为1,452,744元,造成的损失也就是该涉案金额,仅同意在该损失范围内返还,没有事实依据,依法不予支持。综上所述,法院依法判决开拓化工公司向郑陆镇政府支付2,565,470元及利息,黄某某对上述债务承担连带清偿责任。

例案三 池州市贵池区涓桥镇人民政府与安徽交运集团滁州汽运有限公司、安徽交运集团滁州汽运有限公司直属分公司等环境污染责任纠纷

【法院】

安徽省高级人民法院

【案号】

(2016)皖民终947号

【当事人】

原告:池州市贵池区涓桥镇人民政府

被告:安徽交运集团滁州汽运有限公司

被告:安徽交运集团滁州汽运有限公司直属分公司

被告:张某

被告:中国大地财产保险股份有限公司滁州中心支公司

【基本案情】

2013年7月10日16时40分许，张某驾驶皖M×××××号重型半挂牵引车由江西新余往江苏镇江方向行驶。该车在行至G318线安徽省池州市境内468KM+900M路段时，因超速行驶，遇紧急情况时采取措施不当致车辆驶出路外侧翻，造成粗苯泄漏，车辆及公路设施损坏的交通事故。经池州交通管理部门认定，张某负本起道路交通事故的全部责任。事故发生后，池州市人民政府紧急成立应急指挥部，组织协调相关事故处置措施。粗苯泄漏后，沿318国道涵洞、排水渠向公路另一侧低洼地、农田、灌溉支渠扩散，后流入主干渠。事故地下游主干渠沿线依次经过后村、流汪、里汪等村民组、农田、四亩塘鱼塘、中畈水库、秋浦河等环境敏感点。为防范泄漏物粗苯继续向下游扩散，在池州市环保部门专家建议下，经应急指挥部同意，涓桥镇政府在池州市贵池区仙池活性炭厂、池州市大华炭业加工厂、东至县华源炭厂共购置活性炭128.50吨，并在事故地下游主干渠筑四道活性炭坝，后因环境监测报告显示事故所在地水体影响严重，扩散范围广，又陆续在事故地下游干渠增加三道活性炭坝，并每日对活性炭进行部分更换，直至2013年7月24日，受污染的灌溉沟渠污染物基本消除后才拆除活性炭坝。同时，涓桥镇政府组织人员对受污染土壤采取局部燃烧剥层处理、深挖清理等措施，将清挖出的受污染土壤和已吸附了粗苯的活性炭作为危险固体废物运至东至固废处理中心，经东至广信农化有限公司过磅称重为331.8吨。在事故处置过程中涓桥镇政府购买了劳动工具如铁铲、手电等，劳保用品如口罩、毛巾等，并组织人力、物力进行活性炭的运送、筑坝、铲土、警示牌的制作等抢险处置，支付了劳务费、应急物资费和抢险人员餐费。另外，涓桥镇政府为运输活性炭及固体废物雇用铲车、挖机等车辆，并支付了相关费用。因事故发生地紧邻后村村民组和一小型加油站，经事故抢险指挥部决定，7月11日凌晨，涓桥镇政府对距离粗苯泄漏点半径50米内的受污染较为严重的70户居民进行疏散和临时安置，并按每户每天200元的标准共计支付了4天的临时安置费。为及时发现和查明污染情况及治理情况，池州市环境保护监测站于事发当日至7月24日对事故发生地受污染的水源、大气进行多次监测并出具了编号为GYJ01－13070的监测报告。2013年7月13日，应急指挥部会议纪要显示，事故地周边四亩鱼塘发现大量死鱼，经监测该塘水质苯含量超标（7月14日苯含量26.66mg\L）。池州市贵池区水产局出具的《关于对涓桥镇三友村四亩塘渔业污染事故鉴定与经济损失的评估》初步认定鱼塘中的鱼因苯污染致死，涓桥镇政府将该水面清淤疏涵工程发包给池州市城建（集团）有限公司施工，实际施工人为方某清，工程款结算方式为先由施工方全额垫资,待上级补助款落实后清付。因事故导致G318的路肩受污染,为铲除受污路肩土石及修复,2013年7月24日,涓桥镇政府委托池州市公路管理局直属分局组织人员施工,该局以总价29,202元总包给陈某平负责施工,工程款由该局代为支付,该局亦将索赔权利转让给涓桥镇政府。

为了查明本案粗苯泄漏事故的应急处置费用,法院根据涓桥镇政府的申请,依法委托山西省环境污染损害司法鉴定中心进行鉴定。鉴定中,山西省环境污染损害司法鉴定中心在现场勘查、走访调查、票据审核、过程分析等基础上出具《司法鉴定意见书》及《补正说明》。鉴定意见认定本次苯泄漏事故的应急处置费用为2,155,238.50元。具体包括采购活性炭费用969,505.00元,固体废物处置费用796,320.00元,租赁车辆、挖机费用103,440.00元,修复路面路肩费用29,202.00元,人员转移安置费用56,000.00元,应急监测费用33,667.50元,四亩塘清淤疏涵工程费用50,000.00元,抢险人员工资73,470.00元,应急物资费用和抢险人员餐费43,643.00元。

【案件争点】

1. 滁州汽运公司应否承担案涉环境污染损害赔偿责任。

2. 案涉环境污染损害的赔偿数额如何确定。

【裁判要旨】

《侵权责任法》(已废止)第65条①规定:"因污染环境造成损害的,污染者应当承担侵权责任。"本案中,张某驾驶案涉车辆运输粗苯,在池州市贵池区境内发生车辆侧翻交通事故导致环境污染,涓桥镇政府开展应急处置工作产生损失,张某应当承担环境损害民事责任。池州市公安局二大队《道路交通事故认定书》载明案涉车辆系滁州汽运直属分公司所有,已经生效的民事判决书认定张某驾驶案涉车辆为滁州汽运直属分公司,运输货物属职务行为,张某的环境损害民事责任应当由滁州汽运直属分公司承担。滁州汽运直属分公司是滁州汽运公司设立的分公司,不具有法人资格,故滁州汽运直属分公司的环境损害民事责任应当由滁州汽运公司承担。涓桥镇政府接受池州市人民政府应急指挥部指令,具体实施抢险处置工作,代为支付相关抢险处置费用,依法有权向侵权人主张环境损害民事赔偿。《侵权责任法》(已废止)第66条②规定:"因污染环境发生纠纷,污染者应当就法律规定的不

① 参见《民法典》第1229条。

② 参见《民法典》第1230条。

承担责任或者减轻承担责任的情形及其行为与损害之间不存在因果关系承担举证责任。”因张某、滁州汽运直属分公司、滁州汽运公司均没有提交证据证明张某污染环境的侵权行为与应急处置的损失之间不存在因果关系，也没有提交证据证明存在法律规定的不承担责任或者减轻承担责任的情形，因此，滁州汽运公司应当向涓桥镇政府承担本案环境损害民事责任。

涓桥镇政府主张滁州汽运公司应支付案涉环境污染应急处置费用2,185,000元，其对此应承担相应举证责任。经涓桥镇政府申请，一审法院依法委托山西省环境污染损害司法鉴定中心对案涉环境污染事故应急处置费用进行鉴定，该鉴定机构在现场勘查、走访调查、票据审核、过程分析等基础上出具《司法鉴定意见书》及《补正说明》。山西省环境污染损害司法鉴定中心的鉴定业务范围为：环境风险评估司法鉴定、水环境污染损害司法鉴定、大气环境（含室内空气）污染损害司法鉴定、土壤环境污染损害司法鉴定、声环境污染损害司法鉴定、固体废物及有毒有害化学品污染损害司法鉴定、放射性及电磁辐射污染损害司法鉴定、生态环境破坏司法鉴定。有效期间自2013年10月18日至2018年10月17日。二审中，鉴定机构接受质询，作出《关于安徽省高级人民法院通知书（2016）皖民终947号中相关问题的说明》（以下简称《相关问题说明》）。鉴定机构的鉴定意见为：本次苯泄漏事故的应急处置费用为2,155,238.50元。具体包括：采购活性炭费用969,505.00元，固体废物处置费用796,320.00元，租赁车辆、挖机费用103,440.00元，修复路面路肩费用29,202.00元，人员转移安置费用56,000.00元，应急监测费用33,667.50元，四亩塘清淤疏涵工程费用50,000.00元，抢险人员工资73,470.00元，应急物资费用和抢险人员餐费43,634.00元。

最高人民法院《关于适用〈中华人民共和国民事诉讼法〉的解释》第105条规定：“人民法院应当按照法定程序，全面、客观地审核证据，依照法律规定，运用逻辑推理和日常生活经验法则，对证据有无证明力和证明力大小进行判断，并公开判断的理由和结果。”最高人民法院《关于审理环境侵权责任纠纷案件适用法律若干问题的解释》（2015年版）第15条规定：“被侵权人起诉请求污染者赔偿因污染造成的财产损失、人身损害以及为防止污染扩大、消除污染而采取必要措施所支出的合理费用的，人民法院应予支持。”鉴定意见中的关于租赁车辆、挖机费用103,440.00元，修复路面路肩费用29,202.00元，人员转移安置费用56,000.00元，应急监测费用33,667.50元，四亩塘清淤疏涵工程费用50,000.00元，抢险人员工资73,470.00元，应急物资费用和抢险人员餐费43,634.00元，共计389,413.50元，均属抢险处置过程中已经实际发生的必要合理费用,应当予以认定。关于采购活性炭费用,首先,依据鉴定机构鉴定意见书及《相关问题说明》,使用活性炭控制苯污染具有可行性且活性炭用量128.5吨处于合理区间;其次,涓桥镇政府提供的发票及支付凭证、运输记录、《池州市环保局贵池分局关于涓桥镇"7.10"事故活性炭用量的说明》等证据材料证明,采购的活性炭已实际使用,采购活性炭的费用已经发生并部分支付,属抢险处置过程中的必要合理费用,对采购活性炭费用969,505.00元应当予以认定。关于固体废物处置费用,鉴定机构《相关问题说明》为固体废物量331.8吨处于合理区间提供了依据,涓桥镇政府提供运输记录证明该331.8吨固体废物已运至东至固废处理中心指定地点,对产生固体废物处置费用的基本事实能够予以确认。但对于固体废物处置费用的具体数额,鉴定机构仅依据东至固废处理中心收费标准和固体废物量计算固体废物处置费用为796,320.00元,未考虑污染物粗苯易燃易挥发的物理化学性质、固体废物在运至东至固废处理中心前进行了焚烧等初步处理和固废处理中心是否对接收的固体废物进行合规处理等实际情况,将796,320.00元全部纳入固体废物处置费用范围的理由并不充分。涓桥镇政府并未实际支付固体废物处置费用796,320.00元,其有义务进一步举证证明东至固废处理中心已依法依规完成案涉331.8吨固体废物处置工作和固体废物处置费用的具体数额。在案涉环境污染事故已经发生4年之久的情况下,涓桥镇政府仍未提交相关证据,对此依法应当承担不利后果。综合上述因素,法院依法酌定案涉固体废物处置费用为20万元。据此,法院认定案涉环境污染事故的应急处置费用为1,558,918.50元(鉴定机构出具的应急处置费用2,155,238.50元-鉴定机构评估的固体废物处置费用796,320.00元+酌定的固体废物处置费用200,000.00元=1,558,918.50元)。

三、裁判规则提要

根据最高人民法院、最高人民检察院《关于办理环境污染刑事案件适用法律若干问题的解释》第17条的相关规定,应急处置费用是"为防止污染扩大、消除污染而采取必要合理措施所产生的费用",是指为避免污染范围扩大或者程度加深,采取应急治理措施所发生的费用,包括应急监测费用、应急处置设备、应急疏散人员费等。[①] 关于政府及有关部门的环境应急处置费用是否可诉，如果可诉应如何诉的问题，过去在司法实践中一直存在争议。有的法院认为，生态环境部门在发现污染事故后，应当及时履行其监督管理环境的职责，因其未履行职责而造成的损失不属于人民法院受理民事诉讼的受案范围，据此裁定驳回原告的起诉；有的法院将此类纠纷作为环境民事公益诉讼案件予以处理；还有的法院将其作为环境民事侵权纠纷案件进行处理。根据最高人民法院《关于审理生态环境损害赔偿案件的若干规定（试行）》第 19 条的规定，行政机关对实际支出的应急处置费用提起诉讼进行主张的，人民法院应予受理。可以在生态环境损害赔偿诉讼中主张，也可以单独主张。通过上述规定可知，实际支付应急处置费用的主体提起环境民事侵权诉讼要求污染者赔偿应急处置费用的，人民法院应予受理。结合实践中的问题，从人民法院司法案例角度，为应急处置费用纠纷的审查提供以下意见参考。

（一）关于原告主体

《突发事件应对法》第 7 条第 1 ~ 2 款规定：“县级人民政府对本行政区域内突发事件的应对工作负责；涉及两个以上行政区域的，由有关行政区域共同的上一级人民政府负责，或者由各有关行政区域的上一级人民政府共同负责。突发事件发生后，发生地县级人民政府应当立即采取措施控制事态发展，组织开展应急救援和处置工作，并立即向上一级人民政府报告，必要时可以越级上报。”《环境保护法》第 47 条第 1 款规定：“各级人民政府及其有关部门和企业事业单位，应当依照《中华人民共和国突发事件应对法》的规定，做好突发环境事件的风险控制、应急准备、应急处置和事后恢复等工作。”《水污染防治法》第 76 条规定：“各级人民政府及其有关部门，可能发生水污染事故的企业事业单位，应当依照《中华人民共和国突发事件应对法》的规定，做好突发水污染事故的应急准备、应急处置和事后恢复等工作。”据此，各级人民政府是具体实施突发环境事件应急处置的责任主体。且由于应急处置通常需要多个部门参加、通力合作，由污染事件发生地的人民政府而不是各相关部门分别向污染者进行追偿，有法律依据，而且符合高效、便民的司法要求。此外，人民政府委托生态环境局作为原告提起诉讼的情形也不在少数。需要注意的是，应急处置费用须由实际支出该费用的有关组织、机关或单位主张。基于应急

---

① 参见最高人民法院环境资源审判庭编著：《环境资源典型案例选编与评析》（民事卷），人民法院出版社 2014 年版。

处置费用的民事私益属性,依据损害填补之法理,有损害即有赔偿,该赔偿应用于填补所受损害者。因此,除受实际垫付或支出应急费用的相关组织、机关或单位委托代为主张应急处置费用外,其他组织或机关无权诉请主张侵权人支付应急处置费用。

(二)关于费用的合理性和必要性

为了健全突发环境事件应对工作机制,科学有序高效应对突发环境事件,保障人民群众生命财产安全和环境安全,促进社会全面、协调、可持续发展,2014 年国务院办公厅对《国家突发环境事件应急预案》进行了修订。修订后的《国家突发环境事件应急预案》规定,突发环境事件,是指由于污染物排放或自然灾害、生产安全事故等因素,导致污染物或放射性物质等有毒有害物质进入大气、水体、土壤等环境介质,突然造成或可能造成环境质量下降,危及公众身体健康和财产安全,或造成生态环境破坏,或造成重大社会影响,需要采取紧急措施予以应对的事件,主要包括大气污染、水体污染、土壤污染等突发性环境污染事件和辐射污染事件。按照突发事件严重性和紧急程度,突发环境事件分为特别重大环境事件(Ⅰ级)、重大环境事件(Ⅱ级)、较大环境事件(Ⅲ级)和一般环境事件(Ⅳ级)四级,突发环境事件发生后,按照“统一领导、分级负责,属地为主、协调联动,快速反应、科学处置,资源共享、保障有力”的原则由地方人民政府和有关部门自动按照职责分工和相关预案开展应急处置工作。突发环境事件发生后,各有关地方、部门和单位根据工作需要采取收集汇总相关数据,组织进行技术研判,开展事态分析;迅速组织切断污染源,分析污染途径,明确防止污染物扩散的程序;组织采取有效措施,消除或减轻已经造成的污染;明确不同情况下的现场处置人员须采取的个人防护措施;组织建立现场警戒区和交通管制区域,确定重点防护区域,确定受威胁人员疏散的方式和途径,疏散转移受威胁人员至安全紧急避险场所等污染处置措施。《国家突发环境事件应急预案》同时规定,突发环境事件应急处置所需经费首先由事件责任单位承担。县级以上地方人民政府对突发环境事件应急处置工作提供资金保障。

突发环境事件应急处置工作结束后,有关人民政府应当立即组织评估事件造成的环境影响和损失。突发环境事件污染损害评估工作包括制订工作方案、现场勘查与监测、访谈调查、损害确认、损害量化、编制评估报告等基本工作程序。污染损害评估范围包括人身损害、财产损害、环境损害、应急处置费用、调查评估费用,以及其他应当纳入评估范围内的损害。应急处置阶段应当对突发环境事件造成的人身损害和经济损失进行评估，经济损失评估范围包括财产损害、应急处置费用、调查评估费用以及应急处置阶段可以确定的其他损害。突发环境事件污染损害评估所依据的环境监测报告及其他书证、物证、视听资料、当事人陈述、鉴定意见、调查笔录、调查表等有关材料应当符合相关规定。评估结果作出后要及时向社会公布。为规范和指导突发环境事件应急处置阶段环境损害评估工作，2014年12月31日，原环境保护部印发了《突发环境事件应急处置阶段环境损害评估推荐方法》（环办〔2014〕118号）。该推荐办法规定，应急处置费用是指突发环境事件应急处置期间，为减轻或消除对公众健康、公私财产和生态环境造成的危害，各级政府与相关单位针对可能或已经发生的突发环境事件而采取的行动和措施所发生的费用。对于应急处置费用的评估方法和程序，《突发环境事件应急处置阶段环境损害评估推荐办法》亦予以了规定。

《环境保护法》第5条规定，我国环境保护坚持损害担责原则。环境损害是指由于人为活动而导致的人类与其他物种赖以生存的环境受到损害与导致不良影响的一种事实，不仅包括了环境污染还包括生态破坏。污染者担责原则只体现了污染者的责任，不能涵盖生态破坏者的责任，因此损害担责原则是对“谁污染，谁治理”的发展，即造成环境损害者要为其造成的损害承担责任，是环境保护的一项重要原则。由于环境侵权人的行为致使环境事件发生产生环境损害，相关单位采取必要的行动和措施以减轻或消除对公众健康、公私财产和生态环境造成的危害，由此所发生的费用应由造成环境损害者承担，此乃损害担责原则之要义。但是在司法实践中，对应急处置费用的认定须注意以下几点：一是应急处置费用仅限在应急处置阶段产生的相关费用。应急处置费用是以控制污染源或生态破坏行为、减少经济社会影响为目的，依据有关部门制定的应急预案或基于现场调查的处置、监测方案采取行动而发生的费用。该费用的发生阶段特殊，仅限于应急处置阶段所产生的相关费用。二是应急处置费用的支出须必要且合理。依据相关规定，应急处置费用主要包括应急处置阶段各级政府与相关单位为预防或者减少突发环境事件造成的各类损害支出的污染控制费用、污染清理费用、应急监测费用、人员转移安置等费用。按照突发事件严重性和紧急程度不同，所采取的应急处置措施亦不相同，由此而产生不同的费用款项。然而，无论采取何种应急处置措施，均须与突发环境事件的等级相符，具有必要性和合理性。对应急处置费用的计算，可参考《突发环境事件应急处置阶段环境损害评估推荐办法》的规定予以评估。三是实际支出应急处置费用的有关组织、机关或单位怠于主张该费用的，检察机关可依法督促其履职。最高人民法院、最高人民检察院《关于检察公益诉讼案件适用法律若干问题的解释》第25条第1款规定:“人民检察院在履行职责中发现生态环境和资源保护、食品药品安全、国有财产保护、国有土地使用权出让等领域负有监督管理职责的行政机关违法行使职权或者不作为,致使国家利益或者社会公共利益受到侵害的,应当向行政机关提出检察建议,督促其依法履行职责。”第25条第3款规定:“行政机关不依法履行职责的,人民检察院依法向人民法院提起诉讼。”突发环境事件应急处置系由各级政府与相关单位做出,所需经费由事件责任单位承担。因此,若实际支出应急处置费用的相关组织、机关和单位怠于向侵权人主张应急处置费用,则会使国家利益受到损害。检察机关作为国家法律监督机关,通过提起相关行政公益诉讼,督促行政机关依法履职,能够确保国家利益和社会公共利益得到有效保护。

四、辅助信息

高频词条:

《环境保护法》

第47条 各级人民政府及其有关部门和企业事业单位,应当依照《中华人民共和国突发事件应对法》的规定,做好突发环境事件的风险控制、应急准备、应急处置和事后恢复等工作。

县级以上人民政府应当建立环境污染公共监测预警机制,组织制定预警方案;环境受到污染,可能影响公众健康和环境安全时,依法及时公布预警信息,启动应急措施。

企业事业单位应当按照国家有关规定制定突发环境事件应急预案,报环境保护主管部门和有关部门备案。在发生或者可能发生突发环境事件时,企业事业单位应当立即采取措施处理,及时通报可能受到危害的单位和居民,并向环境保护主管部门和有关部门报告。

突发环境事件应急处置工作结束后,有关人民政府应当立即组织评估事件造成的环境影响和损失,并及时将评估结果向社会公布。

最高人民法院《关于适用〈中华人民共和国民事诉讼法〉的解释》

第105条 人民法院应当按照法定程序,全面、客观地审核证据,依照法律规定,运用逻辑推理和日常生活经验法则,对证据有无证明力和证明力大小进行判断,并公开判断的理由和结果。

最高人民法院《关于审理环境侵权责任纠纷案件适用法律若干问题的解释》

第15条 被侵权人起诉请求侵权人赔偿因污染环境、破坏生态造成的财产损失、人身损害以及为防止损害发生和扩大、消除污染、修复生态环境而采取必要措施所支出的合理费用的，人民法院应予支持。

环境资源纠纷案件裁判规则第 4 条:

只要受害人证明行为人实施了排放污染环境的有害物质的行为,而其合法权益在该行为实施后受到危害,受害人就已尽到举证责任。如行为人认为自己的行为与损害事实之间无因果关系,必须举证加以证明;如行为人举证不足,则应承担相应侵权责任

〔**规则描述**〕:环境侵权较之于一般侵权,具有间接性、潜伏性及因果关系的复杂性等特点。因而,我国法律规定的环境污染责任是一种特殊的侵权责任类型,适用因果关系推定和举证责任倒置规则,即在受害人举证证实行为人有环境侵权行为、受害人存在客观损害事实,并对因果关系进行初步举证的情况下,推定侵权行为与损害事实存在因果关系,由行为人承担证实其行为与受害人损害后果之间不存在因果关系的举证责任。

一、类案检索大数据报告

截至 2020 年 6 月 15 日,分别以"污染环境""行为与损害之间不存在因果关系"为关键词,通过无讼案例、法信平台、中国裁判文书网、Alpha 案例库等共检索到类案 1827 件。经过筛选与本规则相关的案例,剔除同一案件因多次审判程序的重复裁判文书,实际共有 645 件案件。整体情况如下:

从年份分布可以看到当前条件下案件数量的变化趋势(见图 4-1)。

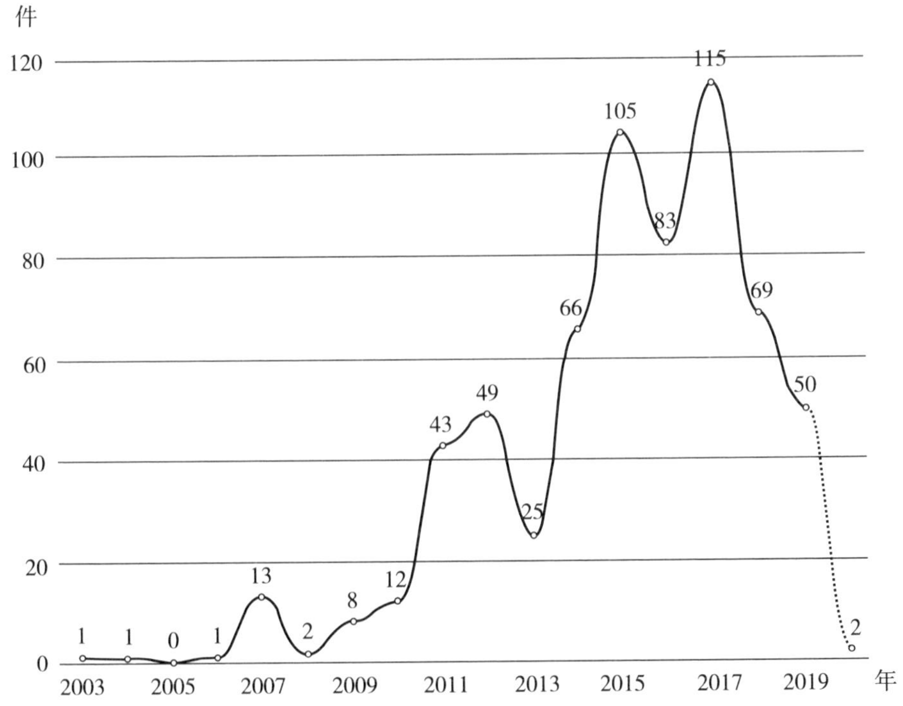

图4－1　类案年份分布

从地域分布来看，当前案件主要集中在广西壮族自治区、浙江省、吉林省，分别占比为12.71%、10.54%、8.68%。其中广西壮族自治区的案件量最多，达到82件（见图4－2）。

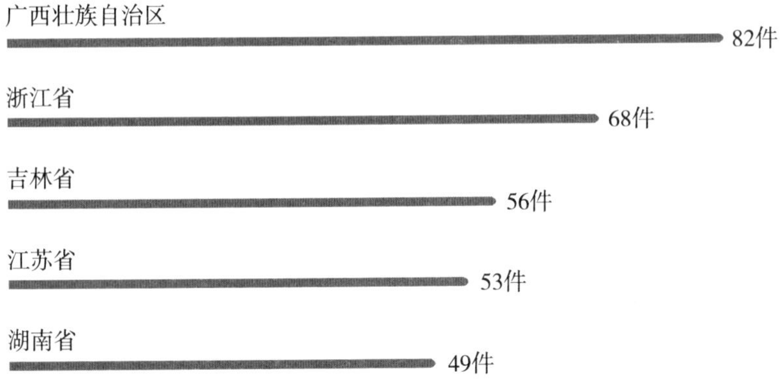

图4－2　类案主要地域分布

从案由分类情况可以看到,当前的案由分布由多至少分别是民事、刑事(见图4-3)。

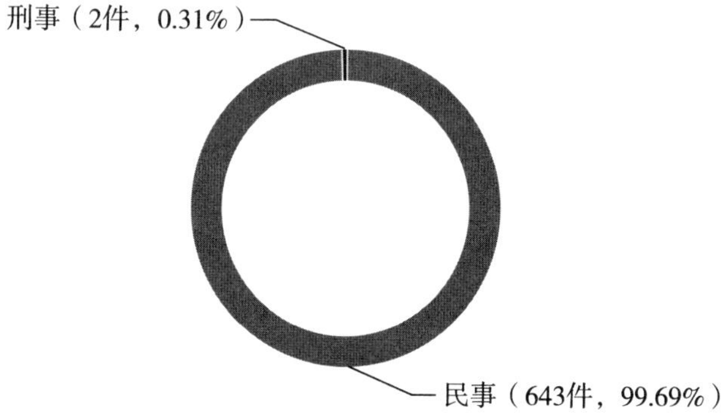

图4-3 类案案由分布

从程序分类统计可以看到,当前的审理程序分布状况。一审案件有218件,二审案件有373件,再审案件有54件(见图4-4)。

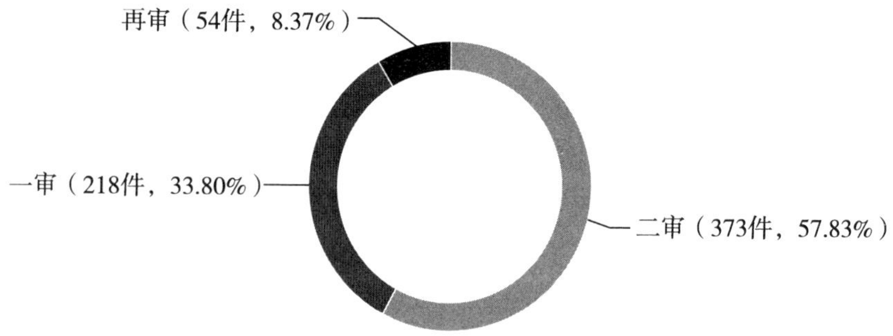

图4-4 类案审理程序分布

二、可供参考的例案

例案一 | 许某红诉郎溪县黎明化工有限公司环境污染责任纠纷

【法院】

安徽省宣城市中级人民法院

【案号】

(2014)宣中民一终字第23号

【当事人】

上诉人（原审被告）：郎溪县黎明化工有限公司

被上诉人（原审原告）：许某红

【基本案情】

许某红自2001年起租赁土地经营红芳花木苗圃，种植紫薇等植物。郎溪县黎明化工有限公司（以下简称黎明化工公司）从事化学原料及化学制品制造业，向原郎溪县环境保护局进行了排放污染物申报登记注册并缴纳了相关排污费，该公司经营场地距离许某红苗圃东边600～1000米，从2003年7月29日到2011年上半年一直在正常生产。2005年上半年，许某红发现苗木有打了除草剂的症状，但当时没有意识到是由环境污染造成，在2011年8月16日起诉之前其知道黎明化工公司生产除草剂产品，开始重视这个问题并向生态环境保护部门反映。2011年5月23日，许某红委托郎溪县林业调查规划设计室对其承包经营的红芳花木苗圃内所有枯死及受害苗木资产进行评估。2011年7月26日，该设计室作出郎林评字（2011）第12号《郎溪县红芳花木苗圃苗木资源资产评估报告书》，以总亩数28亩为基准，得出苗圃苗木损失为67.2万元。2012年2月22日，黎明化工公司对该份《评估报告书》表示异议并申请重新鉴定，但因鉴定机构皆不接受法院委托及各类鉴定机构目录中无本案类型的鉴定机构且当事人双方不能协商一致，故该公司将重新鉴定申请的内容调整为对该份《评估报告书》中评估对象苗圃总面积及苗木受害面积通过实地测量（勘验）方式进行确定。在此过程中，郎溪县林业调查规划设计室出具了现场调查情况及收集到的资料，载明郎林评字（2011）第12号《评估报告书》演算过程。许某红与黎明化工公司双方对苗圃总面积为21亩签字确认。另查明，黎明化工公司周边区域植物在该公司正常生产期间也受到了不同程度的损害，其症状与许某红苗圃苗木损害症状相似。又查明，许某红在苗木受到污染后，因认为当时已经造成损害事实，无法采取补救措施，所以未采取相关减少损失的措施。许某红诉至原审法院，请求依法判令黎明化工公司赔偿其因环境污染所遭受的苗木损失67.2万元并承担诉讼费用。

【案件争点】

1. 黎明化工公司是否实施了环境污染行为，许某红苗圃苗木出现枯萎、生长缓慢等情况是否系环境污染造成。

2. 黎明化工公司排污行为与许某红苗圃苗木出现上述情况之间是否存在因果关系。

【裁判要旨】

本案是一起因环境污染侵权引起的纠纷,环境污染侵权是一种特殊的民事侵权行为,归责原则适用无过错责任原则,并且适用举证责任倒置。本案中,黎明化工公司系从事化学原料及化学制品制造业的企业,向原郎溪县环境保护局进行了排放污染物申报登记注册并缴纳了相关排污费,足以证明该公司存在排放污染物行为。黎明化工公司提供了相关证据欲证明该公司在生产经营过程中各项环境指标均能满足相应的环境质量标准要求,周围环境质量良好,且在质证意见中提出排污行为和环境污染行为是两个不同的概念,只有在排污不符合国家法律规定,如存在排污超过国家规定标准等情形时,才有可能构成环境污染行为。原审法院认为,只要工矿企业等单位所产生的废气、废水、废渣、粉尘、垃圾、放射性物质等有害物质和噪声、震动、恶臭排放或传播到大气、水、土地等环境之中,使人类生存环境受到一定程度的危害,即可认定该单位实施了污染行为,且根据相关法律规定,污染物排放标准不是确定排污单位是否承担民事赔偿责任的界限,故可认定黎明化工公司存在环境污染行为。许某红提供的其苗圃受污染的照片、录像、有关部门的评估报告书等,可以证明许某红所种植的苗木存在客观的受损害事实;易某娣、张某琴的证人证言及相关照片、录像等,可以证明黎明化工公司周边区域植物在该公司正常生产期间也受到了不同程度的损害,其症状与许某红苗圃苗木损害症状相似,更进一步证明了许某红苗圃苗木受黎明化工公司污染而造成损害的可能性。鉴于许某红已举证证明黎明化工公司对其实施了污染损害行为,并因此遭受了损失,黎明化工公司应就许某红的损害后果与该公司自身行为不存在因果关系承担举证责任。由于黎明化工公司没有提供证据证明许某红的损害后果与该公司行为不存在因果关系,该公司应承担举证不能的后果,可推定两者之间存在因果关系。黎明化工公司的行为已经构成环境污染侵权,该公司对其给许某红造成的损失应当承担相应的赔偿责任。

二审法院经审理认为,黎明化工公司上诉称应当区分排污行为和环境污染行为两个不同的概念,只有排污不符合国家法律规定、超过了国家规定的排污标准才有可能构成环境污染。但是,企业排污符合国家法律法规的有关规定,只是企业获得向外部环境排放污染物的前提条件,并不代表企业排放污染物就必然不会造成环境污染。黎明化工公司办理排污许可证以及缴纳排污费的事实已表明该企业有向周围环境排放污染物的行为,同时许某红提交的相关有效证据证明黎明化工公司的排污行为已污染了周边环境。许某红的苗木出现了枯死、生长缓慢的情况,此种受损状况与周围农户植物受损状况高度一致,印证了许某红苗圃苗木出现枯萎、生长缓慢等情况是环境污染行为所致。本案中,黎明化工公司虽否认其排污行为对许某红的苗圃苗木造成损害,但在其存在排污行为的情况下,并未提供证据证明其排污行为与许某红苗圃苗木损害之间不存在因果关系,亦未在举证期限内申请人民法院依法委托司法鉴定机构对因果关系及其污染行为与许某红苗圃苗木损害之间的参与度进行鉴定,应承担举证不能的不利后果。黎明化工公司的上诉理由不能成立,对其上诉请求不予支持。

例案二 | 李某瑞诉天祝玉通碳化硅有限责任公司环境污染责任纠纷

【法院】

甘肃省高级人民法院

【案号】

(2016)甘民终 1 号

【当事人】

上诉人(原审原告):李某瑞

被上诉人(原审被告):天祝玉通碳化硅有限责任公司

【基本案情】

李某瑞在天祝玉通碳化硅有限责任公司(以下简称玉通碳化硅公司)东南方相邻地带种植有云杉苗木一处。2013 年 6 月,李某瑞发现苗木发白、发黄,之后部分苗木死亡,李某瑞认为,系玉通碳化硅公司在冶炼过程中添加了石油焦导致污染,因刮大风下大雨,致生产过程中的碳化硅气体及粉尘落入云杉苗木地,致李某瑞苗木受损。双方为此发生纠纷后,共同申请由华藏寺镇人民政府委托的甘肃省林木种苗管理局对苗木受损原因进行鉴定,并各自出具承诺书,承诺对鉴定结论无异议。甘肃省林木种苗管理局对李某瑞受损苗木现场勘查后作出了鉴定意见书,鉴定结论为李某瑞苗木因管理不善、霜冻等原因引起生长弱势。李某瑞认为,2013 年 6 月 8 日至 9 日,因刮大风下大雨导致玉通碳化硅公司生产过程中产生的气体及粉尘落入其苗木地,其发现苗木发白,找玉通碳化硅公司反映后该公司负责人答应赔偿,一个星期后苗木全部发黄,一个月后苗木全部死亡。遂提起诉讼要求玉通碳化硅公司赔偿经济损失 210 万元。在案件审理过程中,李某瑞申请人民法院委托鉴定,经法院法医技术室审查,该鉴定事项涉及的专业领域在法院备案的鉴定机构中没有符合此鉴定评估业务范围的机构,同时,双方当事人就选择社会鉴定机构不能达成一致意见,申请鉴定评估事项无法进行,故将鉴定案件退回。

此外,2009年3月27日,玉通碳化硅公司与李某瑞等农户签订协议,内容为:“因乙方碳化硅厂在生产中影响甲方紧邻乙方工厂耕地的耕种,乙方以下述方式给甲方补偿:甲方每户能出工劳动力可在碳化硅厂上班,不种植特色农作物,以大田小麦产量计算,乙方以每亩300元补偿甲方损失,甲方不得向外界声张,如其他村民得知并提出,则该协议废止。另外,如乙方在春耕至秋收期间停产,或乙方第一台(南端)生产炉停产,在停产期间乙方不向甲方补偿。”

2009年3月31日,玉通碳化硅公司与李某瑞所在的水泉组全体农户签订协议,内容为:“因甲方(玉通碳化硅公司)在生产过程中给乙方农田带来污染,甲方自2009年起每年给乙方17,550元的补偿(标准为585亩农田的水费,每亩30元)。”

【案件争点】

1. 涉案苗木受损原因应当如何确定,苗木受损与玉通碳化硅公司的行为是否存在因果关系。

2. 涉案苗木损失应当如何确定。

【裁判要旨】

《侵权责任法》(已废止)第66条[①]规定:“因污染环境发生纠纷,污染者应当就法律规定的不承担责任或者减轻责任的情形及其行为与损害之间不存在因果关系承担举证责任。”环境污染损害赔偿责任属于严格责任,玉通碳化硅公司应当就存在法定免责、减责事由及其行为与损害结果之间不存在因果关系承担举证责任。甘肃省林木种苗管理局鉴定意见为:“根据现场调查及相关资料判断确认,苗木种植和管护环节不到位是引起苗木生长弱势的主导因子,霜冻和叶面灼伤是引起苗木损伤可能的原因。”上述鉴定意见对玉通碳化硅公司的排污行为与李某瑞的苗木损害结果之间是否存在因果关系问题并未涉及,而玉通碳化硅公司又未能提供其他证据证明其行为与李某瑞的苗木损害结果之间不存在因果关系,故玉通碳化硅公司应承担举证不能的法律后果。

二审法院经审理认为:

1. 关于涉案苗木受损原因的确定问题

根据《侵权责任法》(已废止)第66条规定:“因污染环境发生纠纷,污染者应

---

① 参见《民法典》第1230条。

当就法律规定的不承担责任或者减轻责任的情形及其行为与损害之间不存在因果关系承担举证责任。”因此，环境污染损害赔偿责任属于严格责任，在举证责任分配上，玉通碳化硅公司应当就存在法定免责、减责事由及其行为与损害结果之间不存在因果关系承担举证责任。李某瑞应就损害事实及玉通碳化硅公司排污行为与损害结果之间存在初步因果关系承担举证责任，李某瑞只要能够证明因果关系存在的可能性，即完成因果关系的举证责任。根据上述规定，环境侵权案件中，玉通碳化硅公司需要对其具有免责事由及不存在因果关系承担举证责任。甘肃省苗木种苗管理局作出的鉴定意见为：“根据现场调查及相关资料判断确认，苗木种植和管护环节不到位是引起苗木生长弱势的主导因子，霜冻和叶面灼伤是引起苗木损伤可能的原因。”同时认为“产生苗木损失的原因很复杂，加之事发时间距离专家现场勘验时间已超过两个月，给判定带来更大难度，建议争议双方诉诸法律，依靠法律手段收集获取更多有效证据，再做进一步判定。”上述鉴定意见并未涉及玉通碳化硅公司的排污行为与损害结果之间是否存在因果关系问题，也没有排除玉通碳化硅公司环境污染的因素。玉通碳化硅公司仅依据上述鉴定意见，并不能证实其存在不应承担责任的情形，也不能证实其排放烟尘行为与李某瑞的苗木所受损害之间不存在因果关系。因此，玉通碳化硅公司未能就法律规定的不承担责任的情形及其行为与损害结果之间不存在因果关系提供确实充分的证据，依法应承担举证不能的责任，故玉通碳化硅公司应承担相应的赔偿责任。而且，玉通碳化硅公司在2009年就因污染问题与当地村民签订协议、予以补偿，说明其在生产过程中存在污染。

2. 关于赔偿数额确定及责任划分问题

一审之后，李某瑞自行委托新疆维吾尔自治区司法鉴定科学技术研究所农林牧司法鉴定中心对损失额作出鉴定，该司法鉴定中心于2015年12月3日作出鉴定意见书，结论为：李某瑞种植的11.37亩云杉受害的原因，是距云杉地块仅有20多米处的玉通碳化硅公司在冶炼碳化硅的过程中产生的有害气体所致。该鉴定机构确认损失数额为994,028元。玉通碳化硅公司对该鉴定的合法性、真实性与关联性均提出异议。经审查，该鉴定中心的鉴定业务范围包括林业、畜牧业、园林及农林水利工程生产过程中损失的因果关系鉴定及价值评估。关于鉴定程序、鉴定依据、价格计算方法等问题，鉴定人已出庭接受当事人质询，并就相关问题进行答复和说明，玉通碳化硅公司虽对上述鉴定报告持有异议，但未提供证据证实鉴定报告存在违反法律、行政法规之处，也未提供足以反驳的相反证据和理由，故二审法院对鉴定意见书的证据效力予以认定。此外,甘肃省苗木种苗管理局作出的鉴定意见认为:“苗木种植和管护环节不到位是引起苗木生长弱势的主导因子,霜冻和叶面灼伤是引起苗木损伤可能的原因”。同时,天祝县林业局于2013年6月26日向天祝县政府、武威市林业局作出的《关于林木种苗遭受霜冻灾害造成严重损失的报告》中,也提出6月10日、15日两天霜冻灾害,包括涉案苗木所在的华藏乡在内的多处苗木遭受霜冻。上述情况说明,苗木受损的原因除因玉通碳化硅公司生产过程中排放烟尘外,客观上还与李某瑞管护不到位以及霜冻等诸多因素相关,因此,李某瑞的苗木受损有多种因素,并非玉通碳化硅公司一方的原因所致。同时,依据鉴定结论及当事人双方提交的现场照片判断,涉案苗木虽有损伤,但并非全部死亡。依据公平原则,综合考虑上述多种因素和本案具体情况,二审法院认定玉通碳化硅公司应承担部分损失的赔偿责任。

例案三 嘉善县姚庄镇南鹿村经济合作社诉嘉善三鑫标准件有限公司、嘉善海伦精细化工厂水污染责任纠纷

【法院】

浙江省嘉兴市中级人民法院

【案号】

(2014)浙嘉民终字第445号

【当事人】

上诉人(原审被告):嘉善三鑫标准件有限公司

上诉人(原审被告):嘉善海伦精细化工厂

被上诉人(原审原告):嘉善县姚庄镇南鹿村经济合作社

【基本案情】

6月中旬一般是农村单季晚稻播栽的高峰期。2013年6月18日开始,嘉善县姚庄镇南鹿、展丰两个行政村近500亩晚稻出现大面积、不同程度的秧苗叶色变白萎缩及整株枯死现象。嘉善县姚庄镇农技水利服务中心、嘉善县农业经济局接电后,立即分别组织植保站、粮油站、土肥站相关技术人员赶赴现场踏勘,后又邀请嘉兴市农业经济局、市农科院等有关专家会同诊断,一致认为是由于两个村的农田灌溉了附近河浜污染水而引起的死苗现象。在嘉善县、镇两级党委政府的高度重视下,在嘉善县农业经济、生态环境保护部门的积极指导下,经所在两村进行积极补

救，虽同年下半年补栽的水稻已成熟、收割，但还是造成了较大的经济损失。经嘉善县姚庄镇农技水利服务中心统计测算：南鹿村受灾总面积347.3亩，各项损失合计518,624.9元。对此，嘉善县农业经济局予以确认。另外，因南鹿村受损秧苗检测而发生的检测鉴定费10,780元，已由南鹿村支付垫付单位嘉善县姚庄镇农技水利服务中心。

上述水污染发生后，经原嘉善县环境保护局查明，嘉善三鑫标准件有限公司(以下简称三鑫公司)“部分生产废水未经处理设施处理，外渗至雨水管道。经监测，水污染物超标”。嘉善海伦精细化工厂(以下简称海伦化工厂)“部分生产废水未经处理设施处理，渗漏至冷却水排放管道。经监测，水污染物超标”。为此，2013年8月7日，原嘉善县环境保护局分别对三鑫公司、海伦化工厂作出行政处罚，对三鑫公司罚款32,500元，对海伦化工厂罚款44,500元。三鑫公司不服原嘉善县环境保护局的行政处罚，提起行政诉讼要求撤销该局作出的善环罚字(2013)88号行政处罚决定；法院经一审、二审审理后依法作出判决，驳回了三鑫公司的诉请。南鹿村遂以“三鑫公司、海伦化工厂违法排放工业废水造成其374.3亩农田受损致经济损失”为由诉至原审法院，要求判令三鑫公司、海伦化工厂赔偿南鹿村经济损失518,624.9元及各类检测费用10,780元。另查明，2007年、2010年，海伦化工厂也曾因排污问题受到原嘉善县环境保护局行政处罚。

【案件争点】

三鑫公司、海伦化工厂排放废水污染环境的行为与南鹿村财产损失之间是否具有因果关系。

【裁判要旨】

环境污染损害赔偿责任属于严格责任。在举证责任分配上，被告应当就存在法定免责、减责事由及其行为与损害结果之间不存在因果关系承担举证责任。原告应当就损害事实及被告排污行为与其损害结果之间存在初步因果关系承担举证责任。原告只要能够证明因果关系存在的可能性，即完成因果关系的举证责任。结合本案，三鑫公司及海伦化工厂经营的企业将部分水污染物超标的生产废水未经处理设施处理，外渗至雨水管道或渗漏至冷却水排放管道，必然直接排入流经南鹿村用于农田灌溉的河流，造成涉案农田晚稻出现大面积、不同程度的秧苗叶色变白萎缩及整株枯死。三鑫公司、海伦化工厂未能提供充分证据证明其行为与南鹿村的损害结果之间不存在因果关系及存在法定的免责事由，据此可认定三鑫公司、海伦化工厂经营企业的排污行为与南鹿村农田死苗之间存在因果关系，三鑫公司、海伦化工厂应对南鹿村的经济损失承担民事赔偿责任。虽然南鹿村因死苗引起的实际损失数额无法进行准确的统计,但考虑本案的实际情况,嘉善县姚庄镇农技水利服务中心所作的统计测算得出的经济损失数额尚属合理,对南鹿村就此的主张可予采信。因此产生的检测费用,与本案具有关联性,且已由南鹿村支付给垫付单位,故应由本案的侵权主体赔偿给南鹿村。三鑫公司、海伦化工厂分别实施排污行为造成了同一损害,尚不能确定责任大小,故应由三鑫公司、海伦化工厂平均承担赔偿责任,即由三鑫公司及海伦化工厂各赔偿南鹿村经济损失及各类检测费用的50%。

二审法院经审理认为,《侵权责任法》(已废止)第66条①规定:"因污染环境发生纠纷,污染者应当就法律规定的不承担责任或者减轻责任的情形及其行为与损害之间不存在因果关系承担举证责任。"《水污染防治法》(2008年修订版)第87条也规定:"因水污染引起的损害赔偿诉讼,由排污方就法律规定的免责事由及其行为与损害结果之间不存在因果关系承担举证责任。"由此可见,立法考虑环境污染侵权行为的复杂性,从有利于实现社会公平正义的目的出发,将法律规定的免责或减责事由和因果关系方面的举证责任均分配给污染者。2013年6月南鹿村发现晚稻出现大面积、不同程度秧苗叶色变白矮缩及整株枯死现象后,嘉善县农业经济局组织相关专家会同诊断,一致认为是由于农田灌溉了附近河滨污染水引起,而海伦化工厂存在排污的事实,南鹿村已完成了初步的举证责任。海伦化工厂认为,其排污行为与秧苗死亡没有因果关系,其应当提供证据。诉讼期间,海伦化工厂虽然申请委托有鉴定资质的机构对原嘉善县环境保护局处罚决定书所依据的检测数据与南鹿村所涉秧苗枯死的因果关系进行司法鉴定,为此法院也委托了浙江环境监测中心进行鉴定,但是该中心于2014年5月15日回函表示"对该案件中的检测数据与所涉秧苗枯死的因果关系不能进行司法鉴定"。因此,仍应视为海伦化工厂未举证,不能因此推定因果关系不能成立。故而在本案中海伦化工厂对因果关系不存在的主张缺乏充分证据证明。且海伦化工厂在诉讼中也没有提供证据证明南鹿村秧苗发生死亡系其他原因所致,2007年、2010年,海伦化工厂也曾因排污问题受到原嘉善县环境保护局行政处罚。综上所述,海伦化工厂无法排除其排放废水的行为与南鹿村秧苗死亡之间的因果关系,其作为排污企业应承担损害赔偿责任。本案中,三鑫公司与海伦化工厂的排污行为属于无意思联络的共同侵权行为,两企业均是将废水排放到南鹿村秧苗取水的河道,每家企业污染物的种类、排放量等无法

---

① 参见《民法典》第1230条。

确定，每家企业承担责任的比例亦难以确定，每家企业的排污行为是否都足以造成全部损害的发生也难以判断，故根据《侵权责任法》（已废止）第 12 条的规定，两侵权人平均承担赔偿责任。

三、裁判规则提要

举证责任，又称证明责任，是指法律要求诉讼当事人对自己主张的事实提供证据加以证明的责任。最高人民法院《关于民事诉讼证据的若干规定》施行前，实务界对举证责任的理解通常仅限于行为意义上的举证责任，即提出主张的当事人应当对其提出的证据加以证明。当时对举证责任承担的理解也较为简单，即严格的“谁主张，谁举证”：不论是哪一方当事人，也不论其主张的是什么事实，只要提出主张，主张者就应对其主张的事实加以证明。故当时的民事诉讼实践，通常认为提起诉讼的当事人首先要对自己提出诉讼请求所主张的事实加以证明。2002 年起施行的最高人民法院《关于民事诉讼证据的若干规定》（法释〔2001〕33 号）第 2 条规定，当事人对自己提出的诉讼请求所依据的事实或者反驳对方诉讼请求所依据的事实有责任提供证据加以证明。没有证据或者证据不足以证明当事人的事实主张的，由负有举证责任的当事人承担不利后果。该司法解释首次规定了结果意义上的举证责任。[①]《民事诉讼法》第 64 条第 1 款亦规定，当事人对自己提出的主张，有责任提供证据。这是对民事诉讼举证责任的一般性规定。

环境污染侵权较一般民事侵权具有明显的特殊性。主要表现为：（1）环境污染侵权损害一般具有长期性、潜伏性、持续性、广泛性的特点，其损害不一定在短期内显现，甚至其损害后果也不止一种。（2）环境污染造成损害的原因具有复杂性。首先，损害并非一概由污染物直接作用于人身、财产造成，往往是污染物与各环境要素或其他要素之间相互发生物理、化学、生物反应，经过迁移、扩散、转化、代谢等一系列中间环节后才起作用。有时，污染物本身不致害，但和其他因素结合就产生了损害，使因果关系表现得非常隐蔽、不紧密，认定起来相当困难。有的环境污染损害，涉及一系列物理、化学、生物、地理、医学等方面的专业知识甚至高科技知识；欲证明行为与损害事实之间的因果关系，必须具备相关的科学技术知识，借助于专业仪器设备，这些技术知识、仪器设备并非一般人所能具备或操作。实践中，在现有科学技术条件下，一些环境污染侵权损害的因果关系还无法查明、认定。其次，在

① 参见何家弘、张卫平主编：《简明证据法学》（第 4 版），中国人民大学出版社 2016 年版，第 138 页。

确定因果关系时,“多因一果”现象经常出现。如数家工厂向同一河流排污,致使饮用该河水的居民感染疾病,受害人很难证明谁是致害人、谁的排污行为与受害人患病的后果之间具有因果关系。

鉴于环境污染侵权纠纷案件存在的技术性、复杂性,以及污染人与受害人在能力上存在不平衡性、在信息上存在不对称性等现实特点,为在整体上实现社会公平正义,《民法典》第1230条规定,因污染环境、破坏生态发生纠纷,行为人应当就法律规定的不承担责任或者减轻责任的情形及其行为与损害之间不存在因果关系承担举证责任。这既明确了在环境污染侵权纠纷案件中对因果关系实行举证责任倒置,也是在该类纠纷中实行因果关系推定规则的法律依据。所谓举证责任倒置,是指在法律规定的特殊类型案件中,法官依法要求被告承担通常由原告负担的举证责任的一种举证责任分配状态。即提出主张者不再必须首先负担提出证据的责任,如否认者不能从相反的方面证明某一事实不存在,或者法庭辩论终结后当事人争议的事实仍处于真伪不明的状态,否认者将会败诉。出于对环境污染侵权等特殊类型侵权受害者的保护,为避免他们因举证不能而遭受实际上的不公平,我国引进了举证责任倒置这一理念。①

环境污染侵权责任适用无过错责任原则,具有三个构成要件:(1)有环境污染行为;(2)有损害事实;(3)损害与污染行为之间具有因果关系。三个构成要件缺一不可。最高人民法院《关于审理环境侵权责任纠纷案件适用法律若干问题的解释》第6条规定:“被侵权人根据侵权责任法第六十五条规定请求赔偿的,应当提供证明以下事实的证据材料:(一)污染者排放了污染物;(二)被侵权人的损害;(三)污染者排放的污染物或者其次生污染物与损害之间具有关联性。”据此,环境污染侵权纠纷案件实行举证责任倒置,其前提是适用因果关系推定规则,即在受害人举证证实行为人有环境侵权行为、受害人存在客观损害事实并对因果关系进行初步举证的情况下,推定环境侵权行为与客观损害事实之间存在因果关系。根据《民法典》等相关法律规定,在环境污染侵权责任纠纷中,污染者须举证证明其行为与损害之间没有因果关系或者存在其他减轻责任、免除责任的事由,才能不承担侵权责任,否则就应当承担环境污染侵权责任。

在适用上述规定时,应注意两个问题:首先,被侵权人的举证责任方面。最高

---

① 参见最高人民法院侵权责任法研究小组编著:《〈中华人民共和国侵权责任法〉条文理解与适用》,人民法院出版社2013年版,第463页。

人民法院《关于审理环境侵权责任纠纷案件适用法律若干问题的解释》第6条要求被侵权人提供证实“侵权人排放的污染物或者其次生污染物、破坏生态行为与损害之间具有关联性”的证据，主要系从防止滥诉的方面考量，该规定仅要求被侵权人提供一般表象证据，绝不能理解为有将因果关系的举证责任分配给被侵权人之意。实践中，不应以被侵权人不能排除因果关系不存在为由，认定其未完成证实“污染物或者其次生污染物与损害之间具有关联性”的初步证明责任。最高人民法院《关于全面加强环境资源审判工作　为推进生态文明建设提供强有力司法保障的意见》第8条指出，依法确定当事人举证责任，对于因环境污染、破坏生态发生的纠纷，原告应当就存在污染行为和损害承担举证责任，并提交污染行为和损害之间可能存在因果关系的初步证据。最高人民法院出台的该意见关于被侵权人仅负责提供因果关系的初步证据的规定，是较为明确的。即环境污染侵权纠纷案件原告的证明目标是举证证实因果关系的“可能性”，而非“确定性”；且原告负责提交的仅是证实上述“可能性”存在的初步证据。其次，污染者的举证责任方面。最高人民法院《关于审理环境侵权责任纠纷案件适用法律若干问题的解释》第7条规定：“侵权人举证证明下列情形之一的，人民法院应当认定其污染环境、破坏生态行为与损害之间不存在因果关系：（一）排放污染物、破坏生态的行为没有造成该损害可能的；（二）排放的可造成该损害的污染物未到达该损害发生地的；（三）该损害于排放污染物、破坏生态行为实施之前已发生的；（四）其他可以认定污染环境、破坏生态行为与损害之间不存在因果关系的情形。”据此，实践中，只有在被告举证证实其所排放的污染物不具备可导致相关损害的致害性、污染物与损害发生区域之间存在物理阻隔、被告实施排污行为之前相关损害即已发生等情形存在的情况下，方可认定污染行为与损害结果之间不存在因果关系。而被告承担上述举证责任的证明标准，为高度盖然性标准。

四、辅助信息

高频词条：

《民法典》

第1230条　因污染环境、破坏生态发生纠纷，行为人应当就法律规定的不承担责任或者减轻责任的情形及其行为与损害之间不存在因果关系承担举证责任。

《水污染防治法》

第98条　因水污染引起的损害赔偿诉讼，由排污方就法律规定的免责事由及其行为与损害结果之间不存在因果关系承担举证责任。

最高人民法院《关于审理环境侵权责任纠纷案件适用法律若干问题的解释》

第6条 被侵权人根据民法典第七编第七章的规定请求赔偿的,应当提供证明以下事实的证据材料:

(一)侵权人排放了污染物或者破坏了生态;

(二)被侵权人的损害;

(三)侵权人排放的污染物或者其次生污染物、破坏生态行为与损害之间具有关联性。

第7条 侵权人举证证明下列情形之一的,人民法院应当认定其污染环境、破坏生态行为与损害之间不存在因果关系:

(一)排放污染物、破坏生态的行为没有造成该损害可能的;

(二)排放的可造成该损害的污染物未到达该损害发生地的;

(三)该损害于排放污染物、破坏生态行为实施之前已发生的;

(四)其他可以认定污染环境、破坏生态行为与损害之间不存在因果关系的情形。

环境资源纠纷案件裁判规则第5条：
在环境侵权行为和损害已经实际发生，但受害人难以举证证明损失具体数额的情况下，法官应当注重适度发挥职权作用，根据已有证据进行认定

〔**规则描述**〕：在环境民事侵权纠纷案件中，由于案件本身较复杂、受害人举证能力弱等原因，存在在侵权行为及损害事实确实已经发生的情况下，受害人的损失却难以准确认定的问题。在这种情况下，要求法官适度发挥职权作用，以案件已有的证据为基础，综合案件具体情况并采取适当方法，合理确定损失数额，以维护受害人的合法权益及社会公共利益。

一、类案检索大数据报告

截至2020年6月15日，分别以"环境侵权""损失数额""鉴定意见""能动""酌定"等为关键词，通过Alpha案例库、中国裁判文书网、法信数据库等共检索到类案37件。经过筛选与本规则相关的案例，剔除同一个案件因多次审判程序的重复裁判文书，实际共有21件案件。整体情况如下：

从年份分布可以看到当前条件下案件数量的变化趋势（见图5－1）。

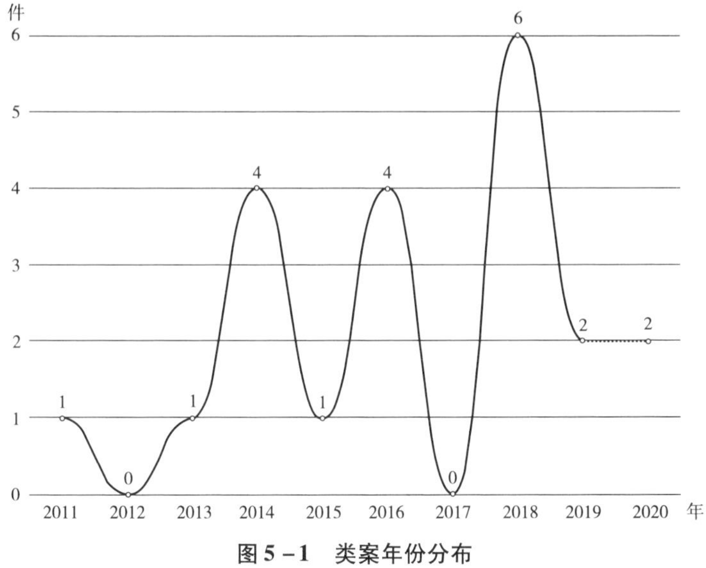

图5－1 类案年份分布

从地域分布来看,当前案件主要集中在广东省、北京市、安徽省,分别占比为14.29%、9.52%、9.52%。其中广东省的案件量最多,达到3件(见图5-2)。

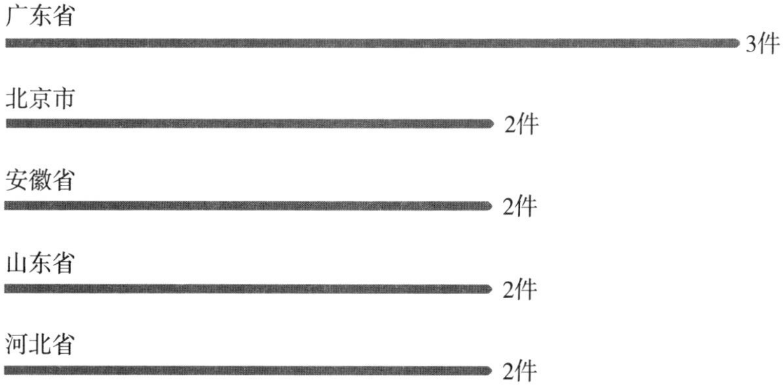

图5-2 类案主要地域分布

从案由分类情况可以看到,当前的案由分布由多至少分别是民事、刑事(见图5-3)。

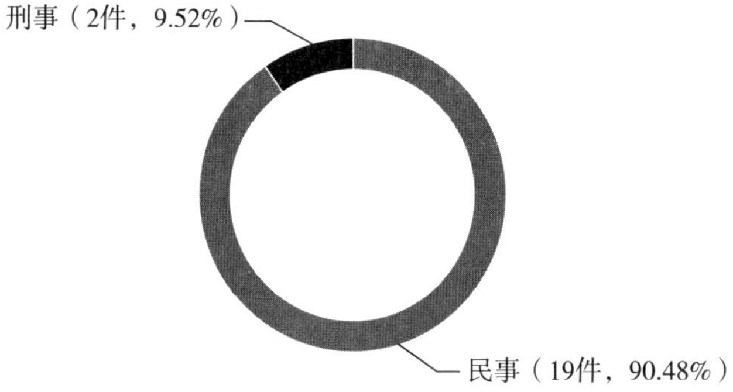

图5-3 类案案由分布

从程序分类统计可以看到当前的审理程序分布状况。一审案件有12件,二审案件有9件(见图5-4)。

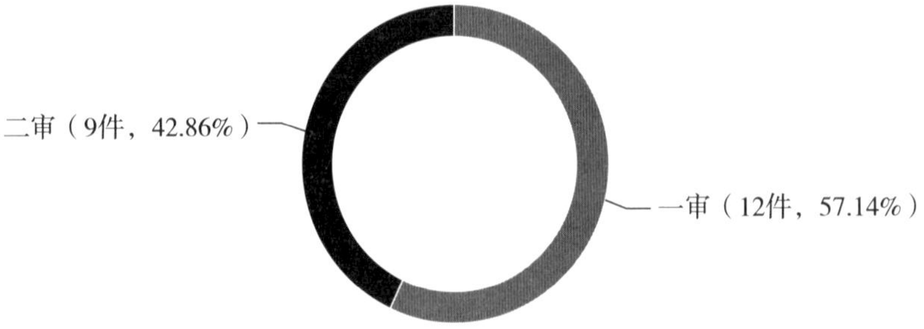

图5－4　类案审理程序分布

二、可供参考的例案

例案一　江西星光现代生态农业发展有限公司诉江西鹰鹏化工有限公司大气污染责任纠纷

【法院】

最高人民法院

【案号】

(2016)最高法民申1654号

【当事人】

再审申请人(一审被告、二审上诉人):江西鹰鹏化工有限公司

被申请人(一审原告、二审上诉人):江西星光现代生态农业发展有限公司

【基本案情】

2014年6月,江西鹰鹏化工有限公司(以下简称鹰鹏公司)在生产中因故导致生产废气泄漏,造成周边农林作物不同程度受损。当地政府及林业部门、受害苗木公司(农户)代表及鹰鹏公司代表组成调查组,对苗木受损情况作了统计、登记。其中,江西星光现代生态农业发展有限公司(以下简称星光公司)的苗木受损面积为311.4亩(轻度95.6亩、中度205.9亩、重度9.9亩),林业部门建议补偿金额为93,266元,星光公司已收到该款。星光公司认为其苗木多为珍贵树种,不应按普通绿化苗的补偿标准计算赔偿,应根据评估机构出具的《核实资产价值项目资产评估报告》按比例计算其损失为3,742,600.1元,并要求鹰鹏公司予以赔偿。

【案件争点】

法院对于损失的计算是否妥当。

【裁判要旨】

鹰鹏公司因生产废气泄漏导致周边农林作物不同程度受损,星光公司的苗木基地在受损范围之内,因此本案系因废气所致环境污染。鹰鹏公司主要生产无水氟化氢,无水氟化氢为反应性极强的物质,能与各种物质发生反应,高毒、腐蚀性和刺激性极强。2009 年 4 月 9 日《中国江西网》对鹰鹏公司排放污水污染环境破坏生态的情况作了题为《江西会昌鹰鹏公司常年向湘江排毒水》的报道,2011 年鹰鹏公司因为原料问题发生污染事故,2014 年6 月,鹰鹏公司因为停电应急电源没有发挥作用导致工业废气泄漏,发生案涉污染事故。鹰鹏公司所泄漏废气具有可扩散性,但是因空气的自行流动,受害人难以固定发生废气泄漏时的证据。当地林业部门成立了调查组,会同本案双方当事人对苗木受损情况共同进行了实地调查并进行了苗木受损情况登记,三方人员均在受损苗木登记表上签字确认,因此该登记表能够反映因污染事故造成星光公司苗木受损的基本情况。但是对于星光公司苗木基地的具体损失双方当事人均有不同意见。星光公司为证明其苗木所受损失,在起诉前委托赣州金信资产评估事务所对受损苗木作了资产评估,该事务所以三方签字认可的调查登记表所确认的受损情况为依据,按照市场法对受损苗木作出评估,结论为星光公司受损苗木的资产评估值为 7,492,147 元。故而星光公司根据资产评估报告自行按比例计算损失为 3,742,600.1 元。鹰鹏公司辩称其已经按照调查组的调查结论及林业行政主管部门的建议承担了责任,不认同星光公司的主张。

对此,首先,赣州金信资产评估事务所作出的《核实资产价值项目资产评估报告》可以作为认定损失的依据。赣州金信资产评估事务所受星光公司的委托对其受到涉案污染事故影响的苗木资产价值进行评估,资产评估总值为 7,492,147 元。该次评估的主要依据为林业部门出具的并经鹰鹏公司确认的《2014 年鹰鹏污染事故林业苗木受损情况调查登记表》,赣州金信资产评估事务所作为有资质的资产评估机构,根据国家机关出具并经鹰鹏公司确认的材料出具的评估报告,经审查该报告所列资产价值评估明细,通过市场随机询价等方式对评估价格进行核实并未发现不实之处。该评估报告虽未直接给出星光公司的受损价值金额,但根据该评估报告给出的资产评估价值结合原会昌县林业局出具的《关于江西会昌县鹰鹏公司废气污染林业苗木受害情况调查报告》可以计算出星光公司的受损价值金额,故可以作为认定损失的依据。

其次,关于星光公司的损失。虽然《核实资产价值项目资产评估报告》可以作为认定损失的依据，但是因其委托资产评估机构所作的资产价格评估不属损失鉴定，评估报告亦未对其苗木损失作出鉴定意见，不能达到其证明损失数额的证明目的。需要法院适度发挥能动性，参照当地林业部门的建议补偿标准，结合星光公司受损苗木面积、品种、树龄等本案实际情况，酌定星光公司的损失数额。具体说来，《核实资产价值项目资产评估报告》第4条“价值类型及其定义”中，对评估市场价值的描述为“指资产在评估基准日公开市场上最佳使用或最有可能使用条件下，资产可能实现的交换价值的评估值”，换言之，该评估报告的评估值是最理想状态下涉案苗木可能实现的最高价值，且并未扣减实际交易中必然发生的成本和税费，故酌定涉案苗木的实际交易价值为评估价值×90%。原会昌县林业局作出的《关于江西会昌县鹰鹏公司废气污染林业苗木受害情况调查报告》的附件《2014年鹰鹏污染事故林业苗木受损情况调查登记表》中载明了星光公司因案涉污染事故而受损苗木的树种、苗龄、面积、株数、受害程度（分轻度、中度、重度三个等级）等具体信息，《核实资产价值项目资产评估报告》中的《苗木资产评估明细表》对《2014年鹰鹏污染事故林业苗木受损情况调查登记表》中载明的受损苗木的树种作出了单项评估价值，《关于江西会昌县鹰鹏公司废气污染林业苗木受害情况调查报告》第二点林分受损等级划分标准中，对轻度的描述为“林木有受损症状，单株树冠受损面积在30%以下，受损林木株数占林分总株数的30%以下”，故受损程度定为轻度的苗木，其受损价值＝单种苗木实际价值（评估价值×90%）×15%（受损面积在30%以下，法院酌定取值为15%）×15%（受损林木株数占林分总株数的30%以下，法院酌定取值为15%）。对中度的描述为“林木受损症状明显，单株树冠受损面积在30%～70%，受损林木株数占林分总株数的30%～70%”，故受损程度定为中度的苗木，其受损价值＝单种苗木实际价值（评估价值×90%）×35%（单株树冠受损面积在30%～70%，法院酌定取值为35%）×35%（受损林木株数占林分总株数的30%～70%，法院酌定取值为35%）。对重度的描述为“林木受损症状严重，单株树冠受损面积在70%以上，受损林木株数占林分总株数的70%以上”，故受损程度定为重度的苗木，其受损价值＝单种苗木实际价值（评估价值×90%）×75%（单株树冠受损面积在70%以上，法院酌定取值为75%）×75%（受损林木株数占林分总株数的70%以上，法院酌定取值为75%），通过上述计算方法得出星光公司的受损总值为1,363,217.29元。该金额根据评估机构的评估报告、林业部门的调查材料并秉持平衡双方当事人利益之理念所作，虽不一定十分精确，但计算结果有理有据并合乎公平正义理念。

例案二 刘某霞诉中国石油天然气股份有限公司西南油气田分公司重庆气矿环境污染责任纠纷

【法院】

重庆市高级人民法院

【案号】

(2016)渝民申626号

【当事人】

再审申请人(一审原告、二审被上诉人):刘某霞

被申请人(一审被告、二审上诉人):中国石油天然气股份有限公司西南油气田分公司重庆气矿

【基本案情】

刘某霞所经营的李树位于垫江县五洞镇卧龙村7组大丫口坎下,与刘某元、江某珍、刘某清、刘某、刘某勇、夏某碧、刘某伟、刘某华经营的李树处于同一李树园内。刘某霞所经营的李树园地处中国石油天然气股份有限公司西南油气田分公司重庆气矿(以下简称重庆气矿)所有的"卧20井"厂房周围。2005年10月,重庆气矿(原川东开发公司)在修复"卧20井"时放喷排污天然气,2006年恢复生产后曾有放空行为,污染了"卧20井"井场值班房后面的李树。2007年4月,刘某霞等人发现自家受污染的李树大部分树枝干枯、无叶,有的李树已死亡。

垫江县果品蔬菜技术服务中心因案外人刘某元等人多次到农业部门反映李树园受天然气危害情况,于2007年7月、2008年7月先后两次派技术人员进行实地查看和调查,并于2008年7月8日作出李树园受害情况调查报告。认定本案所涉李树园中,刘某霞等人受损害果树为773棵,实测每棵产量约57斤,综合价每斤0.7元。同时认为,该园李树受害可能是受天然气影响所致。2010年1月,垫江县五洞镇卧龙村民委员会及该村第7村民小组对刘某元等农户受损树木分别核实,确定刘某霞受损害果树为41棵。

垫江县人民法院对案外人刘某元、江某珍分别诉重庆气矿环境污染损害赔偿纠纷案件作出另案民事判决。该两案在审理过程中,垫江县人民法院依据重庆气矿的申请,委托西南大学司法鉴定所对刘某元、江某珍诉称的果树枯萎、死亡与重庆气矿在"卧20井"的放喷修井作业行为是否存在因果关系进行司法鉴定,该鉴定

所作出鉴定意见书，其鉴定意见是："中国石油天然气股份有限公司西南油气田分公司重庆气矿在'卧20井'的放喷修井作业行为可能会对刘某元、江某珍果园李树芽体的发育，芽的萌芽生长能力，乃至次年开花产生一定影响，导致受害树次年花果脱落，影响产量，但不是李树枯萎、死亡的最主要原因，李树枯萎、死亡也与李园管理粗放、立地条件较差相关。"刘某元、江某珍申请要求对受损李子树的生长寿命期、年产量、价格等事项，委托双方共同选定的原垫江县农业局进行鉴定。2012年3月12日，原垫江县农业委员会向一审法院回函：该委责成垫江县果品蔬菜管理站办理，但因该站不具备进行司法鉴定的法定资质，故不能进行司法鉴定，同时说明该管理站曾于2007年7月至2008年7月先后两次到李树园查看和调查，并形成书面情况调查报告，可供法院参考，等等。

【案件争点】

1. 西南大学司法鉴定所出具的鉴定意见能否作为认定损失的依据。

2. 刘某霞的损失如何确定。

【裁判要旨】

1. 关于西南大学司法鉴定所出具的鉴定意见是否应当作为证据采信的问题

本案中，刘某霞经营的果园位于垫江县五洞镇卧龙村7组大丫口坎下，地处重庆气矿所有的"卧20井"厂房周围。在该果园内，刘某霞之母江某珍、刘某霞之叔刘某元等人亦种植了李树。2005年10月，重庆气矿在修复"卧20井"时放喷排污天然气，2006年恢复生产后亦曾有排污行为。刘某元、江某珍在2010年曾分别起诉至重庆市垫江县人民法院，要求重庆气矿承担环境污染损害赔偿责任。重庆市垫江县人民法院在审理这两起案件过程中，委托了西南大学司法鉴定所对刘某元、江某珍诉称的果树枯萎、死亡与重庆气矿的放喷修井作业行为是否存在因果关系进行司法鉴定，鉴定意见载明：重庆气矿的放喷修井作业行为可能会对刘某元、江某珍果园李树芽体的发育，芽的萌芽生长能力，乃至次年开花产生一定影响，导致受害李树次年花果脱落，影响产量，但不是李树枯萎、死亡的最主要原因，李树枯萎、死亡也与李树园管理粗放、立地条件较差相关。在这两起案件中，重庆市垫江县人民法院采信了西南大学司法鉴定所的鉴定意见，并作出相应民事判决，均已发生法律效力。案件审理过程中，重庆气矿将西南大学司法鉴定所的鉴定意见作为证据举示，刘某霞当庭表示不同意采信此证据。经审查，西南大学司法鉴定所的两名鉴定人员均具备鉴定资质，鉴定程序亦符合法律规定。因刘某霞种植的李树与刘某元、江某珍种植的果树位于同一果园内，均同一时间受到重庆气矿污染行为的损害,法院故将西南大学司法鉴定所出具的该鉴定意见作为证据采信。

2. 关于刘某霞的果树损失的赔偿问题

西南大学司法鉴定所的鉴定意见表明,重庆气矿的放喷修井作业行为会对受损李树次年开花产生一定影响并导致受害李树次年花果脱落。该鉴定意见同时还载明,李树枯萎、死亡也与李园管理粗放、立地条件较差相关。在本案审理中,刘某霞申请法院委托评估鉴定机构对果树的寿命、年产量、挂果期间、价格等进行鉴定,经垫江县人民法院与多家鉴定机构协调鉴定事宜,鉴定机构均以没有具体、可信的参照物和行业标准,以及受自然等不确定因素影响大等为由,称无法进行科学、有效的鉴定和评估。因其鉴定无法进行,且垫江县人民法院认为其鉴定亦无必要,此时可综合其他证据确认其损失。本案受损害果树与已经审理的果树受损害案件地理位置相邻,据此可参照原西南大学的鉴定意见,通过计算果树的产量、价格、损害赔偿时间、综合责任大小等因素而进行赔偿额的计算。法院在综合考虑果树受害原因、是否划分双方当事人责任比例等多方面因素后酌情按2年计算赔偿年限,判决重庆气矿全额赔偿刘某霞的损失。

例案三 | 何某刚诉李某忠噪声污染责任纠纷

【法院】

湖北省武汉市中级人民法院

【案号】

(2016)鄂01民终1820号

【当事人】

上诉人(一审被告):李某忠

被上诉人(一审原告):何某刚

【基本案情】

何某刚经营的武汉市江岸区滨江招待所位于武汉市江岸区沿江大道154号2~3楼,系个体工商户。该招待所于2007年12月开始营业,原有2楼客房30间,2009年4月10日扩大经营规模,3楼增加客房33间。李某忠经营的上上酒吧位于武汉市江岸区沿江大道154号1楼,2009年5月29日开始营业。何某刚多次向原武汉市江岸区环境保护局等有关部门反映,李某忠在经营过程中产生了噪声污染,导致滨江招待所经营业绩下滑。原武汉市江岸区环境保护局于2009年8月18

日夜间在滨江招待所三间客房内对上上酒吧噪声排放情况进行了监测，监测结果超过国家规定的排放标准。该环境保护局于同年8月25日依据上述监测结果向上上酒吧下达了环境违法行为限期改正通知书，同年9月14日向上上酒吧送达了行政处罚事先告知书、行政处罚听证告知书，并于同年9月25日向上上酒吧下达了岸环罚字(2009)025号行政处罚决定书，对上上酒吧在规定时间内未完成噪声整改的违法行为处以罚款49,000元。

何某刚为维护自身权益提起诉讼，要求李某忠赔偿2009年5月29日至2010年7月2日的营业经济损失2,600,000元。嗣后，何某刚增加诉讼请求，要求李某忠立即停止侵害，排除妨害。其诉讼请求2,600,000元营业损失依据的是湖北省烹饪酒店行业协会出具的一份情况说明，该情况说明主要写明：按武汉市酒店行业的基本经营状况及滨江招待所的设施、经营规模、经营项目、所处的地段，概算其月营业额接近240,000元，但实际月营业额不到40,000元，每月差额200,000元，计算13个月共计2,600,000元。

因何某刚进行信访，原武汉市江岸区环境保护局于2011年5月19日作出岸环监(声)字(2011)第(111)号噪声检测结果报告，载明2011年5月13日、16日夜间在滨江招待所二楼2198客房内对上上酒吧噪声排放情况进行了监测，监测结果为5月13日夜间测点的等效声级超过排放限值，5月16日夜间室内噪声各倍频带声压级除31.5Hz未超过排放限值外，其余各倍频带声压级均超过排放限值。

2011年6月10日，何某刚以房屋纠纷造成亏损(停业)为由向原武汉市工商行政管理局江岸分局大智工商所报停，时间自2011年7月1日至2011年9月30日。自2011年7月1日至2014年年底，滨江招待所一直处于停业状态。2009年6月1日至2011年6月30日，滨江招待所营业收入合计1,196,000元，月平均营业收入为47,840元。何某刚提交的2007年12月至2011年6月滨江招待所经营简况显示，月营业额越高，月利润率越高；2009年5月63间客房营业额为87,528元，利润率为50.30%，该利润率是经营简况中较高的利润率；2010年6月63间客房营业额为48,055元，利润率为25.90%，该利润率是经营简况中中等的利润率。2014年12月，滨江招待所开始试营业，2015年2月，滨江招待所重新开业。滨江招待所2015年2月的营业收入为44,723元，3月的营业收入为81,413元，4月的营业收入为110,609元，5月的营业收入为112,226元，2015年2月至5月的月平均营业收入为87,242.75元。

案件审理过程中,根据何某刚的申请,法院委托武汉市科学技术咨询服务中心就上上酒吧自2009年6月至2011年7月所产生的噪声污染对滨江招待所造成的经营损失进行评估鉴定。武汉市科学技术咨询服务中心作出武科咨司鉴(WKZSJ)(2012)鉴字第2号技术鉴定书,鉴定意见为:由于李某忠经营的上上酒吧所产生的噪声污染给何某刚经营的滨江招待所造成的经济损失(2009年6月至2011年7月)原则上为10,412,706.30元。法院后给该中心去函,要求该中心进一步在鉴定意见中明确滨江招待所因上上酒吧产生的噪声污染造成的营业损失数额(2009年6月至2011年7月)。该中心作出说明,认为滨江招待所因噪声第二次下调房价后,其日收入以11,178元为基数,按此地理位置、行业景气及装修情况,平均日入住率为88%,按月30天计算,2009年6月至2011年7月共计26个月,营业额应为7,672,579.20元,但滨江招待所实际收入为1,196,000元,故噪声污染造成的营业损失数额为6,476,579.20元。该技术鉴定书没有附湖北省司法厅颁发的司法鉴定许可证复印件,亦未提供司法鉴定许可证号。

2012年11月12日,何某刚增加诉讼请求,要求李某忠赔偿因噪声污染给其造成的2009年6月至2011年7月的营业损失6,476,579.20元,鉴定费129,000元由何某刚承担。

鉴定过程中,武汉市科学技术咨询服务中心委托福建力普环境检测有限公司于2012年6月2日对滨江招待所进行噪声检测,检测结论为,滨江招待所客房的夜间噪声值除3098房、3108房、3128房、3148房、3168房、3188房、3328房、3348房、3358房外,其余54个房间监测点的值均不符合《社会生活环境噪声排放标准》(GB22337-2008)表2中2A类或表3中2A类的排放限值。所检测的滨江招待所二楼大厅的夜间噪声值不符合《社会生活环境噪声排放标准》(GB22337-2008)表2中2B类和表3中2B类的排放限值。武汉市科学技术咨询服务中心就上上酒吧自2009年6月至2011年7月所产生的噪声污染对滨江招待所造成的经营损失进行评估鉴定收取60,000元鉴定费,并出具电脑打印发票;武汉市科学技术咨询服务中心委托福建力普环境检测有限公司对滨江招待所进行噪声检测,福建力普环境检测有限公司收取69,000元鉴定费,并出具手填发票。

因李某忠经营的上上酒吧已停业,何某刚在诉讼中要求撤销第2项要求李某忠停止侵害、排除妨碍的诉讼请求。

【案件争点】

李某忠对何某刚的侵权行为是否存在,如存在侵权行为,责任如何确定。

【裁判要旨】

1. 关于噪声污染侵权行为是否存在

《侵权责任法》(已废止)第65条[①]规定:“因污染环境造成损害的,污染者应当承担侵权责任。”该法第66条[②]规定:“因污染环境发生纠纷,污染者应当就法律规定的不承担责任或者减轻责任的情形及其行为与损害之间不存在因果关系承担举证责任。”最高人民法院《关于审理环境侵权责任纠纷案件适用法律若干问题的解释》(2015年版)第6条规定:“被侵权人依据侵权责任法第六十五条规定请求损害赔偿的,应当提供证明以下事实的证据材料:(一)污染者排放了污染物;(二)被侵权人的损害;(三)污染者排放的污染物或者其次生污染物与损害之间具有关联性。”环境污染侵权的构成要件包括:环境污染行为、环境污染损害事实及污染环境的行为与损害事实之间具有因果关系。根据上述法律规定,何某刚应对李某忠所经营的上上酒吧存在环境污染行为,且该环境污染行为对其经营招待所造成了损害承担举证责任,就污染行为与损害结果之间存在关联性提供初步证据材料。李某忠应对污染行为与损害结果之间不存在因果关系承担举证责任。原武汉市江岸区环境保护局的检测结果证明李某忠在经营上上酒吧的过程中,排放的噪声值有超过国家规定排放标准的事实,李某忠上诉称该检测只能证明三间客房受到噪音的影响,但客观上行政机关此类检测一般均为抽样进行,在李某忠未能举证该检测所涉的三间房并非随机抽取的情况下,一般认为滨江招待所的客房均受到了上上酒吧所产生的噪声影响。何某刚所经营的滨江招待所主营业务为住宿,该业务性质决定其经营收入必定会受到噪声的影响,且李某忠亦认可该招待所的经营因噪声的影响受到了损失。李某忠所经营的上上酒吧因噪声污染对何某刚经营的滨江招待所造成了营业损失的事实客观存在。

2. 关于何某刚因受到噪声污染侵权的损失认定问题

依照《侵权责任法》(已废止)第3条[③]、第15条[④]的规定,李某忠作为上上酒吧的经营者,应对何某刚承担赔偿损失的侵权责任。因李某忠经营的上上酒吧于2009年5月29日开始营业,何某刚经营的滨江招待所于2011年7月1日歇业,故法院将本案侵权时间段界定为2009年6月1日至2011年6月30日,共计25个

---

① 参见《民法典》第1229条。

② 参见《民法典》第1230条。

③ 参见《民法典》第120条。

④ 参见《民法典》第179条。

月。在环境污染损害赔偿案件中,受害人需要证明因环境污染侵权行为受到的损害及损害的具体数额,但由于环境污染行为的特殊性,受害人遭受的损害往往具有隐蔽性、持续性以及缓释性等特点,其本身也受到专业技术能力及信息不对称的限制,很难及时保全并全面举示关于损害数额的证据,在此情况下,法院在满足一定条件的基础上可适当减轻受害人对损害的证明义务,即通过日常生活经验法则来推定损失的存在,然后由污染人举证来推翻该推定。在本案中,何某刚经营的滨江招待所因受到噪声污染导致的营业损失应当包括房客入住后退房的直接损失及其住宿环境受到影响后引起的入住率下降的间接损失。何某刚经营的滨江招待所系个体工商户,每月税额是固定的,亦没有财务建账。在案件审理过程中,何某刚提交了2007年12月至2011年7月的营业记录、2009年6月至2011年7月票据及2015年2月至5月的经营明细与对应票据,虽然李某忠对上述证据不予认可,但未提交相反证据予以反驳。招待所提供的为住宿服务,该行业经营特点为在一定程度上受季节影响的基础上,开业后营业额逐步上升,企稳一段时间后因设施逐渐老旧营业额逐步下行。本案中,何某刚经营的滨江招待所于2007年12月开始营业,2009年4月10日扩大经营规模,其受到李某忠经营的上上酒吧噪声污染侵权的持续期间为2009年6月至2011年7月,该段期间应为滨江招待所营业额的平稳期。滨江招待所2014年12月底重新开业,2015年2~5月应为其营业额的起步期。故法院以2015年2月至5月未受到噪声污染情况下的月平均收入乘以利润率减去2009年6月1日至2011年6月30日受到噪声污染侵权情况下的月平均收入乘以利润率计算受侵权期间的月平均损失并无不当。在此基础上,因何某刚所经营的滨江招待所受侵权的时间段为25个月,故李某忠应向何某刚赔偿经济损失791,534.5元。

三、裁判规则提要

(一)在环境民事侵权纠纷案件中,单独的鉴定报告往往不能解决全部问题,需要法官发挥职权作用

很多环境民事侵权纠纷案件中,法官会发现案件的侵权事实往往没有太大的争议,侵权的行为与结果发生的因果关系争议也不大,但是赔偿的范围和额度却经常成为当事人争讼的焦点问题,各地法院的判决结果也存在很大差别。以上例案中,无论是星光公司与鹰鹏公司大气污染责任纠纷案,还是刘某霞与重庆气矿环境污染责任纠纷案,如何认定和采信鉴定机构对损害赔偿的鉴定报告,都是案件的核

心问题。实践中，环境侵权案件的鉴定意见往往是关系责任认定和赔偿额度的关键证据，但各级法院对鉴定意见的采信持比较慎重的态度。这是由于我国环境侵权案件的鉴定工作也是刚刚开始，鉴定机构的设置和工作开展，确保鉴定意见真实、合法、有效的鉴定规则，鉴定人资质要求，鉴定人的职业道德，鉴定的法律依据和技术标准，鉴定结果的权威性都在逐步的建立和制度完善之中，社会对环境损害赔偿也有一个逐步认识和接受的过程。此外，关于法院在审判过程中审查鉴定意见的规则也需要不断完善。很多案件中的鉴定报告对明确基本事实的范围、鉴定技术方法是有价值的，但单独的鉴定报告往往不能解决全部问题。因此，在星光公司与鹰鹏公司大气污染责任纠纷案、刘某霞与重庆气矿环境污染责任纠纷案中，法院在评判鉴定报告时，均采取了与案件其他证据相结合，并适当发挥职权作用的方式，通过计算确定了赔偿范围和价值，较好地解决了案件争议。

（二）法官在发挥职权作用时，不能脱离环境民事侵权纠纷案件的已有证据及具体情况，避免损失被无根据地夸大或缩小

在环境民事侵权纠纷案件中，受害人的具体损失不但认定起来非常困难，而且很多损失的产生往往还存在多方面的原因，有些损失是否会产生，还会受到很多因素的影响。在损失确实客观存在但又不好衡量，单独的鉴定报告难以完全解决问题的情况下，基于“不能拒绝裁判”的原则，法官必须发挥职权作用来确定受害人的具体损失。然而，职权作用的发挥也不是盲目的、随意的，应当要注意适度，而且还不能脱离案件已有证据及具体情况，避免过度的主观主义造成损失被无根据地夸大或缩小。前述三个案件中，星光公司与鹰鹏公司大气污染责任纠纷案、刘某霞与重庆气矿环境污染责任纠纷案中，法院在采纳鉴定报告的同时，均是结合案件已有证据来确定损失的；何某刚诉李某忠噪声污染责任纠纷案中，法院没有采纳鉴定报告，但同时根据案件已有的证据及当地经营的实际情况对损失进行了合理确定。应该说，这些案件中法官在发挥职权作用时都遵循了“适度”的原则，并且还以案件已有的证据及具体情况为依据，裁判结果总体上是比较公平、合理的。

（三）法官在发挥职权作用确定环境民事侵权纠纷案件的具体损失过程中，应尊重和保障当事人的诉讼权利，在职权主义与当事人主义之间取得合理平衡

在很多西方国家，民事诉讼存在职权主义和当事人主义两种不同模式，前者强调法院、法官在民事诉讼中居于主导地位，当事人处于从属地位，法院、法官决定诉

讼程序的推进、证据的收集,甚至可以不拘泥于当事人的诉讼请求作出裁判;后者则突出强调当事人在诉讼中的地位,认为当事人主导诉讼过程,负责证据的调查、准备、提出和证据价值的陈述,法官则仅处于消极的中立裁判者地位,不能在当事人指明的证据范围之外主动收集证据,更不能脱离当事人的诉讼请求进行裁判。应当说两种诉讼模式各有其价值,但同时也各自存在缺陷。在特定的历史时期、针对特定的案件,我们完全可以在合理分析西方民事诉讼模式优劣的基础上,肯定并借鉴其合理性,摒弃不合理的方面,为我国当前环境侵权民事纠纷案件的办理开辟新的路径。相对于大量普通民事诉讼而言,我国环境侵权民事诉讼起步较晚,与之相配套的规则尚在完善之中,特别是当前鉴定机构数量不足且机构设置不健全、资质缺乏、能力不足、鉴定方法落后、费用高昂等现象突出。在历经多年的经济高速发展后,我国现处于经济深度转型历史时期,环境问题较为突出,人民群众对于法院优质、高效地办理好环境案件充满期待。同时,环境侵权造成的损害认定起来极为复杂,大量损害往往还具有突发性、广泛性、持续性、治理难度大、损失确定专业性强且费用高等特点,加之很多受害人诉讼能力、经济能力有限,对于自己的具体损失数额很难提供直接的证据。这种情况下,要求法官在办理环境民事侵权纠纷案件过程中,既要注意引导当事人积极举证,尊重和保障当事人的诉讼主体地位,同时又要主动发挥职权作用,结合职权主义和当事人主义诉讼模式的各自优势,在合理采纳案件已有证据的基础上,妥善确定损失的计算方法,既要维护和保障当事人的合法权益,填补受害人的损失,促进生态环境的改善,又要避免损失的确定脱离实际,造成当事人之间利益的严重失衡。

四、辅助信息

高频词条:

《民法典》

第 1229 条 因污染环境、破坏生态造成他人损害的,侵权人应当承担侵权责任。

最高人民法院《关于审理环境侵权责任纠纷案件适用法律若干问题的解释》

第 8 条 对查明环境污染、生态破坏案件事实的专门性问题,可以委托具备相关资格的司法鉴定机构出具鉴定意见或者由负有环境资源保护监督管理职责的部门推荐的机构出具检验报告、检测报告、评估报告或者监测数据。

第 10 条 负有环境保护监督管理职责的部门或者其委托的机构出具的环境

污染事件调查报告、检验报告、检测报告、评估报告或者监测数据等，经当事人质证，可以作为认定案件事实的根据。

第13条 人民法院应当根据被侵权人的诉讼请求以及具体案情，合理判定侵权人承担停止侵害、排除妨碍、消除危险、修复生态环境、赔礼道歉、赔偿损失等民事责任。

环境资源纠纷案件裁判规则第6条:
环境保护监督管理部门或者其委托的机构出具的环境污染事件调查报告、检验报告、检测报告、评估报告或者监测数据等,经质证可以作为人民法院认定环境侵权案件事实的根据

〔**规则描述**〕:在环境侵权纠纷中,污染源的确定、损失与污染物间的关联性等直接决定受害人的合法权益能否依法得到保护。在实践中,受害人受环境污染复杂性、技术条件限制等因素的影响,在环境污染事件发生后,往往难以确定污染源、损失与污染物间的关联性,并进而将相关证据予以固定。为此,受害人通常会先向环保、农业、渔业、海洋等环境保护监督管理部门举报。相关监督管理部门或者其委托的机构根据受害人的举报,进行组织调查,通过采集、化验、监测等技术手段,形成调查报告、检验报告、检测报告、评估报告、监测数据等。环境保护监督管理部门或者其委托的机构作出的调查报告、检验报告、检测报告、评估报告、监测数据等经当事人质证,其所记载的事项在没有相反证据足以推翻的情况下,依法可以作为人民法院认定环境侵权案件事实的根据。

一、类案检索大数据报告

截至2020年6月15日,分别以"环境侵权""报告""数据""案件事实""根据"等为关键词,通过Alpha案例库、法信平台、中国裁判文书网共检索到类案662件。整体情况如下:

从年份分布可以看到当前条件下案件数量的变化趋势(见图6-1)。

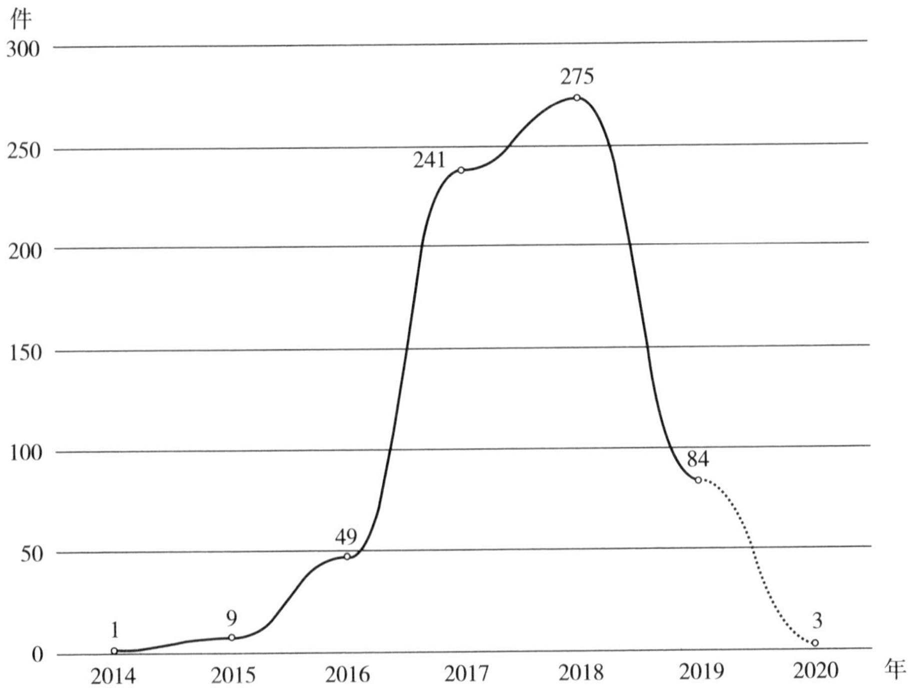

图6-1 类案年份分布

从地域分布来看，当前案件主要集中在天津市、山东省、广西壮族自治区，分别占比为33.38%、24.77%、6.95%。其中天津市的案件量最多，达到221件（见图6-2）。

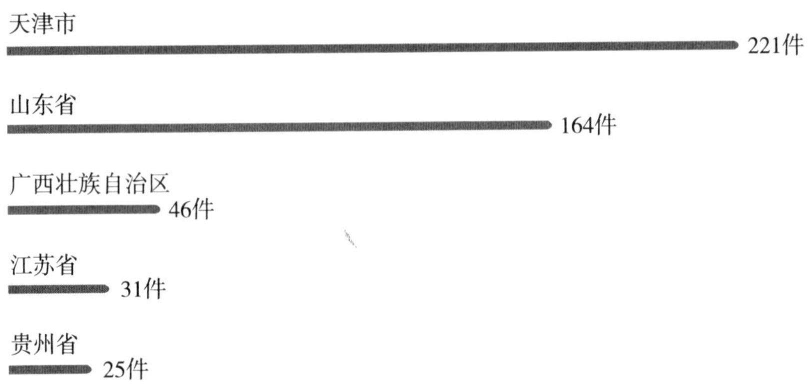

图6-2 类案主要地域分布

从案由分类情况可以看到,当前的案由分布由多至少分别是民事、刑事(见图6－3)。

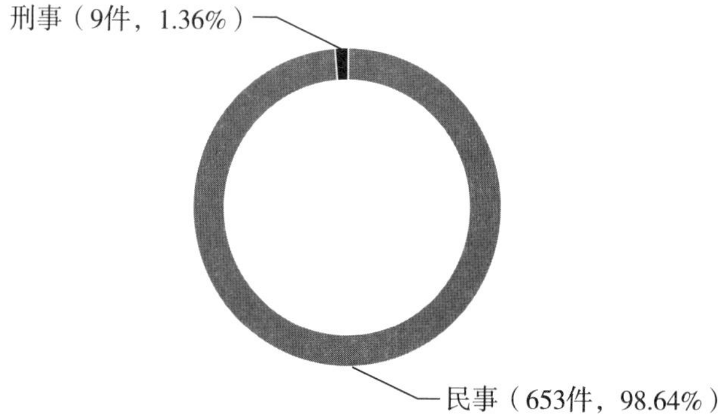

图6－3　类案案由分布

从程序分类统计可以看到当前的审理程序分布状况。一审案件有481件,二审案件有162件,再审案件有19件(见图6－4)。

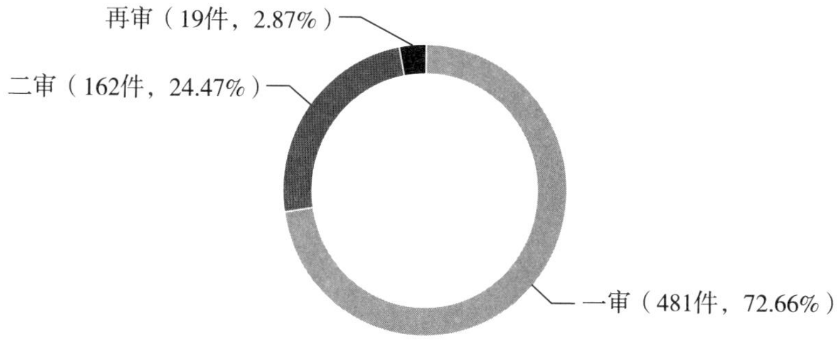

图6－4　类案审理程序分布

二、可供参考的例案

例案一 | 华润水泥(上思)有限公司与梁某南环境污染责任纠纷

【法院】

广西壮族自治区防城港市中级人民法院

【案号】

(2014)防市民一终字第377号

【当事人】

上诉人（一审被告）：华润水泥（上思）有限公司

被上诉人（一审原告）：梁某南

【基本案情】

1993年，梁某南与六银村、计怀村公所签订《专业承包合同书》后，在思阳镇六银村下走水库进行鱼类养殖。2011年9月29日，由于受到17号“纳沙”台风影响，上思县普降强暴雨。10月5日上午，上思县水产畜牧兽医局接到梁某南报告，称其所承包的下走水库因华润水泥（上思）有限公司（以下简称华润公司）排入的污水污染导致大批鱼类死亡。10时许，上思县水产畜牧兽医局、上思县环境监测大队、上思县思阳镇政府等单位组成联合调查组前往调查。11时许，联合调查组对事发现场进行勘察，发现水库水质发黄混浊，水库内鱼类出现浮头、狂游、乱跳等情况，水库周围靠近岸边的水面及其他水面都出现死鱼，水库周边有大量群众在捕捉死鱼。水库正上方是华润公司，周边是甘蔗地，调查组走进华润公司厂区，看到华润公司的排水沟距离水库约有50米，从排水口再往高处走，尚有水泥、煤炭等粉灰被雨水冲洗后不断排入水沟。10月6日，上思县水产畜牧兽医局再次组织人员到现场勘察，水库内仍出现部分鱼类浮头、游走或死亡。上思县渔政管理站2011年10月6日《现场检查（勘验）笔录》记载：“华润公司位于水库上游，距水库约50米，华润公司有水沟直接排到水库，现场看到雨水经过水沟直接排入水库。”10月7日，上思县水产畜牧兽医局又会同上思县思阳镇政府、六银村、龙怀村及华润公司等单位到现场勘察，发现水库水面大面积出现死鱼，过后用网具在水库进行捕捞，没有捞到任何鱼类，库中鱼类基本死亡。

根据梁某南的申请，法院组织梁某南与华润公司选定鉴定机构，双方一致同意由法院在具有鉴定资质的机构中选定。法院依法委托广西正意价格评估有限公司（以下简称正意公司）对梁某南的涉案经济损失进行鉴定。2013年10月25日，法院委托正意公司进行评估鉴定，并附上思县水产畜牧兽医局的《思阳镇下走水库水污染鱼类死亡调查报告》及现场照片等资料。正意公司具有综合涉诉讼类甲级价格评估机构资质，其执业范围为价格评估及当事人委托的涉诉讼财物价格评估。正意公司接受委托后，组织两名注册执业价格鉴证师进行价格评估，依据上思县水产畜牧兽医局的《思阳镇下走水库水污染鱼类死亡调查报告》、现场照片、上思县山塘水库养殖状况、市场调查等资料作出《鱼类受污染死亡损失价格评估意见书》（桂正价鉴字〔2013〕50264号）。价格评估意见为：评估标的在价格评估基准日的损失价格为112,500元。

【案件争点】

环境保护监督管理部门作出的调查报告能否作为认定受害人损失与侵权人的排污间存在因果关系的根据。

【裁判要旨】

上思县水产畜牧兽医局作出的该调查报告,是在联合调查组、该局等部门的三次现场勘察、对周边群众进行询问的基础上形成的调查报告,并不违反法律规定的情形。根据上思县思阳镇政府、上思县水产畜牧兽医局等部门组成联合调查组两次现场调查情况、上思县渔政管理站现场检查(勘验)情况及华润公司的陈述,均可确认华润公司有污染源进入下走水库、下走水库大量鱼类死亡的事实,上述调查报告得出本次水库鱼类死亡与华润公司排污有因果关系的结论。梁某南提供的该调查报告、上思县渔政管理站的材料等证据,可以证实华润公司污染事实成立以及梁某南确有鱼类死亡的损害事实存在,且初步证明了两者之间存在因果关系。《侵权责任法》(已废止)第66条[①]规定:"因污染环境发生纠纷,污染者应当就法律规定的不承担责任或者减轻责任的情形及其行为与损害之间不存在因果关系承担举证责任。"最高人民法院《关于审理环境侵权责任纠纷案件适用法律若干问题的解释》(2015年版)第7条规定:"污染者举证证明下列情形之一的,人民法院应当认定其污染行为与损害之间不存在因果关系:(一)排放的污染物没有造成该损害可能的;(二)排放的可造成该损害的污染物未到达该损害发生地的;(三)该损害于排放污染物之前已发生的;(四)其他可以认定污染行为与损害之间不存在因果关系的情形。"华润公司应对其排污行为与下走水库鱼类死亡的损害结果是否存在因果关系、法定免责事由承担证明责任。华润公司并未完成其法定的证明责任,依法应当承担下走水库鱼类死亡的赔偿责任。

例案二 | 孙某民与王某碧、三台县中太镇中鑫养殖场水污染责任纠纷

【法院】

四川省绵阳市中级人民法院

① 参见《民法典》第1230条。

【案号】

(2019)川07民终2286号

【当事人】

上诉人(原审原告)：孙某民

上诉人(原审被告)：王某碧

上诉人(原审被告)：三台县中太镇中鑫养殖场

【基本案情】

2018年5月10日至11日，孙某民发现其所承包的堰塘中养殖的鱼大量死亡，认为是三台县中太镇中鑫养殖场(以下简称中鑫养殖场)的废水排放至鱼塘中所致，遂向原三台县农业局、原三台县环境保护局、中太镇人民政府等反映了情况。此后，原三台县农业局、原三台县环境保护局、中太镇人民政府、中太镇畜牧兽医站等多次安排人员到现场进行调查。三台县陈家庙村三组就案涉死鱼事件所作的相关会议记录表明：2018年5月11日下午，原三台县农业局、中太镇人民政府、中太镇畜牧兽医站、中太镇派出所相关领导和工作人员均到孙某民所承包的鱼塘查看、了解相关情况，5月10日和11日打捞的死鱼大概2万斤。5月12日，原三台县农业局、中太镇人民政府、中太镇畜牧兽医站的工作人员再次到现场查看情况，并要求养鱼户对死鱼尽快安排人员打捞并进行无害化处理，当天处理死鱼5万余斤。5月13日，对死鱼进行了第二次无害化处理，大约1万斤；由于鱼塘中还有部分死鱼已经腐烂，无法打捞，政府部门邀请了多位养鱼专业人员对鱼塘中未打捞上来的死鱼数量进行评估，结论为5000斤左右。5月28日，经中太镇畜牧兽医站全站职工讨论，鱼的品种分类如下：白鲢占70%，草鱼占10%，鲫鱼占10%，鳙鱼占10%，死鱼的数量为68,638斤，水产提供价格(塘边价)合计277,983.9元，市场价合计299,948.06元。

2018年5月13日，原三台县环境保护局到中鑫养殖场进行了现场检查，该局所作的《现场检查(勘察)笔录》中载明："……2. 检查发现，孙某民所承包堰塘中漂浮有少量死鱼，并散发恶臭气味，堰塘靠山一侧水面与山体交接处呈黑色，存在受污染痕迹，堰塘西北面存在污水流入痕迹，水面山坡往上分别有一条武引水渠和一条山水沟，武引水渠内有大量养殖废水干涸后留下的痕迹。山水沟中积有大量废水，有养殖废水类臭味，流入武引水渠处已堵住，但有向下流入武引水渠再向下流入堰塘的痕迹。山水沟积水段约100米长，中间有人为中断痕迹，积水段一直延伸至养殖场北侧山体，监测人员在山水沟下流处采水样一个，山水沟中废水存在大量泡沫。3. 检查发现……中鑫养殖场内有一条穿过圈舍向堰塘放水的武引沟渠,沟中有约10厘米厚养殖粪便残留。”原三台县环境保护局随后对中鑫养殖场相关人员、孙某民等进行了调查询问。2018年5月24日,原三台县环境保护局向中鑫养殖场发出《责令改正违法行为决定书》。2018年5月30日,中鑫养殖场向原三台县环境保护局作出的《环境违法整改回复》中载明:“我场深刻认识到将养殖沼液废水排放到养殖场北侧山水沟内的行为属于环境违法行为及其错误性,坚决服从你局下达的违法整改决定。”中鑫养殖场在2018年8月9日向原三台县环境保护局所作的《行政处罚陈述申辩书》载明有“贵局于2018年5月16日对我单位进行了调查,发现我单位存在将养殖废水排放至北侧山沟内和肉牛养殖项目未依法备案建设项目环境影响登记表的行为,对此事实我单位表示认同,愿意为违法事实承担相应法律责任”。2018年12月28日原三台县环境保护局对中鑫养殖场作出《行政处罚决定书》,对其违法排污行为罚款3万元,对其未依法备案建设项目环境影响登记表的行为罚款1万元,中鑫养殖场经营者王某碧于当日缴纳了共计4万元罚款。

此外,原三台县农业局2018年5月30日向中共三台县委办公室所作的《关于中太镇陈家庙村水库遭污染鱼大量死亡损失惨重舆情的调查情况报告》中载明有“2018年5月11日,该堰塘出现大面积死鱼现象,至13日10时,塘内所有养殖鱼类几乎全部死亡(通过镇、村核定,死鱼数量约68,000斤)”“通过全面调查分析,该养鱼塘无充足水源保障,自身养殖密度过大,水质较差;死鱼期间,气候异常,下雨过程中有雨水带入畜禽养殖场外山水沟中的粪液流进鱼塘迹象,鱼塘水质富营养化加剧,水体严重缺氧致鱼类死亡”。三台县中太镇人民政府2018年10月8日所作的《关于孙某民信访事项答复意见书》中载明“截至5月13日10时,水库死鱼(鱼类:草鱼、白鲢、花鲢、鲫鱼)量约63,000斤(均进行了无害化处理),还有部分死鱼已经腐烂,无法打捞,最终核定死鱼数量约68,000斤”。

【案件争点】

环境保护监督管理部门制作的调查报告中所记载的事项能否作为认定环境侵权案件事实的根据。

【裁判要旨】

原三台县环境保护局所作的《现场检查(勘察)笔录》、《调查询问笔录》、《监测报告》、影像资料、《责令改正违法行为决定书》、《行政处罚决定书》以及中鑫养殖场所作的《环境违法整改回复》《行政处罚陈述申辩书》等证据,能够证实中鑫养殖场的污染行为，即2018年5月9日中太镇暴雨，导致中鑫养殖场排放于北侧山水沟的粪水溢出并顺山势最终流入养殖场下方孙某民的鱼塘内，且几处采样的检测结果显示均已超过排放标准。由此可知，王某碧所经营的中鑫养殖场存在违法排放养殖废水的行为，且废水流入了孙某民所承包的鱼塘，孙某民鱼塘中的鱼出现大量死亡与此具有直接的因果关系。中鑫养殖场在2018年8月9日向原三台县环境保护局所作的《行政处罚陈述申辩书》中亦明确表示其愿意按照县级相关部门和镇党委、政府的相关要求，与死鱼户孙某民进行协商解决赔偿事宜，表明中鑫养殖场对因其排污造成孙某民的鱼死亡所应承担的相应赔偿责任是清楚的。另经原三台县农业局调查分析，孙某民的鱼塘鱼类死亡的原因除养殖废水流入外，亦存在养殖密度过大以及天气原因。由此可知，孙某民鱼塘的鱼类死亡除养殖废水流入外，还存在鱼塘无活水来源、高密度养鱼、事发时间天气变化的因素，故孙某民的损失不能全部由中鑫养殖场承担。法院综合考虑本案相关事实，确定中鑫养殖场对孙某民的损失承担80%的赔偿责任。

例案三 郑某伟、郑某升、郑某波与盘锦利生环保产品有限责任公司、北方华锦化学工业集团有限公司环境污染责任纠纷

【法院】

辽宁省盘锦市中级人民法院

【案号】

(2018)辽11民终1077号

【当事人】

上诉人(原审原告)：郑某伟

上诉人(原审原告)：郑某升

上诉人(原审原告)：郑某波

被上诉人(原审被告)：盘锦利生环保产品有限公司

被上诉人(原审被告)：北方华锦化学工业集团有限公司

【基本案情】

涉案水域滩涂原属于上稍子村集体土地，水域滩涂的养殖水面自1986年起由该村村民付某信用于淡水养殖。2001年5月，经上稍子村同意，付某信将该养殖区域的鱼塘转给郑某辉经营，同时将鱼塘使用权转让给郑某辉。郑某辉在取得该水

域经营权后,即用付某信的原水面养殖执照向双台子区人民政府(以下简称双台子区政府)行政部门申请变更该水域养殖执照经营人,双台子区政府接到该申请后于2002年12月31日为郑某辉核发变更后的水域滩涂养殖使用证。郑某辉于2005年3月4日在原盘锦市双台子区工商行政管理局注册盘锦市双台子区鑫龙养殖场,为个体工商户。郑某辉去世后,其子女郑某伟、郑某升、郑某波雇人在该鱼塘养鱼。

2015年3月24~25日,郑某伟、郑某升、郑某波发现鱼塘中有大量鱼死亡,通过盘山县渔政所委托辽宁省淡水渔业环境监测站对鱼塘水样进行检测,并到盘锦市公证处进行证据保全。2015年4月10日,盘锦市公证处作出(2015)盘证内字第192号《公证书》,笔录记载:2015年4月3日9时,由现场工人捞取死鱼,鱼池西边:鲤鱼13cm,草鱼20cm,草鱼50cm,锦鲤42cm,观赏鱼26cm;鱼池北边:鲤鱼43cm,花鲢22cm,白鲢26cm,并附有24张彩色照片。2015年6月15日,盘锦市公证处作出(2015)盘证内字第308号《公证书》,笔录记载:2015年6月9日9时40分,由鱼池工作人员开始对鱼池从北端向南端进行拉网作业,最后从鱼塘西南侧收网,网内未见到任何鱼类。2015年4月21日,辽宁省淡水渔业环境监测站作出《检测报告》,检测结论:YH15014(鱼池污水入口)氨氮、非离子氨严重超标,高锰酸盐指数超标;YH15015(鱼池内)氨氮严重超标,非离子氨、高锰酸盐指数超标,其他检测项目符合标准。检测结果表明:这口鱼池的水体不适合养鱼。2015年5月16日,辽宁淡水渔业环境监测站作出《鉴定报告》,鉴定结论:盘锦利生环保产品有限责任公司(以下简称利生公司)场区的废水流入郑某辉鱼池后,导致鱼池水体受到污染,水中氨氮、非离子氨指标严重超标,高锰酸盐指数超标,从而造成鱼池中鱼类死亡。2015年7月29日,辽宁省淡水渔业环境监测站作出《郑某辉鱼塘污染事故渔业经济损失评估报告书》,报告中载明:根据郑某升提供的鱼池放养数据,从死鱼现场获得的死鱼规格等,最终得出此次渔业污染事故造成的经济损失一共为1,370,208.75元。2018年4月19日,双台子区上稍子村郑某辉鱼塘委托盘锦晟达环境监测服务有限公司检测地表水(化学需氧量、氨氮、pH)。2018年4月20日,盘锦晟达环境监测服务有限公司出具检测报告,检测结果:S1(池塘东)化学需氧量308mg/L,氨氮5.95mg/L,pH8.49;S2(池塘北)化学需氧量324mg/L,氨氮6.50mg/L,pH8.35。

2015年7月22日,北方华锦化学工业集团有限公司(以下简称北方华锦公司)给郑某辉补偿2014年的鱼塘损失24.5万元。

此外，利生公司、北方华锦公司及原盘锦市环境保护局于2005年12月30日签订《扶持盘锦利生环保产品有限公司粉煤灰综合利用项目合同》，合同中利生公司、北方华锦公司约定："粉煤灰运到利生公司厂区后，利生公司应积极采取措施避免发生二次污染。如发生二次污染，所发生的费用由利生公司承担。"北方华锦公司飞灰厂外气力输送系统于2009年5月完工投入使用，北方华锦公司的粉煤灰直接管线输送至利生公司厂内。

【案件争点】

1. 环境保护监督管理部门委托的机构出具的《检测报告》《鉴定报告》能否在环境侵权案件中作为认定事实的根据。

2. 北方华锦公司应否对郑某伟、郑某升、郑某波的损失承担赔偿责任。

【裁判要旨】

1.《侵权责任法》(已废止)第65条①规定："因污染环境发生纠纷，污染者应当就法律规定的不承担责任或者减轻责任的情形及其行为与损害之间不存在因果关系承担举证责任。"最高人民法院《关于民事诉讼证据的若干规定》第28条规定："一方当事人自行委托有关部门作出的鉴定结论，另一方当事人有证据足以反驳并申请重新鉴定的，人民法院应予准许。"本案中，郑某伟、郑某升、郑某波就其鱼塘是否存在污染、所饲养的鱼是否存在损害的事实及损失的数额应当承担举证责任，而北方华锦公司就其是否存在排污行为，与郑某伟、郑某升、郑某波的损害结果是否存在因果关系及其法定免责事由等应当负有举证责任。盘山县渔政所是具备行政职权的国家机关，辽宁省淡水渔业环境监测站具备检测资质，其所作出的检测结果不会对司法公正产生严重影响，可以作为定案依据。现郑某伟、郑某升、郑某波提供的辽宁省淡水渔业环境监测站于2015年4月21日出具的《检测报告》及2015年5月16日出具的《鉴定报告》能够证明其鱼塘存在污染、所饲养的鱼存在损害的事实，而北方华锦公司对该组鉴定结论提出疑问，但并无充分证据证明上述两份报告存有瑕疵，也未提出重新鉴定，故可以认定该两份报告具有真实性。

2. 本案中，郑某伟、郑某升、郑某波提供了由盘山县渔政所委托鉴定的评估报告，即2015年7月29日辽宁省淡水渔业环境监测站出具的《郑某辉鱼塘污染事故渔业经济损失评估报告书》，该报告书所依据的证据来源为：(1)现场调查取证和公证处的公证书，认定鱼池中鱼类全部死亡；(2)郑某升提供的鱼池放养数据及公

① 参见《民法典》第1229条。

证书中死鱼的平均体长。鱼的价格仅仅根据市场调查,但该调查中仅有公章,并没有调查人及出具证据的人员签字。郑某伟、郑某升、郑某波提供的鱼池放养数据并没有正规发票,且也没有附着在报告书中。盘锦市公证处出具的《公证书》只是对现场的事实进行了公证,并未注明死鱼的数量及重量,对鱼塘中鱼类是否全部死亡也未予说明。该评估报告不足以证明损失的数额,故法院对此评估报告不予采信。虽然北方华锦公司的废水流入郑某伟、郑某升、郑某波的鱼塘内,并造成了鱼塘内的鱼死亡,但因郑某伟、郑某升、郑某波并无充分证据证明其经济损失的数额,故郑某伟、郑某升、郑某波要求北方华锦公司、利生公司赔偿其经济损失的请求不予支持。

三、裁判规则提要

(一)环境污染事件调查报告、检验报告、检测报告、评估报告或者监测数据等作为公文书证,须为负有相应职责的环境保护监督管理部门或者其委托的机构依法制作

在环境污染事件发生后,负有环境保护监督管理职责的部门或者其委托的机构会依据受害人的申请或依职权对环境污染事件进行调查,采用采集、化验、监测等技术手段,并在此基础上形成环境污染事件调查报告、检验报告、检测报告、评估报告或者监测数据等。环境保护监督管理部门作为国家机关,其在职权范围内,依照法定程序制作的环境污染事件调查报告、检验报告、检测报告、评估报告或者监测数据等依法属于公文书证。环境保护监督管理部门委托的机构依法作出的报告、数据等,系受负有环境保护监督管理职责的部门的委托而出具,与负有环境保护监督管理职责的部门出具的报告、数据等并无本质不同,亦应属于公文书证,与环境保护监督管理部门制作的环境污染事件调查报告、检验报告、检测报告、评估报告或者监测数据等具有同等法律效力。故负有环境保护监督管理职责的部门或者其委托的机构出具的环境污染事件调查报告、检验报告、检测报告、评估报告或者监测数据等作为公文书证,须为负有环境保护监督管理职责的部门或者其委托的机构在其职责范围内依照法定程序作出。

因此,环境污染事件调查报告、检验报告、检测报告、评估报告或者监测数据等作为公文书证时,应当依法审查制作主体是否具有相应法定职责,程序是否合法。如经审查,制作主体不具有相应法定职责或程序不合法,则该调查报告、检验报告、

检测报告、评估报告或者检测数据等不具有公文书证的证据效力。需要注意的是，负有环境保护监督管理职责的部门或者其委托的机构作出的环境污染事件调查报告、检验报告、检测报告、评估报告或者监测数据等，如在制作主体、制作程序等方面存在问题，虽然不具有公文书证的证据效力，但是并非不能作为证据使用，人民法院应当依法审查其真实性、合法性、关联性，最终对其有无证明力和证明力大小作出判断。

（二）负有环境保护监督管理职责的部门或者其委托的机构出具的环境污染事件调查报告、检验报告、检测报告、评估报告或者监测数据等作为认定案件事实的根据，应当经当事人质证

《民事诉讼法》第68条规定，证据应当在法庭上出示，并由当事人互相质证。最高人民法院《关于适用〈中华人民共和国民事诉讼法〉的解释》第103条第1款规定，证据应当在法庭上出示，由当事人互相质证。未经当事人质证的证据，不得作为认定案件事实的根据。第104条同时规定，人民法院应当组织当事人围绕证据的真实性、合法性以及与待证事实的关联性进行质证，并针对证据有无证明力和证明力大小进行说明和辩论。依据经过质证，能够反映案件真实情况，与待证事实相关联、来源和形式符合法律规定的证据，应当作为认定案件事实的根据。负有环境保护监督管理职责的部门或者其委托的机构出具的环境污染事件调查报告、检验报告、检测报告、评估报告或者监测数据等作为公文书证，属于书证中的一种，是民事诉讼中的证据形式之一，故其如作为证据，理应同其他证据一样在法庭上出示，并由当事人进行质证；未经质证，负有环境保护监督管理职责的部门或者其委托的机构出具的环境污染事件调查报告、检验报告、检测报告、评估报告或者监测数据等不得作为认定案件事实的根据。

（三）负有环境保护监督管理职责的部门或者其委托的机构出具的环境污染事件调查报告、检验报告、检测报告、评估报告或者监测数据等所记载的事项推定为真实

最高人民法院《关于适用〈中华人民共和国民事诉讼法〉的解释》第114条规定，国家机关或者其他依法具有社会管理职能的组织，在其职权范围内制作的文书所记载的事项推定为真实，但有相反证据足以推翻的除外。必要时，人民法院可以要求制作文书的机关或者组织对文书的真实性予以说明。负有环境保护监督管理

职责的部门或者其委托的机构出具的环境污染事件调查报告、检验报告、检测报告、评估报告或者监测数据等作为公文书证,依据前述规定,其所记载的事项推定为真实,即负有环境保护监督管理职责的部门或者其委托的机构出具的环境污染事件调查报告、检验报告、检测报告、评估报告或者监测数据等所记载的事项推定为真实。公文书证须符合"法定的工作人员在其职权范围内按照法定的程序和方式制作而成"[①]的条件,基于公文书证的特性,法律规定其所记载的事项推定为真实。需要特别注意的是,负有环境保护监督管理职责的部门或者其委托的机构出具的环境污染事件调查报告、检验报告、检测报告、评估报告或者监测数据等所记载的事项推定为真实,并不意味着所记载的事项必定为真实,在有相反证据足以推翻的情况下,其所记载的事项则不能作为认定案件事实的根据。

依据"谁主张,谁举证"的民事诉讼举证规则,在一方当事人提供负有环境保护监督管理职责的部门或者其委托的机构出具的环境污染事件调查报告、检验报告、检测报告、评估报告或者监测数据等证据的情况下,对方当事人如对其所记载的事项真实性有异议,需要提供充分证据推翻所记载的事项,否则应当承担相应不利后果。

四、辅助信息

高频词条:

《民法典》

第1230条 因污染环境、破坏生态发生纠纷,行为人应当就法律规定的不承担责任或者减轻责任的情形及其行为与损害之间不存在因果关系承担举证责任。

《民事诉讼法》

第68条 证据应当在法庭上出示,并由当事人互相质证。对涉及国家秘密、商业秘密和个人隐私的证据应当保密,需要在法庭出示的,不得在公开开庭时出示。

最高人民法院《关于适用〈中华人民共和国民事诉讼法〉的解释》

第103条第1款 证据应当在法庭上出示,由当事人互相质证。未经当事人质证的证据,不得作为认定案件事实的根据。

第104条 人民法院应当组织当事人围绕证据的真实性、合法性以及与待证

---

① 参见毕玉谦等:《中国证据法草案建议稿及论证》,法律出版社2003年版,第267页。

事实的关联性进行质证，并针对证据有无证明力和证明力大小进行说明和辩论。

能够反映案件真实情况、与待证事实相关联、来源和形式符合法律规定的证据，应当作为认定案件事实的根据。

第114条 国家机关或者其他依法具有社会管理职能的组织，在其职权范围内制作的文书所记载的事项推定为真实，但有相反证据足以推翻的除外。必要时，人民法院可以要求制作文书的机关或者组织对文书的真实性予以说明。

最高人民法院《关于民事诉讼证据的若干规定》

第57条 证据交换应当在审判人员的主持下进行。

在证据交换的过程中，审判人员对当事人无异议的事实、证据应当记录在卷；对有异议的证据，按照需要证明的事实分类记录在卷，并记载异议的理由。通过证据交换，确定双方当事人争议的主要问题。

最高人民法院《关于审理环境侵权责任纠纷案件适用法律若干问题的解释》

第6条 被侵权人根据民法典第七编第七章的规定请求赔偿的，应当提供证明以下事实的证据材料：

（一）侵权人排放了污染物或者破坏了生态；

（二）被侵权人的损害；

（三）侵权人排放的污染物或者其次生污染物、破坏生态行为与损害之间具有关联性。

第7条 侵权人举证证明下列情形之一的，人民法院应当认定其污染环境、破坏生态行为与损害之间不存在因果关系：

（一）排放污染物、破坏生态的行为没有造成该损害可能的；

（二）排放的可造成该损害的污染物未到达该损害发生地的；

（三）该损害于排放污染物、破坏生态行为实施之前已发生的；

（四）其他可以认定污染环境、破坏生态行为与损害之间不存在因果关系的情形。

第8条 对查明环境污染、生态破坏案件事实的专门性问题，可以委托具备相关资格的司法鉴定机构出具鉴定意见或者由负有环境资源保护监督管理职责的部门推荐的机构出具检验报告、检测报告、评估报告或者监测数据。

第10条 负有环境资源保护监督管理职责的部门或者其委托的机构出具的环境污染、生态破坏事件调查报告、检验报告、检测报告、评估报告或者监测数据等，经当事人质证，可以作为认定案件事实的根据。

环境资源纠纷案件裁判规则第7条:

环境资源纠纷案件的审理不仅要关注对被侵权人的损害赔偿,对被侵权人请求恢复原状的,还应在裁判时充分考虑生态环境的修复

〔**规则描述**〕:环境修复是"恢复原状"责任方式在环境侵权领域的具体化和延伸,能够体现环境侵权案件的特性,更加符合环境司法的专业化要求。对被侵权人请求恢复原状的,应立足案件所涉生态环境特性,在裁判时充分考虑生态环境的修复。

一、类案检索大数据报告

截至2020年6月15日,分别以"环境侵权""恢复原状""生态环境修复"等为关键词,通过Alpha案例库共检索到类案96件。整体情况如下:

从年份分布可以看到当前条件下案件数量的变化趋势(见图7-1)。

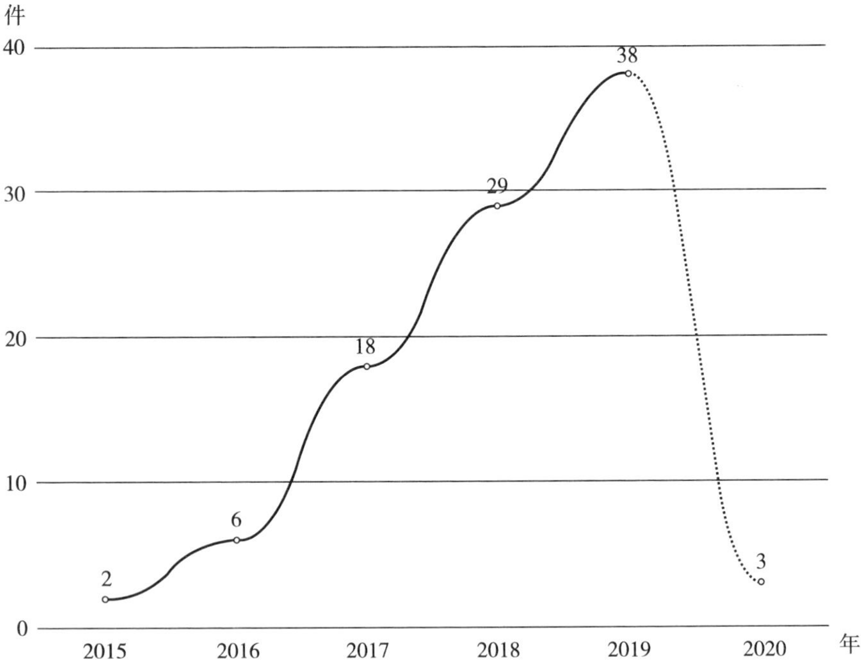

图7-1 类案年份分布

从地域分布来看，当前案件主要集中在广东省、山东省、江苏省，分别占比为 20.83%、12.50%、10.42%。其中广东省的案件量最多，达到 20 件（见图 7－2）。

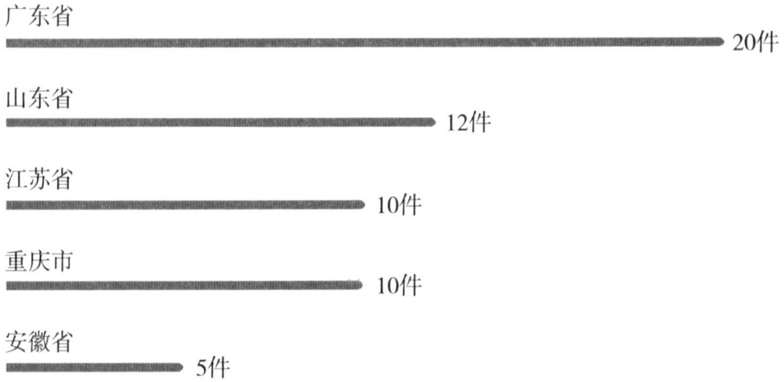

图 7－2　类案主要地域分布

从案由分类情况可以看到，当前最主要的案由是侵权责任纠纷，有 91 件，占一半以上；其次是与公司、证券、保险、票据等有关的民事纠纷，合同、无因管理、不当得利纠纷，以及适用特殊程序案件案由（见图 7－3）。

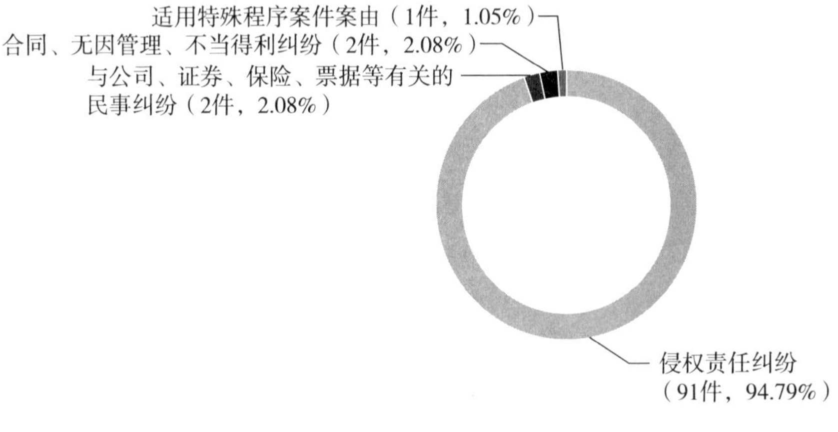

图 7－3　类案案由分布

从程序分类统计可以看到当前的审理程序分布状况。一审案件有 67 件，二审案件有 27 件，再审、其他案件各有 1 件（见图 7－4）。

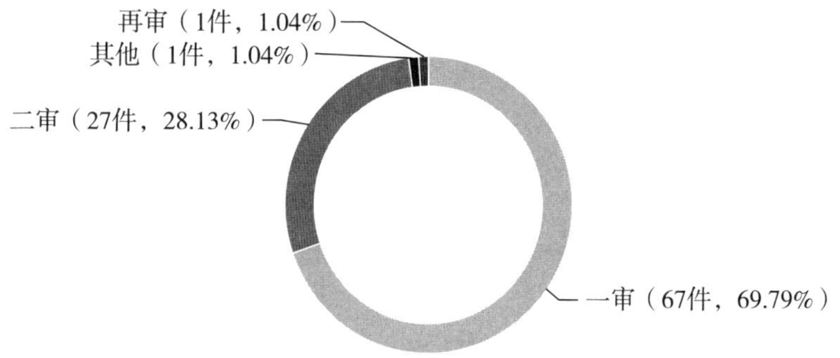

图 7－4　类案审理程序分布

二、可供参考的例案

例案一　重庆市长寿区珍心鲜农业开发有限公司与中盐重庆长寿盐化有限公司环境污染责任纠纷①

【法院】

重庆市第一中级人民法院

【案号】

(2016)渝 01 民终 8972 号

【当事人】

原告:重庆市长寿区珍心鲜农业开发有限公司

被告:中盐重庆长寿盐化有限公司

被告:四川盐业地质钻井大队

【基本案情】

2011 年 3 月 15 日,中盐重庆长寿盐化有限公司(以下简称中盐长寿公司)与四川盐业地质钻井大队(以下简称四川钻井大队)签订《中盐重庆长寿盐化有限公司 20 万吨/年液体盐采输项目长平三井钻井施工合同》,约定由四川钻井大队负责长平三井钻前及钻井施工,四川钻井大队承担该工程进场、施工、撤离过程中发生的相关机械、人身、井内外及其他一切安全、环保事故的处理责任并承担相应的经济、法律责任等。长平三井的建设地点位于长寿区连丰村,位于重庆市长寿区珍心

① 本例案为 2018 年 6 月 4 日最高人民法院发布的“人民法院服务保障新时代生态文明建设典型案例”之一。

鲜农业开发有限公司（以下简称珍心鲜农业公司）农业基地西侧，距离约30米。四川钻井大队在长平三井钻井过程中产生的含盐特征的污水给珍心鲜农业公司农业基地造成污染。特别是2011年11月后，因下雨等因素，钻井产生的含盐特征的污染物流入珍心鲜农业公司农业基地，致使珍心鲜农业公司遭受损失。经长寿区人民政府主持调解，珍心鲜农业公司与四川钻井大队于2012年2月14日签订《协议书》，约定四川钻井大队一次性支付珍心鲜农业公司50万元，作为对珍心鲜农业公司当年和今后涉及一切损失的补偿。四川钻井大队于2012年2月18日、27日分两次共支付珍心鲜农业公司50万元。

2012年1月15日，四川钻井大队将长平三井地下部分交付中盐长寿公司生产使用，继续对该井地面工程进行施工，并固化处理钻井施工中产生的岩屑、泥浆等残留物，排干污水池内含油雨水。2012年6月13日，四川钻井大队与中盐长寿公司进行了长平三井场地验收与交接。

2012年4月至5月，因四川钻井大队处理、填埋钻井产生的污染物的措施不当，以及下雨等，致使包括珍心鲜农业公司在内的数家农业基地受到污染。中盐长寿公司所有的长平二井位于珍心鲜农业公司农业基地西北侧，距离约100米。2012年4月，长平二井配套管道发生泄漏，导致珍心鲜农业公司的农业基地受到污染。珍心鲜农业公司等5家企业向长寿区人民政府以及相关部门反映，有关部门接到反映后，先后多次组织珍心鲜农业公司等企业进行调解，并协商选定鉴定机构对受污染土地的污染情况、损害程度、损害费用等进行鉴定和评估。2012年7月4日，长寿区农业委员会委托西南大学司法鉴定所进行鉴定。2013年1月5日，西南大学司法鉴定所作出《司法鉴定意见书》，该司法鉴定意见书对鉴定方法、鉴定过程、样品采集、对比数据等作了详细说明，并载明：污染损害数额包含农产品减产损害费用、土壤修复期间的产出损害费用、土壤污染修复方案编制费用、土壤污染修复工程建设费用、土壤污染修复监测监管费用。

2013年1月，中盐长寿公司受四川钻井大队委托，多次参与调解，均无果。珍心鲜农业公司农业基地内地势平坦，在审理过程中珍心鲜农业公司陈述，其因减产严重于2015年停止蔬菜种植。

【案件争点】

1. 涉案土地受污染损害的原因认定。

2. 赔偿责任主体责任承担方式的认定。

【裁判要旨】

1.关于涉案土地受污染损害的原因认定

珍心鲜农业公司、中盐长寿公司、四川钻井大队对西南大学司法鉴定所作出的关于涉案珍心鲜农业公司在内土地的污染情况、损害程度、损害费用的鉴定报告无异议,因此该鉴定报告可以作为认定案件的依据。根据该鉴定报告,珍心鲜农业公司土地存在一定污染,其中受污染面积为37.12亩,土壤和地表水水质受污染程度为距离长平三井、长平二井越近,污染指数越高。结合该鉴定报告,珍心鲜农业公司与长平二井、长平三井的相对地理位置以及各方当事人陈述等证据,可以认定涉案土地受污染原因主要为:(1)四川钻井大队在对长平三井施工钻井工程中产生的污染;(2)四川钻井大队处理、填埋长平三井产生的污染物过程中措施不当所产生的污染;(3)中盐长寿公司已建成并使用中的长平二井管道泄漏造成的污染。

关于长平二井及长平三井对涉案土地现有污染后果各自原因力的确定,就长平二井、长平三井造成珍心鲜农业公司土地受到污染,中盐长寿公司、四川钻井大队主观上无侵权意思联络,虽然无法详细区分各自排放污染物数量及污染范围,但单就长平二井、长平三井各自的侵权行为来看,均尚不足以造成本案全部损害后果。因此,依据《侵权责任法》(已废止)第11条①的规定,中盐长寿公司、四川钻井大队应对其各自责任大小予以确定,并适用《侵权责任法》(已废止)第12条②的规定,由其各自承担相应的责任。鉴定报告虽对长平二井、长平三井各自的污染参与度未作明确认定,但其中载明:"土壤和地表水水质受污染程度为距离长平三井、长平二井越近,污染指数越高。"而长平三井位于珍心鲜农业公司农业基地西侧,距离约30米,长平二井位于珍心鲜农业公司农业基地西北侧,距离约100米,再加上长平三井共发生过两次污染事实,由此可以判断造成涉案土地现有损害后果的两个污染源中,长平三井的原因力较大,长平二井的原因力较小,故酌定长平三井的原因力为60%,长平二井的原因力为40%。

关于长平三井两次污染行为对涉案土地现有污染后果各自原因力的确定,四川钻井大队在对长平三井施工过程中共发生过两次污染行为,两次污染行为均对涉案土地造成污染,共同构成了长平三井对涉案土地的污染事实。因就第一次污染行为,即四川钻井大队在长平三井钻井过程中造成的污染,已由四川钻井大队与

---

① 参见《民法典》第1171条。

② 参见《民法典》第1172条。

珍心鲜农业公司达成协议，进行了赔偿并实际给付，故对该次污染行为所产生的损害后果赔偿责任应在本案中予以剔除。因此，对四川钻井大队两次污染行为在长平三井污染所致损害中各自原因力大小有必要加以区分确定。鉴定报告对该两次污染行为所致损害后果的参与度并未予以区分，就两次污染行为分别产生污染物数量的多少亦无证据予以证实。土地遭受污染是污染物长期累积的过程，同时，污染程度又会随着土地的自我修复功能不断衰减。因此，在确定两次污染行为对损害后果各自原因力大小时，应着重考虑两次污染行为发生时间的先后因素。本案中两次污染行为一次发生于2012年2月14日协议书签订前，钻井工程中有含盐特征的污染物流入基地；另一次发生于2012年4～5月，四川钻井大队处理、填埋钻井产生的污染物时因处置不当而污染基地。第一次污染行为在前，与鉴定报告确定损害后果的时间间距较长，其对损害后果的作用力应相对较弱；第二次污染行为在后，与鉴定报告确定损害后果的时间间距较短，其对损害后果的作用力应相对较强。因此，对于长平三井污染造成的损害后果，法院酌定第一次污染行为原因力占40%，第二次污染行为原因力占60%。

2. 赔偿责任主体责任承担方式的认定

根据鉴定报告，涉案土地被污染造成的损失包括农产品减产损害费用以及污染修复费用（含土壤污染修复方案编制费用、土壤污染修复工程建设费用、土壤污染修复监测监管费用）。基于长平三井污染导致的损害占涉案土地总损害后果的60%，除去长平三井第一次污染行为产生的损失已由四川钻井大队赔付外，四川钻井大队在本案中尚应就长平三井第二次污染行为产生的损失后果承担赔偿责任，其责任比例占涉案土地总损害后果的60%×60%，即为36%。但在针对第一次污染行为双方所签订的协议中，仅包括对当年及今后涉及一切损失的补偿，并未载明由珍心鲜农业公司进行土地修复。根据“谁污染，谁治理”的损害担责原则，四川钻井大队仍应对第一次污染行为造成的损害承担修复责任。根据最高人民法院《关于审理环境侵权责任纠纷案件适用法律若干问题的解释》（2015年版）第14条第1款的规定，被侵权人请求恢复原状的，人民法院可以依法裁判污染者承担环境修复责任，并同时确定不履行环境修复义务时应当承担的环境修复费用。法院遂判决中盐长寿公司、四川钻井大队应采取措施恢复珍心鲜农业公司被污染的37.12亩土地原状，如中盐长寿公司、四川钻井大队逾期未采取恢复措施，则由珍心鲜农业公司在期限届满之日起30日内采取恢复原状的措施，中盐长寿公司、四川钻井大队应分别按照应承担比例支付珍心鲜农业公司修复费用。

例案二 | 青岛海德龙生物科技有限公司与刘某某、张某环境污染责任纠纷

【法院】

江苏省南通市中级人民法院

【案号】

(2018)苏06民终3370号

【当事人】

上诉人(原审被告):青岛海德龙生物科技有限公司

被上诉人(原审原告):刘某某

原审被告:张某

【基本案情】

2014年8月1日,刘某某(乙方)与案外人南通市崇川区观音山镇青龙桥蔬菜专业合作社(甲方)签订了《租赁合同》一份,约定甲方将南通市崇川区观音山街道青龙桥社区16组面积为3.68亩的农业用地出租给乙方用于种植,期限为2014年8月1日至2017年7月31日,租金为1500元/亩。合同签订后,刘某某在土地上种植了黄瓜等蔬菜。上述合同到期后,双方又续签了一年合同。

2015年2月左右,刘某某在张某经营的通州区先锋惠于民种子经营部购买了青岛海德龙生物科技有限公司(海德龙公司)生产的"海德龙"牌福田素有机肥,用于对种植的蔬菜施肥,后发现施用涉诉有机肥的蔬菜出现枯死、生长迟缓等症状,遂向有关部门投诉举报。2015年3月,南通市崇川区农村工作局组织南通市耕地质量保护站、南通市植保植检站等单位专家对南通市崇川区观音山镇大棚蔬菜出现生长异常情况进行了田间现场鉴定,鉴定结论为:(1)崇川区观音山镇青龙桥村和海洪村出现的大棚蔬菜生长异常现象,排除由种子、农药等农业投入品质量及使用、农事操作不当引起,也不是由肥料使用方法不当引起;不属于现已知的各类侵染性危害范畴;与土壤、水源无直接联系。(2)根据农户施用福田素有机肥后反映的情况和田间作物受害症状,认为该异常生长现象与使用海德龙公司生产的福田素有机肥有密切关系,该有机肥中可能含有某种对作物生长有害的有毒物质。(3)建议当地政府积极引导种植户,对施用过该肥料的大棚尽快采取揭棚、耕翻、灌水、淋雨等措施,加快土壤的修复利用,尽快恢复生产;在进行大面积种植前,进行田间小区试种,确保正常生产;在田间管理上使用植物生长调节剂进行喷施或灌根,减缓作物受害症状,降低损失。

2015年6月20日，刘某某与海德龙公司、张某经通州区人民调解委员会、通州区社会矛盾纠纷调解中心调解达成协议，主要内容为：(1)海德龙公司赔偿刘某某损失4000元(受损面积2亩，按照2000元/亩计算)；(2)海德龙公司负责受损土地的改良，尽快确保刘某某土地得以恢复生产；(3)对于损失未赔偿部分，三方应尽量协商解决。2015年10月12日，双方又达成了先行赔付4000元的协议。协议订立后，海德龙公司先后向刘某某支付了8000元赔偿款。此后海德龙公司向刘某某提供其自行研制的土壤修复剂，但效果不明显，刘某某遂提起本案之诉。

诉讼过程中，根据刘某某申请，一审法院委托盐城市农业科学院司法鉴定所对刘某某大棚塑料纸、大棚钢架、蔬菜损失、土壤改良费进行评估。盐城市农业科学院司法鉴定所接受鉴定委托后，对现场进行了勘验并召开了司法鉴定调查听证会，对涉诉有机肥对农作物生长影响做了实验室及田间试验，对施用土壤修复剂的修复效果也做了跟踪试验，并于2018年4月28日作出鉴定意见书。鉴定意见为：(1)刘某某种植的涉诉大棚蔬菜2017年经济损失为23,787元；(2)涉诉大棚蔬菜中大棚钢构和薄膜年折旧费用为1659元；(3)刘某某涉诉大棚建议更换土壤耕作层，更换耕种层后，还需采取增施有机肥、耕翻等措施，每亩新增费用约800元，案涉1.427亩蔬菜大棚要增加土壤改良费用1142元。同时，鉴定意见中还就损失进行了说明：实施土壤改良措施后，因2017年刘某某涉诉大棚的土壤仍然不能满足蔬菜正常生长的需要，涉诉大棚蔬菜未能获得收益，因此大棚蔬菜产量损失率100%；大棚蔬菜的价格不属于政府定价，是市场调节价，一般大棚蔬菜以中等水平的产地价计算。大棚蔬菜的经济损失中已包含了大棚钢构和薄膜的折旧和土地租金费用，刘某某的大棚钢架均在田间，部分未见大棚薄膜，部分大棚已作他用，鉴定组按常规方式对大棚钢构和薄膜进行了评估；大棚钢构和塑料纸(大棚薄膜)的折旧及土地租金体现在蔬菜的产值中，属于已投入的成本，因而计算的经济损失中包含了大棚钢构和塑料纸大棚薄膜的折旧值及土地租金；本次是对2017年的大棚蔬菜损失进行的鉴定，以前的损失可参照计算。

【案件争点】

1. 本案究竟系产品责任纠纷还是环境污染责任纠纷。
2. 如何确定刘某某的损失。
3. 关于环境侵权恢复原状、赔偿损失的责任承担。

【裁判要旨】

1. 产品责任纠纷和环境污染责任纠纷的认定

环境污染责任，是指因工业活动或者其他人为原因，导致自然环境遭受污染或者破坏,从而造成他人人身、财产权益或者公共环境、其他财产遭受损害或者有造成损害的危险时,侵权人所应当承担的侵权损害赔偿责任。产品责任也称为产品侵权责任,是指产品的生产者、销售者因生产销售缺陷产品致使他人遭受人身伤害、财产损失或者有使他人遭受人身伤害和财产损失危险的,侵权人所应当承担的侵权责任。本案究竟系产品责任纠纷还是环境污染责任纠纷,区分的关键在于案涉有机肥施用后是否使自然环境遭受了污染或破坏。从本案的基本案情中可见,案涉有机肥虽然系海德龙公司生产,但未有证据证明该有机肥的质量瑕疵或质量问题,不符合生产者生产销售缺陷产品致使他人遭受财产损失的产品责任构成要件。在刘某某施用有机肥后,造成刘某某等农户种植的农作物出现枯死、生长迟缓等症状的主要原因在于有机肥造成了土壤的污染,且在不采取修复改良措施的情况下,无法继续种植农作物,破坏了土地的自然生产功能,造成了刘某某等农户的财产损失,故本案应为环境污染责任纠纷。

2. 关于环境侵权损失的认定

各方于2015年6月20日和10月12日达成协议,由海德龙公司负责受损土地的改良,直至土地恢复种植,海德龙公司虽在此后对土壤进行了修复,但效果并不明显,案涉土地未得以有效修复或使蔬菜正常生长,故刘某某的经济损失应计算至被污染土壤恢复原状为止。海德龙公司虽然抗辩有关案涉土地已具备种植条件,刘某某未履行减损义务,但该抗辩意见与协议约定不符且所举证据不足以证实案涉土地已具备种植条件。就蔬菜损失计算标准问题,鉴定意见书确定刘某某种植的涉诉大棚蔬菜2017年经济损失为23,787元,海德龙公司抗辩认为鉴定意见书所确定的标准与实际不符,应重新鉴定。对此,从案情中可以看出,盐城市农业科学院司法鉴定所接受鉴定委托后,对现场进行了勘验并召开了司法鉴定调查听证会,对涉诉有机肥对农作物生长影响做了实验室及田间试验,对施用土壤修复剂的修复效果也做了跟踪试验。鉴定机构根据大棚蔬菜生长规律、承包区域现场勘验结果及经济损失估算实施规范,采用市场法计算了涉诉大棚蔬菜的经济损失,符合鉴定技术规程要求,而海德龙公司未提供证据证明鉴定意见书所确定的结论有失客观、公平。因此,损失计算标准可参照鉴定意见书所确定的结论,即涉诉蔬菜经济损失为23,787元/年。对于大棚钢构、薄膜折旧费,因在大棚蔬菜的产值中已体现了大棚钢架、薄膜的折旧和土地租金费用,故该部分损失刘某某不应重复主张权利。

3. 关于环境侵权恢复原状、赔偿损失的责任承担

对于赔偿损失的责任承担，《侵权责任法》（已废止）第65条[①]规定："因污染环境造成损害的，污染者应当承担侵权责任。"首先，刘某某购买海德龙公司生产的有机肥致使土壤发生污染，并造成刘某某承租的土地不能正常生长蔬菜，海德龙公司应就所造成的污染损害赔偿损失。其次，刘某某遭受污染损害后一直采取积极措施向相关部门反映要求解决，其对损害发生并无过错，在本案中不应承担责任。最后，《侵权责任法》（已废止）第42条第1款[②]规定，因销售者的过错使产品存在缺陷，造成他人损害的，销售者应当承担侵权责任。本案中张某虽系销售者，但无证据证明其存在过错，故不应承担侵权责任。因此，本案中污染损害所致损失的赔偿责任主体为海德龙公司。

对于恢复原状的责任承担，最高人民法院《关于审理环境侵权责任纠纷案件适用法律若干问题的解释》（2015年版）第14条规定："被侵权人请求恢复原状的，人民法院可以依法裁判污染者承担环境修复责任，并同时确定被告不履行环境修复义务时应承担的环境修复费用。污染者在生效裁判确定的期限内未履行环境修复义务的，人民法院可以委托其他人进行环境修复，所需费用由污染者承担。"涉诉有机肥已造成刘某某承租的土地受到污染，海德龙公司应承担土壤修复义务。海德龙公司虽在侵权行为发生后提供了修复剂改良土壤，但效果不明显，案涉土地仍无法恢复正常生产，因此应将被污染土地恢复至可正常种植状态。鉴于海德龙公司仅支付了少部分赔偿款，而土壤修复又确需一定的合理期限，结合具体案情，法院确定海德龙公司应赔偿三年半期限的种植损失，并于判决生效之日起30日内对被污染土地进行修复，逾期未采取修复措施的，则由刘某某在期限届满之日起30日内自行修复或委托相关机构进行修复，由海德龙公司向刘某某支付修复费用1142元。

例案三 | 重庆市江津区水鲜阁水产养殖股份合作社与中铁十六局集团有限公司、渝黔铁路有限责任公司环境污染责任纠纷

【法院】

成都铁路运输中级法院

---

① 参见《民法典》第1229条。

② 参见《民法典》第1203条第2款。

【案号】

(2017)川71民终11号

【当事人】

原告:重庆市江津区水鲜阁水产养殖股份合作社

被告:中铁十六局集团有限公司

【基本案情】

中铁十六局集团有限公司(以下简称中铁十六局)施工产生的废水排放进重庆市江津区水鲜阁水产养殖股份合作社(以下简称江津区水鲜阁)承包的1~2号鱼塘内,发生该鱼塘内鱼死亡现象。江津区渔政渔监船检站于2015年12月24日对江津区水鲜阁1~2号池塘进行了现场勘验。江津区环境监测分中心2015年12月30日出具了津环(监)字〔2015〕第499号检测报告。检测报告载明:1~2号池水样含氨氮分别为0.224mg/L、0.264mg/L,石油类为7.60mg/L、0.66mg/L,悬浮物为426mg/L、386mg/L。2016年5月11日,江津区水鲜阁向法院申请对损害与中铁十六局污染物排放的关联性及排放的污染物造成江津区水鲜阁的经济损失价值进行司法鉴定。西南大学司法鉴定所出具《关于原告的损害与被告污染物排放的关联性及被告排放的污染物造成原告的经济损失价值鉴定意见书》载明:(1)中铁十六局排放的污染物与江津区水鲜阁的损害是具有关联性的,中铁十六局施工排出的机械污水、泥浆是引起江津区水鲜阁涉案池塘死鱼和减产直到停产的直接原因;(2)江津区水鲜阁2014年养殖损失为46.05万元,2015年至2016年涉案池塘养殖经济损失为15.77万元/年×2年=31.54万元,江津区水鲜阁经济损失价值总额为77.59万元。其后,西南大学司法鉴定所依据现场勘验的鱼塘面积(38.89亩)作出补充鉴定意见,涉案鱼塘2014年至2016年的养殖经济损失=亩平均经济损失×实际测量面积=(77.59÷33.8)×38.89=89.27(万元)。

【案件争点】

1.中铁十六局的排放行为与江津区水鲜阁养殖的鱼死亡是否具有关联性。

2.中铁十六局是否应当承担清除淤泥义务。

【裁判要旨】

1.关于污染物排放与损害之间关联性的认定

根据《渔业水质标准》(GB11607-89)的规定,养殖水体中悬浮物质人为增加的量不得超过10mg/L,而且悬浮物沉积于底部后,不得对鱼虾贝产生有害的影响;另外,石油类浓度应小于0.05mg/L。从1号池和2号池的监测结果看,其远远超出了规定范围，悬浮物浓度高达426mg/L和386mg/L，大量悬浮物进入鱼塘后会随鱼的呼吸沉积在鳃丝表面，造成鱼类缺氧浮头，颗粒物中含有其他有毒物质会造成鱼类急性死亡，同时超标排放的悬浮物会降低水体的透明度，导致水体透光率和溶解氧降低，从而造成藻类等饵料生物死亡，水体自净能力下降。同时，石油类浓度高达7.60mg/L和0.66mg/L，现场采泥也有闻到煤油味，说明鱼塘受到石油类严重污染。石油类污染使水体的气体交换不畅，容易导致水体缺氧，大量的油污附于鱼鳃、体表、鳍条上影响鱼的呼吸和运动，引发鳃部发炎和呼吸障碍，严重的则会导致鱼类死亡。因此，工程施工长久持续的污染必将导致鱼体或直接死亡，或因体质变差生病而亡，同时，石油类在鱼体内富集后亦会致使鱼体失去商品价值。此外，中铁十六局2016年3月8日委托检测的《重庆市江津区环境监测分中心监测报告》也说明，即使在施工基本结束的情况下，悬浮物仍然超标2倍多。虽然水体石油类已基本正常，但在现场勘验时，其淤泥中仍有较明显的煤油味。中铁十六局在庭审中承认其施工排放的泥水流入江津区水鲜阁的2口鱼塘，因此，中铁十六局排放的污染物与江津区水鲜阁的损害具有关联性，即中铁十六局隧道施工排出的机械污水、泥浆等是引起江津区水鲜阁水产养殖股份合作社涉案池塘死鱼和减产直至停产的直接原因。

2. 关于环境侵权恢复原状责任的承担

《侵权责任法》(已废止)第15条[①]规定了承担侵权责任的方式主要有停止侵害、排除妨碍、恢复原状、赔偿损失等。该法第66条[②]规定，因污染环境发生纠纷，污染者应当就法律规定的不承担责任或者减轻责任的情形及其行为与损害之间不存在因果关系承担举证责任。在江津区水鲜阁已初步证明污染事实、损害结果、因果关系的前提下，中铁十六局无证据证明本案存在法律规定的不承担责任或者减轻责任的情形及其行为与损害之间不存在因果关系，因此，中铁十六局应承担环境侵权责任。最高人民法院《关于审理环境侵权责任纠纷案件适用法律若干问题的解释》(2015年版)第14条规定："被侵权人请求恢复原状的，人民法院可以依法裁判污染者承担环境修复责任，并同时确定被告不履行环境修复义务时应当承担的环境修复费用。污染者在生效裁判确定的期限内未履行环境修复义务的，人民法院可以委托其他人进行环境修复，所需费用由污染者承担。"故中铁十六局应当对

---

① 参见《民法典》第179条。
② 参见《民法典》第1230条。

江津区水鲜阁1号、2号鱼塘恢复原状，即负责对1～2号鱼塘中的淤泥中予以清除，否则，应承担环境修复（清除淤泥）的相应费用。江津区水鲜阁虽然没有提供证据证明淤泥的具体数量，但中铁十六局排放污染物至涉案鱼塘事实清楚，西南大学司法鉴定所出具的鉴定意见书载明，鱼塘内淤泥淤积使池底不规则、鱼塘变浅、石油污染富集在淤泥中影响后期养殖鱼类品质等，要恢复正常养殖，必须进行清淤，恢复鱼塘正常功能。现场勘验时，涉案鱼塘水较深，现场勘验淤泥厚度和数量难度较大，所以西南大学司法鉴定所没有鉴定涉案鱼塘淤泥的具体数量。中铁十六局没有证据证明非因其造成的淤泥具体数量，即便在排污前鱼塘内有淤泥属实，但中铁十六局排放的污染物污染了鱼塘内原有的淤泥，须予以清除才能正常开展渔业养殖活动。因此，中铁十六局应当停止侵害，排除妨碍，负责清除江津区水鲜阁承包的位于江津区杜市高歇新化村的1号、2号鱼塘内的淤泥，如果中铁十六局未在上述期限内履行清除淤泥的义务，人民法院可以委托他人进行清除，所需费用由中铁十六局承担。

三、裁判规则提要

（一）环境修复责任的性质

最高人民法院《关于审理环境侵权责任纠纷案件适用法律若干问题的解释》第14条规定，被侵权人请求恢复生态环境的，人民法院可以依法裁判侵权人承担环境修复责任，并同时确定其不履行环境修复义务时应当承担的环境修复费用。《民法典》第179条第1款所规定的传统民事责任承担方式，包括停止侵害，排除妨碍，消除危险，返还财产，恢复原状，修理、重作、更换，继续履行，赔偿损失，支付违约金，消除影响、恢复名誉，赔礼道歉。最高人民法院《关于审理环境侵权责任纠纷案件适用法律若干问题的解释》虽然仍然规定了恢复原状的责任，但是采取了对恢复原状责任进行扩大解释的方法，将承担环境修复责任作为恢复原状责任的具体化，其以生态环境修复到损害发生之前的状态和功能作为恢复原状的具体内涵。

当然，"环境修复"与"恢复原状"的差异仍不容忽视：一是救济的对象不同。我国民法中恢复原状仅指"当所有权人的财产被非法侵害而损坏时，能够修理的，所有权人有权要求加害人通过修理，恢复财产原有的状态。"[①]在对受损生态环境修复的过程中，最终使不特定多数人得到生态环境保护的好处，产生了正外部性效

① 参见王利明：《民法总则研究》（第2版），中国人民大学出版社2012年版，第508页。

应。二是修复的标准不同。传统民法中的物可以通过“恢复”的方式回复到原来的状态，而作为环境修复责任所“恢复”的生态环境本身是由各环境要素组成的生态系统，不仅各环境要素相互作用和影响，而且整个生态系统处于不断的物质循环、能量流动、信息传递过程中，这与传统民法意义上所界定的“物”是不同的。三是救济的方式不同。因恢复原状所救济的是传统民法上的财产，一般通过修理等方式即可，因此通常情况下侵权责任人自己即可进行恢复；而对生态环境的修复具有专业技术性，责任人自己通常无法独自开展，故对生态环境的修复往往需要公众的参与、监督以及公权主体、公共机构的介入。因此，在环境侵权案件中，对于恢复原状的司法适用，应当充分关注待修复环境要素的环境特性，在案件裁判时不仅考量被侵权人的财产损失，更应对受损环境的修复予以关注。

（二）环境修复责任的承担方式

1. 直接修复和替代修复

依据修复对象的不同，环境修复责任的承担方式可分为直接修复和替代修复。直接修复是针对受到污染或者破坏的环境介质、生物、生态系统等进行评估并予以原区域、原体的修复。《生态环境损害鉴定评估技术指南总纲》第3.2条规定，生态环境损害是指因污染环境、破坏生态造成大气、地表水、地下水、土壤等环境要素和植物、动物、微生物等生物要素的不利改变，及上述要素构成的生态系统功能的退化。一般情况下，与生态环境损害具有直接利害关系、受到直接影响的主要是损害结果发生地。被告原地原样进行生态修复，能够避免产生生态环境修复费用是否必要、生态环境修复费用是否合理的判断以及赔偿义务人可能产生的异议等难题。实践中，很多法院在可能的情况下都会直接判令被告在一定期限内履行环境修复义务，比如清除污染物，恢复土地、水体原有的养殖等功能等。同时，对修复的具体标准通常会由专门部门予以确定并监督实施。这种方式大多适用于生态环境损害不太严重的情况，以直接的劳动行为短时间内即可完成修复，无须借助复杂的技术和设备。因此，如果能够直接原地、原体修复，使生态环境损害达到污染环境、破坏生态行为未发生时区域内生态环境及其生态系统服务状态的，应当直接修复。即是说，直接修复应是修复生态环境责任承担方式的首要方式。与之对应，在无法直接修复的情况下，比如囿于直接修复的技术难度过大或所需修复费用过高等因素，可以采取替代性修复的方式。替代性修复方式包括同地区异地点、同功能异种类、同质量异数量、同价值异等级等情形，使生态环境恢复到受损害之前的功能、质量和价值。

2. 自行修复和委托修复

依据修复生态环境责任的实施主体不同,环境修复责任的承担方式可分为自行修复和委托修复。自行修复主要指由被告自行组织实施修复,但是,囿于生态修复的专业性、复杂性等多种因素制约,存在被告无法直接实施修复活动的情况,此时即需要委托他人修复以实现恢复受损生态环境的目的。司法实务中委托修复主要包括两种情况,一种情况是由被告自行委托,修复费用由被告支付。另一种情况是被告不履行、无法履行或怠于履行修复生态环境责任时,人民法院可以委托第三方修复。最高人民法院《关于审理环境侵权责任纠纷案件适用法律若干问题的解释》第 14 条第 2 款规定,侵权人在生效裁判确定的期限内未履行环境修复义务的,人民法院可以委托其他人进行环境修复,所需费用由侵权人承担。委托第三方修复只是修复任务具体实施的转移,并不意味着修复过程中责任人修复责任的转移,其仍是修复生态环境的责任承担者。[①] 相比被告的自行修复,委托第三方修复能够促进受损生态环境进行集中式、专业化的治理修复。2014 年国务院办公厅印发的《关于推行环境污染第三方治理的意见》(国办发〔2014〕69 号)指出,第三方治理是推进环保设施建设和运营专业化、产业化的重要途径,是促进环境服务业发展的有效措施。

四、辅助信息

高频词条:

《民法典》

第 179 条 承担民事责任的方式主要有:

(一)停止侵害;

(二)排除妨碍;

(三)消除危险;

(四)返还财产;

(五)恢复原状;

(六)修理、重作、更换;

(七)继续履行;

---

① 参见康京涛:《生态修复责任研究》,武汉大学 2017 年博士学位论文,第 96 页。

（八）赔偿损失；

（九）支付违约金；

（十）消除影响、恢复名誉；

（十一）赔礼道歉。

法律规定惩罚性赔偿的，依照其规定。

本条规定的承担民事责任的方式，可以单独适用，也可以合并适用。

最高人民法院《关于审理环境侵权责任纠纷案件适用法律若干问题的解释》

第 13 条 人民法院应当根据被侵权人的诉讼请求以及具体案情，合理判定污染者承担停止侵害、排除妨碍、消除危险、修复生态环境、赔礼道歉、赔偿损失等民事责任。

第 14 条 被侵权人请求修复生态环境的，人民法院可以依法裁判侵权人承担环境修复责任，并同时确定其不履行环境修复义务时应当承担的环境修复费用。

侵权人在生效裁判确定的期限内未履行环境修复义务的，人民法院可以委托其他人进行环境修复，所需费用由侵权人承担。

环境资源纠纷案件裁判规则第8条:

即使住宅电梯的质量、设计、建筑、安装、验收等均合格达标,也不能推定电梯所产生的噪声也是达标的,被告未能举证证明其对电梯噪声超标不承担责任的情形,应承担侵权或违约责任

〔**规则描述**〕:住宅小区电梯的设计、建筑、安装、验收均符合标准,不能说明电梯所产生的噪声也符合标准。电梯作为民用建筑的一部分,应受相应技术规范的调整和约束。因噪声污染责任纠纷提起的环境民事侵权责任纠纷案件中,原告举证证明涉案电梯产生的噪声已超过规范规定的标准,被告应当举证证明其对电梯噪声超标存在不承担责任或者减轻责任的情形,否则应当承担相应的侵权或违约责任。

一、类案检索大数据报告

截至2020年6月15日,分别以"电梯""噪声""合格""民用建筑隔声设计规范"等为关键词,通过Alpha案例库、中国裁判文书网、法信平台、无讼案例共检索到类案226件。经过筛选与本规则相关的案件,剔除同一案件因多次审判程序的重复裁判文书,实际共有61件案件。整体情况如下:

从年份分布可以看到当前条件下案件数量的变化趋势(见图8-1)。

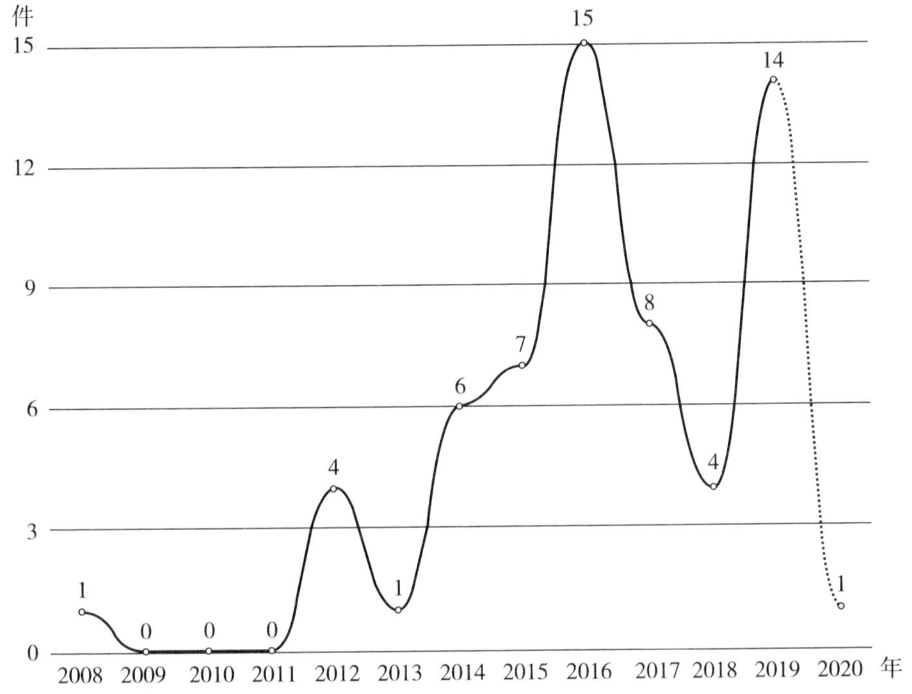

图 8－1　类案年份分布

从地域分布来看，当前案件主要集中在北京市、江苏省、广东省，占比分别为 26.23%、14.75%、9.84%。其中北京市的案件量最多，达到 16 件（见图 8－2）。

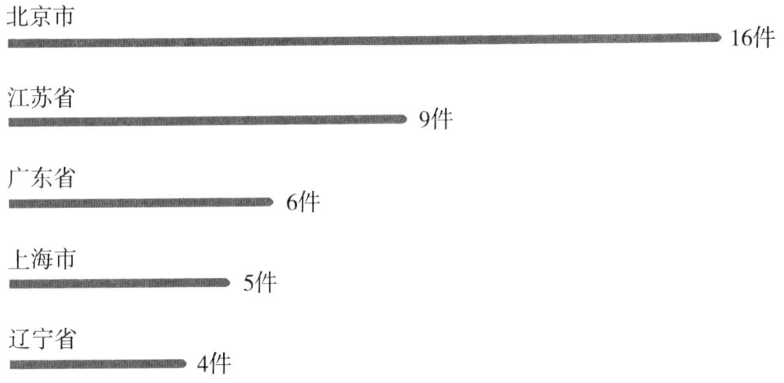

图 8－2　类案主要地域分布

从案由分类情况可以看到，当前最主要的案由首先是侵权责任纠纷，有 32 件，占一半以上；其次是合同、无因管理、不当得利纠纷；最后是物权纠纷。

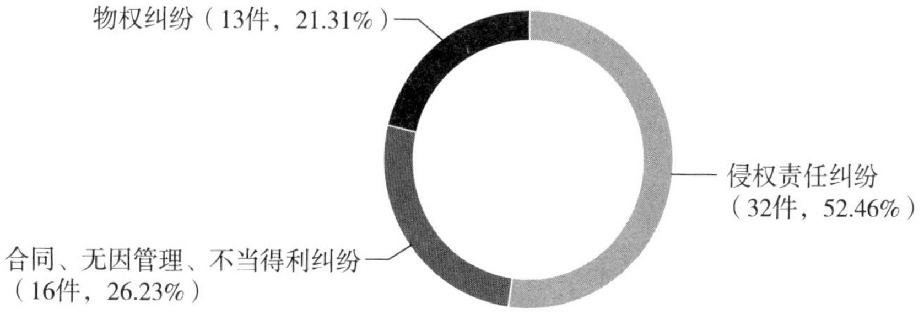

图8-3 类案案由分布

从程序分类统计可以看到当前的审理程序分布状况。一审案件有31件,二审案件有29件,再审案件有1件(见图8-4)。

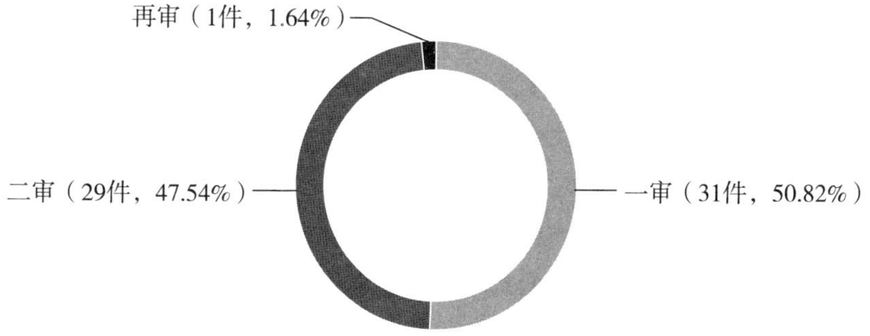

图8-4 类案审理程序分布

二、可供参考的例案

例案一 | 袁某威与广州嘉富房地产发展有限公司噪声污染责任纠纷

【法院】

广东省广州市中级人民法院

【案号】

(2015)穗中法民一终字第5108号

【当事人】

上诉人(原审被告):广州嘉富房地产发展有限公司

被上诉人(原审原告):袁某威

【基本案情】

广州嘉富房地产发展有限公司（以下简称嘉富公司）是广州市越秀区水荫路嘉富广场三期住宅楼工程的发展商，袁某威是该住宅楼其中一个物业的产权人。2014年2月袁某威委托中国科学院广州化学研究所测试分析中心对居住的上述房屋进行环境质量监测，该中心作出的环境监测报告显示监测结果为："监测点名称：主卧室，在室内噪声倍频带声压级值31.5（Hz）、63（Hz）、125（Hz）、250（Hz）、500（Hz）五个声压级下的昼间实测值为53.8dB、51.9dB、52.7dB、64.3dB、65.3dB，修正值为51.8dB、48.9dB、52.7dB、64.3dB、65.3dB；夜间实测值为51.9dB、48.1dB、48.2dB、59.4dB、60.2dB，修正值为50.9dB、45.1dB、46.2dB、57.4dB、59.2dB；室内噪声标准限值：昼间76dB、59dB、48dB、39dB、34dB，夜间为69dB、51dB、39dB、30dB、24dB，参考标准：GB22337－2008。"袁某威交纳鉴定费1500元。

袁某威主张由于住宅的电梯临近袁某威房屋，电梯设备直接设置于与袁某威住房客厅共用墙之上，嘉富公司未进行任何隔音处理，并提供了上述环境监测报告。嘉富公司对该监测报告的真实性、合法性、关联性均不予确认，认为该报告是袁某威单方制作，系依据《社会生活噪声排放标准》（GB2233F2008）进行检测得出的结果。根据原环境保护部《关于居民楼内噪声适用问题的复函》第2条的规定，《社会生活噪声排放标准》不适用于居民楼内为居民生活设置的设备，且该报告没有考虑袁某威自行拆除墙体、靠近广州大道、卧室内使用硬质瓷砖等因素，因此不具有合法性、真实性和客观性。

一审诉讼中，嘉富公司提供了以下证据：(1)《建设工程施工质量验收监督意见书》《工程竣工验收报告》。(2)《广州市建设工程规划验收合格证》。(3)《广州市公安消防局建设工程消防验收意见书》。(4)《关于嘉富广场三期工程北座住宅楼竣工环境保护验收意见的函》。(5)《广州市建设工程档案验收合格证》，用以证明袁某威房屋所在的嘉富广场三期北座住宅楼建设工程施工质量、建设工程规划、公安消防、环境保护均已经政府部门验收合格，不存在建筑设计和工程质量问题，涉案电梯也符合规划和建筑要求，并已将相关文件向广州城市建设档案馆归档。(6)《电梯设备买卖合同》及《产品质量合格证书》，证明嘉富公司购买日立电梯符合建筑需求，质量合格。(7)《电梯安装工程合同》及《电梯安装分部工程质量验收登记表》，证明嘉富公司委托日立电梯（中国）有限公司广州分公司安装电梯，并经政府部门验收合格。(8)袁某威住宅电梯相片，证明涉案两电梯距离袁某威房屋墙体分别为1.20米和1.03米。(9)《广州市嘉富广场三期物业管理服务合同》，证明袁某威作为业主,对电梯使用问题,应依法向物业公司提出意见,并按规定处理。(10)原环境保护部《关于居民楼内生活服务设备产生噪声适用环境保护标准问题的复函》(环函〔2011〕88 号),证明 GB22337 - 2008 标准不适用于居民楼内电梯设备产生噪声的评价。(11)关于嘉富广场三期建设设计情况的函,证明嘉富广场三期住宅项目设计成果符合《民用建筑设计通则》(GB50352 - 2005)、《住宅建筑规范》(GB50368 - 2005)及《民用设计规范》(GB50096 - 1999)的相关要求,电梯井道、机房的土建筑均符合相关规范要求。(12)日立电梯(中国)有限公司广州分公司向嘉富公司出具的关于电梯机房噪声的函及电梯定期检验报告。

袁某威的质证意见为:对证据(1)的真实性无异议,但是验收内容没有环保噪声分项验收;对证据(2)~(4)没有异议,但证据(4)中没有对涉案电梯噪声的验收;对证据(5)~(8)的真实性无异议,但证据(6)无法判定嘉富公司所购买的电梯是否涉案电梯;证据(8)可以看出袁某威房屋距离广州大道还有很长一段距离,而观光梯与承重墙是连在一起的,并非如嘉富公司所说是有距离的;证据(9)与本案无关;对证据(10)的真实性无异议,按照《环境保护法》《环境噪音污染防治法》规定,环境保护部门是对噪音进行管理的唯一部门;证据(11)是以前的民用建筑设备通则,该标准已经被新的 2010 标准取代,即嘉富公司的建筑现在已经不符合新的设计标准;证据(12)已超过举证期限,不发表质证意见,且该证据不能证明电梯噪声没有超标。

嘉富公司称,袁某威购买上述住宅后自行拆除了入户花园和门口阳台与客厅之间的墙体,原有客厅范围与门外电梯之间原有的两面墙体变成一面墙体,导致房屋隔音效果变差,且袁某威卧室使用瓷片、瓷砖装修,导致传音效果增强。袁某威确认拆除了部分墙体,但并非如嘉富公司所述,而使用瓷片装修的是客厅,并非卧室。

对于袁某威提供的环境监测报告,嘉富公司认为其已举证证明电梯质量合格,住宅设计和电梯设计、电梯安装均已符合国家规定,并经政府部门验收合格,无影响居住等质量问题,且袁某威自行改变房屋结构,致使不能按房屋原始状态进行鉴定,故不申请对涉案电梯是否存在噪声问题、是否影响袁某威居住使用进行鉴定。

《民用建筑隔声设计规范》(GB50118 - 2010)规定,住宅卧室允许噪声级为昼间≤45 分贝,夜间≤37 分贝,起居室(厅)允许噪声级为昼间、夜间≤45 分贝。

【案件争点】

嘉富公司安装的电梯是否造成噪声污染。

【裁判要旨】

违反国家保护环境防止污染的规定，污染环境造成他人损害的，应当依法承担民事责任。《侵权责任法》（已废止）第65条[①]规定，因污染环境造成损害的，污染者应当承担侵权责任。第66条[②]规定，因污染环境发生纠纷，污染者应当就法律规定的不承担责任或者减轻责任的情形及其行为与损害之间不存在因果关系承担举证责任。本案为噪声污染责任产生的纠纷，应适用举证责任倒置的举证规则，即由污染者就法律规定的不承担责任或者减轻责任的情形及其行为与损害之间不存在因果关系承担举证责任。袁某威主张向嘉富公司购买的房屋所在住宅的电梯噪声超标，提供了中国科学院广州化学研究所测试分析中心对上述房屋进行检测的环境监测报告，监测结果显示：涉案房产主卧室的电梯噪声在倍频带声压级的测量条件下，在125赫兹、250赫兹、500赫兹这三个声压级下的夜间噪声测量值分别为46.2分贝、57.4分贝、59.2分贝，该检测结果超过了《民用建筑隔声设计规范》（GB50118－2010）规定的噪声最高限值标准。袁某威对存在噪声污染的侵权行为以及该噪声超标这一侵权损害结果完成了举证责任。该监测报告能够证实该房屋卧室昼间、夜间的噪声测量均超过《民用建筑隔声设计规范》（GB50118－2010）规定的标准。虽嘉富公司认为《民用建筑隔声设计规范》（GB50118－2010）是在涉案电梯安装之后发布的规范，根据法不溯及既往的原则，涉案电梯不适用该规则。但《民用建筑隔声设计规范》（GB50118－2010）是对民用建筑隔声设计制定的相关标准，无论涉案电梯安装在该标准出台前还是出台后，都应当接受该标准的调整和约束，在该标准出台前安装的涉案电梯不符合该规范的应当整改至符合该规范规定的标准。此外，根据《侵权责任法》（已废止）第66条的规定，污染者即嘉富公司要对其行为与损害不存在因果关系或者减轻责任的情形承担举证责任。本案中，虽然嘉富公司不认可该检测结果，认为涉案噪声是因为袁某威擅自改变其房屋结构以及房屋外围噪声而引起的，但嘉富公司没有证据证明其主张，因此嘉富公司应当承担举证不能的责任。虽然嘉富公司在电梯的设计、建筑、安装、验收方面都是达标的，但是只能说明电梯安装符合规定，不能说明其电梯的噪声是达标的。综上所

---

① 参见《民法典》第1229条。

② 参见《民法典》第1230条。

述,在嘉富公司未能提供证据证明其对涉案电梯噪声超标不承担责任或者存在减轻责任的情形下,法院对嘉富公司的辩解不予采信,认定袁某威主张的噪声污染侵权行为成立,嘉富公司有责任对电梯采取有效、可靠的隔声减噪措施,切实改善袁某威住宅的声音环境质量。由于噪声的超标确实对袁某威的正常生活和身体造成一定干扰和影响,故袁某威要求嘉富公司赔偿精神抚慰金10,000元合情合理,法院对此予以支持。

例案二 | 马某兄与苏州南山置业有限公司商品房销售合同纠纷

【法院】

江苏省苏州市中级人民法院

【案号】

(2015)苏中民终字第02274号

【当事人】

上诉人(原审原告):马某兄

上诉人(原审被告):苏州南山置业有限公司

【基本案情】

2009年10月21日,马某兄与苏州南山置业有限公司签订商品房买卖合同,约定由马某兄购买苏州南山置业有限公司开发的房屋。合同第8条约定,房屋交付时间为2011年2月28日前。合同签订后,马某兄依约支付了全部购房款,苏州南山置业有限公司于2011年3月向马某兄交付了房屋,并支付了逾期交房违约金。房屋交付后,因马某兄提出其所购房屋为复式结构,然而17层至18层之间没有楼梯,且17层房屋厨房外没有排烟管道,18层未通电等问题,苏州南山置业有限公司对上述问题进行整修,于2011年12月完工。

2011年10月起,马某兄开始对上述房屋进行装修。装修过程中,马某兄对房屋局部墙体进行拆改,并向苏州市房屋安全鉴定管理处申报。同时,马某兄还私自将位于房屋17层的挑高式客厅上方加装楼板一层,将原客厅上方共享空间改造成房间一个,并在18层上方阁楼开窗两扇。前述两项改造方案马某兄均未向苏州市房屋安全鉴定管理处申报,苏州南山置业有限公司于2012年3月向马某兄下达违章整改通知,然马某兄未予整改。

2012年12月28日,马某兄向苏州南山置业有限公司书面投诉所购房屋受电梯运行噪声影响事宜，要求苏州南山置业有限公司一周内做好电梯隔音墙的完善工作。2013年11月，马某兄自行出资800元委托检测机构对电梯噪声进行检测，并认为检测结论为噪声超标。

苏州南山置业有限公司开发的金成家园54幢房屋建设工程于2011年3月9日经苏州市规划局验收合格。该幢房屋安装的垂直电梯为日立电梯（中国）有限公司产品。该部电梯于2010年9月11日竣工验收合格并交付马某兄，日常维护工作正常。该电梯上下行通道与马某兄房屋起居室东墙相邻，电梯机房位于楼房18层上方的闷顶层内，与马某兄房屋18层上方的阁楼东墙相隔。在电梯运行过程中，电梯机房内设备会发出间断性声响。

【案件争点】

马某兄所购房屋因电梯运行是否存在噪声超标情形。

【裁判要旨】

依据苏州市人民政府《市政府关于印发苏州市市区环境噪声标准适用区域划分规定的通知》（苏府〔2014〕68号）的规定，马某兄所购房屋地段不属于1类标准适用区域，应按非1类标准确定噪声排放标准。按《社会生活环境噪声排放标准》（GB22337－2008），该标准适用于营业性文化娱乐场所、商业经营活动中使用的向环境排放噪声的设备、设施的管理、评价和控制。按《社会生活环境噪声排放标准》（GB22337－2008）确定的非1类标准，a类房间（卧室）昼间等效声级限值为45分贝、夜间为35分贝；b类房间（卧室以外房间）昼间等效声级限值为50分贝、夜间为40分贝，电梯噪声的最大声级超过限制的幅度不得高于10分贝。按2006年9月1日起实施的《江苏省住宅设计标准》规定，该标准适用于江苏省城市、建制镇新建的住宅设计。其中第5.4.3条规定：住宅的卧室、起居室（厅），在关窗状态下的白天允许噪声级（a声级）为50分贝；夜间允许噪声级（a声级）为40分贝。第5.4.5条规定：电梯不应与卧室、起居室（厅）紧邻布置，受条件限制需要紧邻布置时，必须采取有效的隔声和减振措施。2011年6月1日起实施的《民用建筑隔声设计规范》适用于全国城镇新建、改建和扩建的住宅等六类建筑中主要用房的隔声、吸声、减噪设计。第4.1.1条规定：卧室、起居室（厅）内的噪声级，卧室昼间≤45分贝，夜间≤37分贝；起居室（厅）≤45分贝。

案件审理中，因苏州南山置业有限公司对马某兄自行委托检测的结论不予认可，马某兄对上述房屋内噪声值申请司法鉴定。经一审法院委托，徐州市金桥环境监测有限公司于2014年10月17日22时30分至23时、10月18日9时至10时对马某兄所购房屋17层客厅、主卧、卧室,18层客厅(马某兄自行在客厅上方隔出的房间)、主卧的噪声进行监测并分析数据。在司法鉴定过程中,鉴定机构表示只可参照《社会生活环境噪声排放标准》(GB22337-2008)进行检测并分析数据,故一审法院要求鉴定机构仅在报告中提供分析数据,对于是否超标不作结论性意见。鉴于《江苏省住宅设计标准》中并无关于室内噪声声级测量方法的规定,故一审法院参照《民用建筑隔声设计规范》中关于室内噪声声级测量方法的相关规定,对比鉴定机构采用的《社会生活环境噪声排放标准》(GB22337-2008)中关于测量方法的相关规定,认为鉴定机构分析的数据结论可作为认定涉案房屋室内噪声的数据使用。据此,根据《江苏省住宅设计标准》,涉案房屋中17层客厅、17层主卧、17层卧室、18层主卧在夜间室内噪声均超过40分贝,存在超标情形。且苏州南山置业有限公司亦未能举证证明按《江苏省住宅设计标准》之相关规定,在紧邻马某兄起居室布置的电梯运行空间内采取了有效的隔声和减振措施,故一审法院判决支持马某兄要求苏州南山置业有限公司对电梯噪声进行整改的诉讼请求,苏州南山置业有限公司应对电梯机房加装隔音、减振措施,使马某兄房屋受电梯噪声影响处于达标状态,即:住宅的卧室、起居室(厅),在关窗状态下的白天允许噪声级(a声级)为50分贝;夜间允许噪声级(a声级)为40分贝。

至于苏州南山置业有限公司认为马某兄违规破拆外墙开设两处窗户、违规对17层的挑空跃层式客厅进行加装楼板等改造,严重改变诉争房屋原有建筑隔声设计,导致诉争房屋在审理中所测的噪声数值必然超过苏州南山置业有限公司交房时数值的主张,苏州南山置业有限公司未能提供有效的证据证明其主张,且对于涉案房屋室内噪声是否超标,应适用房屋设计、建造时的相关标准、规范,故对于涉案房屋室内噪声是否超标的标准,法院认为应适用《江苏省住宅设计标准》中关于住宅隔音的规定,即住宅的卧室、起居室(厅),在关窗状态下的白天允许噪声级(a声级)为50分贝;夜间允许噪声级(a声级)为40分贝,故对该主张法院未予支持。

例案三 | 刘某钦与融侨集团股份有限公司噪声污染责任纠纷

【法院】

福建省福州市中级人民法院

【案号】

(2019)闽01民终6868号

【当事人】

上诉人（原审被告）：融侨集团股份有限公司

被上诉人（原审原告）：刘某钦

被上诉人（原审被告）：日立电梯（中国）有限公司福建分公司

原审被告：福州融侨物业管理有限公司

【基本案情】

融侨集团股份有限公司（以下简称融侨公司）于2006年8月14日开始开发建设涉案房屋。融侨公司与日立电梯（中国）有限公司福建分公司（以下简称日立公司）于2006年11月24日签订电梯采购合同，由融侨公司向日立公司购买涉案电梯，并由日立公司安装涉案电梯。2009年3月14日，经福建省特种设备监督检验所验收检验，涉案电梯运行噪声值（包括机房噪声值、轿厢内最大噪声值、开关门过程噪声值）符合要求。涉案房屋于2009年1月21日通过竣工验收，2009年2月26日通过消防验收，2009年9月7日通过竣工环保验收。刘某钦于2009年向融侨公司购买涉案房屋，2010年4月7日与融侨公司办理涉案房屋的交房手续，2012年年底入住。融侨公司与福州融侨物业管理有限公司（以下简称融侨物业公司）于2010年9月16日签订《福州市前期物业服务合同》，由融侨物业公司对涉案房屋所在小区提供前期物业服务，该服务包括对电梯的对外维保人员进行跟踪监理、确保电梯正常运行、按规定时间进行电梯年检等。福建省特种设备检验研究院受融侨物业公司的委托分别于2015年1月14日、2016年1月18日、2016年12月21日对涉案电梯进行定期检验，检验结论均为合格。融侨物业公司与日立公司签订《电梯保养服务合同》，约定自2017年1月1日起至2019年12月31日止，融侨物业公司委托日立公司对涉案电梯进行定期的维护、保养以及维修。

刘某钦入住涉案房屋后认为涉案电梯在运行时会产生噪声污染，深夜被吵得无法入睡，严重影响其正常生活和工作，为此曾向融侨公司及融侨物业公司反映。融侨物业公司于2016年11月委托日立公司对涉案电梯更换10T接触器，并支付了更换费用847元，于2017年10月委托第三方施工单位对涉案电梯曳引机支座与楼地面刚性连接进行改造，产生施工费用2200元，但未见成效。

【案件争点】

融侨公司、融侨物业公司、日立公司应否承担侵权责任。

【裁判要旨】

在诉讼期间，依刘某钦及融侨公司申请，福建天泽司法鉴定所接受法院委托对涉案电梯噪声排放值是否超标等进行鉴定,并于2018年3月8日作出《司法鉴定意见书》。《司法鉴定意见书》由下列7个部分组成:(1)基本情况;(2)资料摘要;(3)鉴定过程;(4)分析说明;(5)鉴定意见;(6)落款;(7)附件清单。上述“分析说明”主要内容为“1.电梯噪音排放值是否超过国家规定的环境噪声限值分析:鉴定人员勘验发现,卫生间、客厅与电梯的井道一墙之隔。昼间客厅的噪声值符合国家相关规范的标准要求,而卧室的噪声值超过国家相关规范的标准要求;夜间客厅、卧室噪声值均超过国家相关规范的标准要求。2.产生噪音的原因:鉴定人员通过多次的运行电梯实验发现,噪音的主要来源是电梯机房内的曳引机的制动器(抱闸)与控制柜的继电器的空开等机器设备运行发出的声响,加上曳引机支座与楼地面直接进行刚性连接(未采取隔震减振措施),间接会加大噪声的传递及传播范围”。上述“鉴定意见”主要内容为:“1.涉案电梯噪音排放值,昼间客厅的噪声值符合国家相关规范的标准要求,而卧室的噪声值超过国家相关规范的标准要求;夜间客厅、卧室噪声值均超过国家相关规范的标准要求。2.产生噪声的原因是制动器(抱闸)与继电器的空开发出声响,加上曳引机支座与楼地面刚性连接加大传播范围”。上述国家相关规范是《民用建筑隔声设计规范》(GB50118－2010)。《民用建筑隔声设计规范》(GB50118－2010)第4.1.1条规定,卧室、客厅昼间噪声值均应≤45分贝,卧室、客厅夜间噪声值应分别≤37分贝、≤45分贝。

首先,《司法鉴定意见书》鉴定意见第1点表明,涉案房屋卧室噪声值无论在昼间还是夜间均超过《民用建筑隔声设计规范》(GB50118－2010)的标准要求,涉案房屋客厅噪声值在夜间超过《民用建筑隔声设计规范》(GB50118－2010)的标准要求。故刘某钦对存在噪声污染的侵权行为以及该噪声超标这一侵权损害结果完成了举证责任。虽融侨公司在庭审质证中认为,《民用建筑隔声设计规范》(GB50118－2010)是在涉案房屋竣工验收和消防验收之后才开始实施,涉案房屋卧室、客厅噪声值是否超标不适用《民用建筑隔声设计规范》(GB50118－2010)。但《民用建筑隔声设计规范》(GB50118－2010)是对民用建筑隔声设计制定的相关标准,无论涉案房屋的验收是在该标准出台前还是出台后,都应当接受该标准的调整和约束,在该标准出台前验收的房屋不符合该规范的均应当整改至符合该规范规定的标准。

其次,因《司法鉴定意见书》实质上仅对噪声的主要来源作出鉴定,而对产生噪声的原因并未查明。《民用建筑隔声设计规范》(GB50118－2010)第4.3.4条规定:“电梯不得紧邻卧室布置,也不宜紧邻起居室(厅)布置。受条件限制需要紧邻起居室（厅）布置时，应采取有效的隔声和减振措施。”上述内容表明，电梯运行会产生噪声和振动，为了防止电梯噪声和振动干扰居室环境、影响睡眠休息，在住宅设计中要尽可能使电梯井远离居住空间。不得不紧邻起居室（厅）布置时，必须采取相应的技术措施，例如选用低噪声电梯、提高电梯井壁的隔声性能、在电梯轨道和井壁之间设置减振装置、将电梯井与居室在结构上脱开等。鉴定人员勘验发现涉案房屋客厅与电梯的井道仅一墙之隔，表明涉案电梯是紧邻客厅布置的。可见造成涉案房屋卧室及客厅噪声值超标的原因有可能是融侨公司未对电梯井壁、电梯轨道采取有效的隔声和减振措施，也有可能是融侨公司选用的日立公司的电梯噪声大，即电梯运行噪声值超标。《侵权责任法》（已废止）第65条①规定：“因污染环境造成损害的，污染者应当承担侵权责任。”第66条②规定：“因污染环境发生纠纷，污染者应当就法律规定的不承担责任或者减轻责任的情形及其行为与损害之间不存在因果关系承担举证责任。”本案系噪声污染责任产生的纠纷，应由污染者即融侨公司和日立公司承担举证责任。因融侨公司未举证证明其将电梯紧邻客厅布置已采取有效的隔声和减振措施，而日立公司只提供证据证明涉案电梯运行噪声值在2009年3月14日是达标的，却未提供证据证明该噪声值在2012年年底刘某钦入住涉案房屋后仍然是达标的，以及融侨公司、日立公司未能举证证明其行为与涉案房屋卧室及客厅噪声值超标之间不存在因果关系，故融侨公司、日立公司均应承担举证不能的责任。

最后，虽然融侨公司开发建设的涉案房屋在竣工验收、消防验收及环保要求上均达标，但是只能说明涉案房屋的建设符合规定，不能说明其将电梯紧邻客厅布置已采取有效的隔声和减振措施，以及对本案的噪声超标不承担责任或者存在减轻责任的情形。同理，日立公司的电梯不存在质量等问题，并不能说明电梯本身的噪声是达标的。综上所述，因融侨公司、日立公司未能提供证据证明其对涉案房屋卧室和客厅噪声值超标不承担责任或者存在减轻责任的情形，故二者均应承担侵权责任。融侨物业公司作为物业服务提供单位，其已依照《福州市前期物业服务合同》约定履行对涉案电梯的对外维保人员进行跟踪监理、按规定时间进行电梯年检等义务，其行为未导致本案噪声污染，不应承担侵权责任。

---

① 参见《民法典》第1229条。

② 参见《民法典》第1230条。

三、裁判规则提要

(一)即使住宅电梯的质量、设计、建筑、安装、验收等均合格达标,电梯运行噪声超过《民用建筑隔声设计规范》(GB50118－2010)规定的标准,不能推定电梯所产生的噪声的限制也是达标的

例案一中,嘉富公司主张其负责安装的电梯在设计、建筑、安装、验收方面均符合国家相关部门的规定,验收合格后才投入使用。涉案电梯也每年依法由物业公司进行检测,均通过国家部门验收,符合国家标准。但这只能说明电梯安装符合规定,电梯能够安全运行,不能说明其电梯运行时的噪声是达标的。电梯作为民用建筑中的一部分,其运行应当符合《民用建筑隔声设计规范》(GB50118－2010)的标准。根据袁某威提供的中国科学院广州化学研究所测试分析中心的环境监测报告,涉案电梯运行的噪声已经超出了《民用建筑隔声设计规范》(GB50118－2010)规定的标准,因此,袁某威对嘉富公司存在环境侵权行为以及损害后果的事实已经完成了举证责任,该电梯的噪声对其构成损害的主张应当成立。嘉富公司在本案诉讼中失败的教训是明显的,其举证存在方向性错误,其举证的重点应在于是否存在噪声污染以及污染的责任在谁,而嘉富公司却将举证重点放在证明其建筑符合建筑设计和工程质量以及电梯的设计、建筑、安装、验收均符合标准上,未能就是否存在噪声以及噪声大小进行举证。嘉富公司试图以电梯安全性能的达标来否认本案的电梯噪声污染,属于偷换概念,即便是电梯能够安全运行,但电梯的噪声污染使居民的环境权益遭受损害,居民亦可以就电梯噪声污染主张权利,要求电梯运行产生的噪声符合相关标准的要求。

(二)《民用建筑隔声设计规范》(GB50118－2010)可作为住宅用户室内噪声是否达标的主要参考依据

现代建筑,特别是高层建筑,需要配套建设许多服务于全体住户但也会产生噪声的建筑服务设备,除电梯之外,还包括诸如冷却塔、变压器、制冷机、热泵机组等,由此产生了设施满足公众生活需要但造成部分住户环境权益受损之间的矛盾。针对住宅用户所能承受的噪声阈值标准,国家制定颁布了《民用建筑隔声设计规范》(GB50118－2010),该规范对民用建筑设计建设中产生噪声的建筑服务设备等噪声源的设置位置、防噪设计提出了具体的要求,如《民用建筑隔声设计规范》

(GB50118－2010)第4.3.4条规定："电梯不得紧邻卧室布置，也不宜紧邻起居室(厅)布置。受条件限制需要紧邻起居室(厅)布置时，应采取有效的隔声和减振措施。"电梯运行会产生噪声和振动，为了防止电梯噪声和振动干扰居室环境、影响睡眠休息，在住宅设计中要尽可能使电梯井远离居住空间。不得不紧邻起居室(厅)布置时，必须采取相应的技术措施，如选用低噪声电梯、提高电梯井壁的隔声性能、在电梯轨道和井壁之间设置减振装置、将电梯井与居室在结构上脱开等。另外，建设单位在进行建筑设计前，应对环境及建筑物内外的噪声源做详细的调查与测定，并应对建筑物的防噪间距、朝向选择及平面布置等做综合考虑，仍不能达到室内安静要求的，应采取建筑构造上的防噪措施。上述例案的审理对处理同类案件具有指导意义，尤其对房地产开发商以及电梯的生产经营者起到很好的警示作用。在机械设备的设计、建造、安装及日常运营过程中，电梯安全达标的同时还需关注噪声是否达标，电梯的生产经营者应自觉承担应有的环境保护社会责任。

(三)电梯噪声污染侵权实行因果关系推定和举证责任转移规则，在原告方已经提供证据证明存在噪声超标的情况下，被告方应提供证据证明其对于电梯噪声超标不承担责任或者存在减轻责任的情形，如举证不能，房屋开发商、电梯生产商依法应当承担相应的侵权或违约责任

传统的民事诉讼实行"谁主张，谁举证"原则，但在环境污染侵权中，污染损害原因具有复合性、复杂性、潜伏性、积累性等特点，因果关系的判断需要较高的科学技术手段及专业知识，这对于受害方举证是十分困难的。因此，为保证污染受害方得到有效的救济，体现公平正义，《民法典》第1230条规定了在环境污染侵权纠纷中实行因果关系推定。上述例案判决规范地运用因果关系推定和举证责任转移规则。作为因建筑服务设备产生噪声污染而提起的侵权纠纷诉讼，属于环境侵权纠纷的一种，在确定因果关系和法律责任时，可适用因果关系推定和举证责任转移规则。在袁某威提出了其受到损害及污染来源的初步证据(中国科学院广州化学研究所测试分析中心的环境监测报告)后，嘉富公司即污染者，应该就其行为与损害结果之间不存在因果关系，或者其有法律规定的不承担责任或者减轻责任的情形承担举证责任。虽然该公司不认可该检测结果，认为涉案噪声是因为袁某威擅自改变其房屋结构以及房屋外围噪声而引起的，但其并未提供证据予以证明。在嘉富公司没有提供证据证明其具有涉案电梯噪声超标不承担责任或者存在减轻责任的情形下，其应当对袁某威受到的噪声污染损失承担相应的侵权责任，采取相应的

隔声降噪措施,使袁某威居住的房屋的噪声保持在《民用建筑隔声设计规范》(GB50118－2010)规定的噪声限值以下。

四、辅助信息

高频词条:

《民法典》

第1171条 二人以上分别实施侵权行为造成同一损害,每个人的侵权行为都足以造成全部损害的,行为人承担连带责任。

第1229条 因污染环境、破坏生态造成他人损害的,侵权人应当承担侵权责任。

第1230条 因污染环境、破坏生态发生纠纷,行为人应当就法律规定的不承担责任或者减轻责任的情形及其行为与损害之间不存在因果关系承担举证责任。

最高人民法院《关于审理环境侵权责任纠纷案件适用法律若干问题的解释》

第3条第1款 两个以上侵权人分别实施污染环境、破坏生态行为造成同一损害,每一个侵权人的污染环境、破坏生态行为都足以造成全部损害,被侵权人根据民法典第一千一百七十一条规定请求侵权人承担连带责任的,人民法院应予支持。

环境资源纠纷案件裁判规则第 9 条：
噪声污染侵权责任的承担须环境噪声侵权行为人的主观上有过错，其外观须具有超过国家规定的噪声排放标准的违法性

〔**规则描述**〕：一般环境污染侵权纠纷适用无过错责任，但《环境噪声污染防治法》对噪声污染有具体的条文规定，只有噪声超过国家规定的环境噪声排放标准，并干扰他人正常生活、工作和学习的才构成噪声污染，因此，噪声污染侵权并不适用无过错责任。只有环境噪声侵权行为人的主观上存在过错，外观上具有超过国家规定噪声排放标准的违法性，才承担噪声污染侵权责任。

一、类案检索大数据报告

截至 2020 年 6 月 15 日，分别以“噪声污染”“违法性”“噪声排放标准”“侵权责任”等为关键词，通过 Alpha 案例库、中国裁判文书网、法信平台、无讼案例共检索到类案 80 件。经过筛选与本规则相关的案件，剔除同一案件因多次审判程序的重复裁判文书，实际共有 34 件案件。整体情况如下：

从年份分布可以看到当前条件下案件数量的变化趋势（见图 9 – 1）。

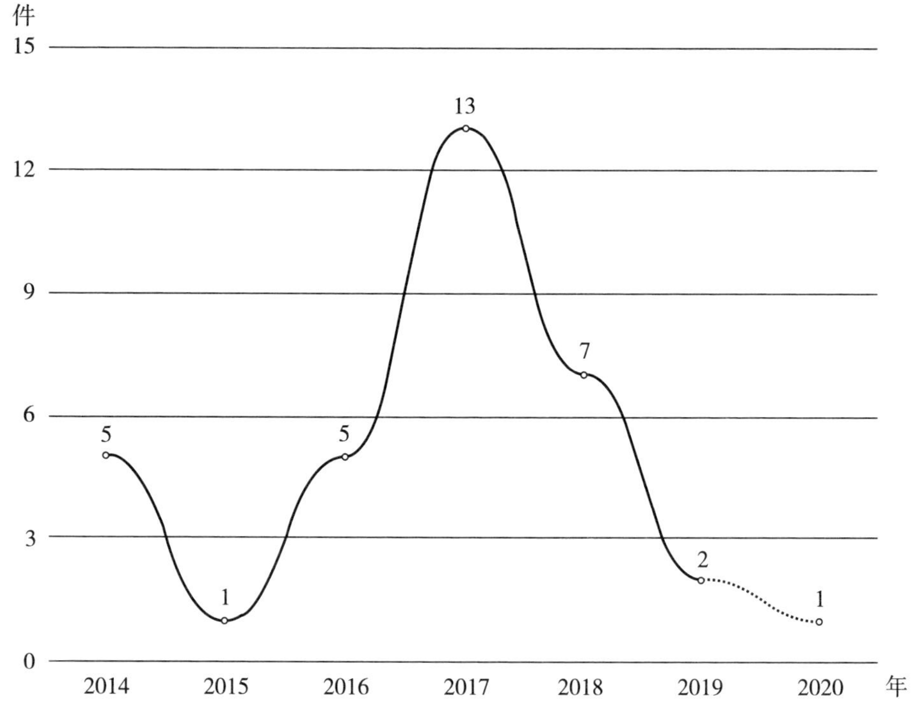

图 9－1　类案年份分布

从地域分布来看,当前案件主要集中在广东省、江苏省、北京市,占比分别为17.65%、17.65%、11.76%。其中广东省的案件量最多,达到6件(见图9－2)。

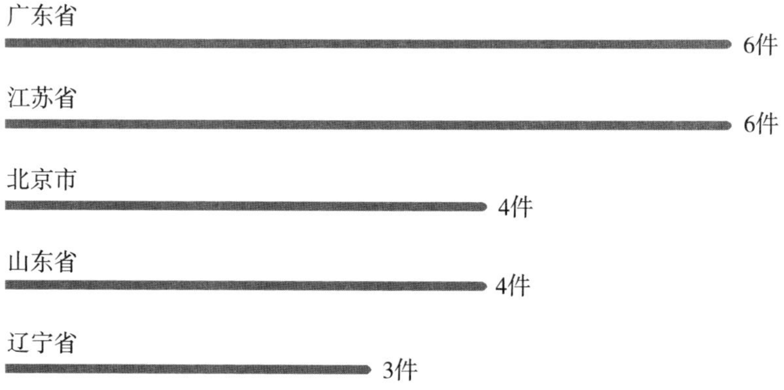

图 9－2　类案主要地域分布

从案由分类情况可以看到,当前最主要的案由首先是侵权责任纠纷,有25件,占80%以上;其次是物权纠纷,与公司、证券、保险、票据等有关的民事纠纷,人格权纠纷(见图9－3)。

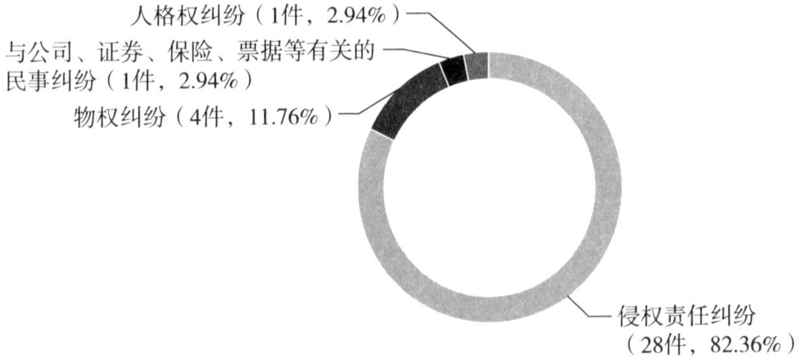

图9－3　类案案由分布

从程序分类统计可以看到当前的审理程序分布状况。一审案件有17件,二审案件有17件(见图9－4)。

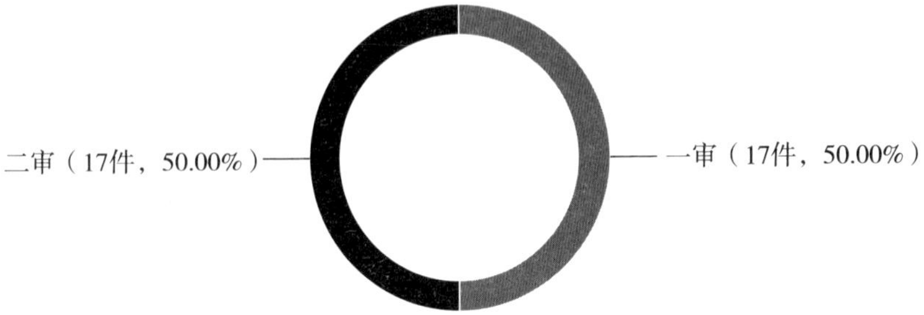

图9－4　类案审理程序分布

二、可供参考的例案

例案一 | 沈某某诉机械工业第一设计研究院噪声污染责任纠纷[①]

【法院】

安徽省蚌埠市中级人民法院

【案号】

(2015)蚌民一终字第00679号

---

① 本例案为最高人民法院2015年12月29日发布的环境侵权典型案例。

【当事人】

上诉人(原审原告):沈某某

被上诉人(原审被告):机械工业第一设计研究院

【基本案情】

沈某某系机械工业第一设计研究院(以下简称机械设计院)退休工程师,住该院宿舍。为增加院内暖气管道输送压力,机械设计院在沈某某的住宅东墙外侧安装了增压泵。2014年,沈某某认为增压泵影响其休息,向法院提起诉讼。后双方达成和解,沈某某撤回起诉,机械设计院遂将增压泵移至沈某某住宅东墙外热交换站的东侧。2015年,沈某某又以增压泵影响其睡眠、住宅需要零噪声为由,再次诉至法院,要求判令机械设计院停止侵害,拆除产生噪声的增压泵,赔偿其精神损害费1万元。根据沈某某的申请,法院委托蚌埠市环境监测站对增压泵进行监测,增压泵作为被测主要声源,结果显示"测量方法:环境噪声监测技术规范结构传播固定设备室内噪声(HJ707-2014)。主要声源是卧室东侧增压泵房,测量时段为昼间15:50至15:52、夜间22:00至22:03,最大A声级分贝(A)昼间38.6分贝、夜间34.2分贝,等效A声级分贝(A)昼间28.9分贝、夜间26.7分贝,倍频带声压级(分贝)31.5赫兹昼间39.4分贝、夜间40.1分贝,63赫兹昼间43.5分贝、夜间44.2分贝。125赫兹昼间37.1分贝、夜间38.0分贝,250赫兹昼间29.7分贝、夜间29.0分贝,500赫兹昼间23.5分贝、夜间19.2分贝"。结果显示沈某某居住的卧室室内噪声所有指标均未超过规定的限值。

【案件争点】

符合排放标准的噪声是否构成噪声污染,是否需要承担噪声污染侵权责任。

【裁判要旨】

本案中,根据《声环境质量标准》(GB3096-2008)中声环境功能区分类,沈某某的住宅应当属于以居民住宅、医疗卫生、文化教育、科研设计、行政办公为主要功能,需要保持安静的I类声环境功能区域。依据《社会生活环境噪声排放标准》(GB22337-2008),在社会生活噪声排放源位于噪声敏感建筑物内的情况下,噪声通过建筑物结构传播至噪声敏感建筑物室内时,噪声敏感建筑物室内等效声级不得超过结构传播固定设备室内噪声排放限值(等效声级)、结构传播固定设备室内噪声排放限值(倍频带声压级)。机械设计院安装的增压泵是在沈某某的住宅卧室西墙外热交换站西侧,该房间是以睡眠为主要目的,需要保证夜间安静的房间,主要声源的结构传播固定设备室内噪声排放限值(等效声级)限值昼间应为40分贝、夜间应为30分贝;结构传播固定设备室内噪声排放限值(倍频带声压级)31.5赫兹昼间76分贝、夜间69分贝,63赫兹昼间59分贝、夜间51分贝,125赫兹昼间48分贝、夜间39分贝,250赫兹昼间39分贝、夜间30分贝,500赫兹昼间34分贝、夜间24分贝。经委托鉴定,在增压泵正常工作过程中,沈某某居住卧室室内噪声并未超过国家规定标准。一审法院经审理认为,《环境噪声污染防治法》所称环境噪声污染,是指所产生的环境噪声超过国家规定的环境噪声排放标准,并干扰他人正常生活、工作和学习的现象。增压泵作为被测主要声源,在正常连续工作时,并没有超过国家规定的环境噪声排放标准。沈某某关于增压泵在夜间必须是零噪声的诉讼主张没有法律依据。沈某某认为,机械设计院安装增压泵的行为系"乱搭乱建"的违规行为,要求拆除该增压泵的诉讼请求,沈某某应当向有关行政机关进行反映,要求有关行政机关进行处理,不属于民事案件的审理范围,该案中对此不予处理。因此沈某某要求机械设计院停止侵害,拆除产生噪声的机械装置、增压泵,赔偿其精神损害费1万元的诉讼请求,缺乏事实和法律依据,不予支持。依照《侵权责任法》(已废止)第65条①、《环境噪声污染防治法》第2条之规定,判决驳回沈某某的诉讼请求。二审法院维持了一审判决。

例案二 | 广州食养荟技术推广有限公司与广州市高德汇置业有限公司、高成(广州)物业管理有限公司科学城分公司噪声污染责任纠纷案

【法院】

广东省广州市中级人民法院

【案号】

(2017)粤01民终21430号

【当事人】

上诉人(原审原告):广州食养荟技术推广有限公司

被上诉人(原审被告):广州市高德汇置业有限公司

被上诉人(原审被告):高成(广州)物业管理有限公司科学城分公司

【基本案情】

广州市高德汇置业有限公司(以下简称高德汇公司)将涉案租赁物于2014年

---

① 参见《民法典》第1229条。

10月底交付广州食养荟技术推广有限公司(以下简称食养荟公司)使用,高成(广州)物业管理有限公司科学城分公司(以下简称高成公司)也同时为食养荟公司提供物业管理服务,食养荟公司交纳租赁保证金19,920元、管理费保证金17,430元、装修押金5000元、水电保证金3000元,并对涉案租赁物进行了装饰装修和消防工程安装。食养荟公司使用过程中发现租赁物所在一楼中央空调有噪声,双方协商后,高德汇公司与高成公司采取了整改措施,双方达成调解方案。高德汇公司与高成公司对食养荟公司的补偿措施是租金自2015年5月开始按原价八折收取,食养荟公司承诺今后将不再以中央空调震动及噪声或其他现状交付的物业问题拒交、迟交应缴费用,并向高德汇公司与高成公司申请减免2015年6~7月所欠费用产生的滞纳金。2016年3~4月,因中央空调噪声问题,双方再次发生争议,食养荟公司拒交租金、管理费。高德汇公司与高成公司先后向食养荟公司发出《关于中央空调震动的解决办法的通知》《最后一次催缴费用函》《律师函》,要求食养荟公司向高德汇及高成公司支付拖欠款项及违约金。

食养荟公司委托广东贝源检测技术股份有限公司2016年5月9日出具《检测报告》,对该企业噪声进行检测和分析。该报告载明:"噪声检测点位为小仓库、茶水间、大厅收银台、大包间,检测项目为Leq[dB(A)]、低频噪声。检测方法:昼间噪声,参照《社会生活环境噪声排放标准》(GB 22337-2008)。检测结果分别为小仓库45.0分贝(A)、茶水间43.6分贝(A)、大厅收银台46.4分贝(A)、大包间45.4分贝(A);500(赫兹)部分数值为小仓库42.9(赫兹)、茶水间42.3(赫兹)、大厅收银台47.9(赫兹)、大包间46.9(赫兹)。检测结果中备注:现场噪声主要受负1楼水泵房影响,水泵启用时间为10:30~22:00左右(夏季)。"

【案件争点】

高德汇公司、高成公司是否构成环境噪声污染的民事侵权。

【裁判要旨】

环境噪声污染,是指超过国家规定的环境噪声排放标准,并干扰他人正常生活、工作和学习。即只有超过国家规定的环境噪声排放标准,并干扰他人生活的噪声,才是噪声污染。即排放的环境噪声超过国家规定的环境噪声排放标准,就认定构成环境噪声污染。一审法院认为,首先,关于本案涉及的噪声问题,环境保护部门并未作出相应处理。食养荟公司称曾向环境保护部门投诉,环境保护部门要求高德汇公司与高成公司整改,但未提供证据证实。其次,原环境保护部发布的《社会生活环境噪声排放标准》(GB 22337-2008)规定,结构传播固定设备室内噪声排放限值（等效声级）中2类功能区B类房间昼间的排放限值为50分贝。2类功能区B类房间是指昼间使用，需要保证思考与精神集中、正常讲话不被干扰的房间，包括学校教室、会议室、办公室、住宅中卧室以外的其他房间等。食养荟公司使用的租赁物根据上述规定，属于2类功能区B类房间的范围，因此，可以参照《社会生活环境噪声排放标准》的（GB 22337－2008）规定，确定本案是否构成环境噪声污染。根据食养荟公司提交的广东贝源检测技术股份有限公司2016年5月9日出具的《检测报告》显示，该份检测报告中小仓库45.0分贝、茶水间43.6分贝、大厅收银台46.4分贝、大包间45.4分贝，未超出《社会生活环境噪声排放标准》（GB 22337－2008）规定的2类功能区B类房间昼间为50分贝的排放限值，即本案产生的环境噪声没有超过国家规定的环境噪声排放标准，因此，本案不构成环境噪声污染。至于在500赫兹指标内检测结果中大厅收银台47.9赫兹和大包间46.9赫兹的两项数值超过43赫兹的排放限值，属于低频噪声检测项目，只能确认存在一定的噪声问题，并不能据此认定高德汇公司与高成公司构成噪声污染的民事侵权，食养荟公司该项请求一审法院予以驳回。

二审法院认为，《环境噪声污染防治法》第2条规定，本法所称环境噪声污染，是指所产生的环境噪声超过国家规定的环境噪声排放标准，并干扰他人正常生活、工作和学习的现象。根据上述规定，只有超过国家规定的环境噪声排放标准，并干扰他人生活的噪声，才是噪声污染。食养荟公司为证实高德汇公司与高成公司构成噪声污染的侵权，首先，提供了广东贝源检测技术股份有限公司出具的《检测报告》，根据检测的结果，在等效声级的测量条件下，案涉场地的噪声并未超过《社会生活环境噪声排放标准》（GB 22337－2008）中对等效声级规定的2类功能区B类房间昼间为50分贝的排放限值，但在倍频带声压级的测量条件下，其中大厅收银台和大包间在500赫兹声压级下的昼间噪声测量值分别为47.9分贝、46.9分贝，该检测结果已经超过了上述标准中规定的倍频带中心频率为500赫兹时的噪声排放限值43分贝，故从现有证据看，可以认定案涉场地噪声超标；其次，双方确认曾就案涉场地噪声问题对食养荟公司的租金予以八折处理，该事实从侧面反映案涉场地的噪声问题对食养荟公司的经营存在影响。综上，案涉场地噪声构成环境噪声污染。一审法院以《检测报告》中倍频声压级的检测数据未超过《社会生活环境噪声排放标准》（GB 22337－2008）规定的等效声级条件下的噪声排放限值为由，认定案涉环境噪声未超过国家规定的环境噪声排放标准，从而未构成噪声污染，属于认定事实错误，对此予以纠正。

例案三 | 张某某与北京市民望房地产开发有限责任公司噪声污染责任纠纷

【法院】

北京市第三中级人民法院

【案号】

(2015)三中民终字第00700号

【当事人】

上诉人(原审被告):北京市民望房地产开发有限责任公司

被上诉人(原审原告):张某某

【基本案情】

张某某系北京市通州区××号房屋的业主。该房屋系张某某购买的二手房。张某某所在的单元地上共有11层,张某某房屋位于第10层。该单元系一梯四户的格局,张某某家与该电梯的电梯井并不紧邻,而是隔了一户邻居。该房屋所在的小区系由北京市民望房地产开发有限责任公司(以下简称民望公司)开发建设,小区电梯亦由民望公司购买安装。

2014年3月11日,张某某单方委托北京中环北科环境检测中心,对张某某房屋进行"结构传播固定设备室内噪声"检测。检测机构依据《社会生活环境噪声排放标准》(GB 22337－2008)进行检测,结果显示张某某卧室内噪声夜间噪声排放数值达到33.4分贝。电梯正常运行时卧室夜间的检测结果,不符合标准中1类功能区A类房间环境噪声排放限值的要求。张某某遂提起诉讼要求民望公司承担环境侵权责任。民望公司对张某某的单方检测不认可,在诉讼过程中申请进行噪声鉴定。法院依法指定清华大学建筑环境检测中心进行鉴定。经鉴定,依据《民用建筑隔声设计规范》(GB 50118－2010),张某某室内夜间实测噪声值满足住宅建筑高要求住宅的卧室夜间≤30分贝室内允许噪声级要求。依据《工业企业厂界环境噪声排放标准》(GB 12348－2008),张某某室内夜间实测噪声值满足结构传播固定设备室内噪声排放限值(等效声级)0类、1类夜间A类房间≤30分贝的要求;在250赫兹、500赫兹两个频带上均未满足结构传播固定设备室内排放限值(倍频带声压级)0类、1类夜间A类房间:250赫兹≤30分贝,500赫兹≤24分贝的要求。

【案件争点】

民望公司是否承担噪声污染侵权责任。

【裁判要旨】

公民、法人的合法的民事权益受法律保护，任何组织和个人不得侵犯。《侵权责任法》（已废止）第65条①规定，因污染环境造成损害的，污染者应当承担侵权责任。张某某所有并居住使用的房屋及该房屋所在的楼宇系民望公司开发建设，该楼宇内的电梯亦系由民望公司安装。民望公司作为开发商，在开发建设房屋时，应对与电梯有关的事宜进行合理的设计、选购、安装等，以保证电梯在日后运行中产生的噪声符合国家相关标准，且不对居民造成噪声污染。原国家环境保护总局2007年2月6日发布的《关于居民楼内设备产生噪声适用环境保护标准问题的复函》（环函〔2007〕54号）中指出："评价居民楼内电梯、水泵、变压器等设备产生的噪声，可参照执行《工业企业厂界噪声标准》（GB 12348－90）和《工业企业厂界噪声测量方法》（GB/T 12349－90）。在噪声源边界与居民住宅相连的情况下，上述环保标准参照适用于室内。"原环境保护部于2008年8月19日发布、2008年10月1日实施的国家标准《工业企业厂界环境噪声排放标准》（GB 12348－2008）代替了《工业企业厂界噪声标准》（GB 12348－90）和《工业企业厂界噪声测量方法》（GB/T 12349－90）。原环境保护部2009年9月27日发布的《关于居民楼内设备产生噪声适用环境保护标准问题的复函》（环办函〔2009〕1014号）中指出："鉴于《工业企业厂界噪声标准》（GB 12348－90）和《工业企业厂界噪声测量方法》（GB 12349－90）已废止，2008年发布的《工业企业厂界环境噪声排放标准》（GB 12348－2008）与原标准相比，体系和内容均发生了较大的变化。因此，该标准不适用于居民楼内为本楼居民日常生活提供服务而设置的设备（如电梯、水泵、变压器等设备）产生噪声的评价。"张某某单方委托进行的噪声检测采用的是《社会生活环境噪声排放标准》（GB 22337－2008），这一标准适用于对营业性文化娱乐场所、商业经营活动中使用的向环境排放噪声的设备、设施的管理、评价与控制。即这一标准通常适用于歌舞厅、酒吧等场所的噪声排放限制，而不适用于居民住宅单元楼内的电梯噪声排放限制。法院指定的噪声鉴定结论表明，涉案电梯运行的噪声不符合《工业企业厂界环境噪声排放标准》（GB 12348－2008）中关于结构传播固定设备室内排放限值（倍频带声压级）0类、1类夜间A类房间：250赫兹≤30分贝，500赫兹≤24分贝的要求。虽然原环境保护部相关复函指出《工业企业厂界环境噪声排放标准》（GB 12348－2008）不适用于居民楼内为本楼居民日常生活提

① 参见《民法典》第1229条。

供服务而设置的电梯设备产生噪声的评价。但相关复函是行政机关从环境噪声污染行政执法角度对国家标准的适用范围予以的限定,并非民事案件确定是否构成噪声污染的限定性依据。在国家尚未颁布特别标准的情况下,判断居民楼内电梯噪声是否构成环境噪声污染,应综合考虑国家相关规定,采用较为严格的标准以最大限度保护被侵权人利益。鉴于本案系民事噪声污染责任纠纷,目前国家没有对居民楼内电梯产生噪声进行评价的明确标准,既然《工业企业厂界环境噪声排放标准》(GB 12348-2008)规定了噪声标准,其所替代的《工业企业厂界噪声标准》(GB 12348-90)和《工业企业厂界噪声测量方法》(GB 12349-90)曾适用于评价居民楼内电梯、设备产生的噪声,且无论噪声是来自居民楼内为本楼居民日常生活提供服务而设置的设备还是居民楼以外,当其噪声达到一定程度时,均会对居民的生活造成一定影响。从切实依法保护公民健康权,维护公民合法权益的角度出发,法院参照适用《工业企业厂界环境噪声排放标准》(GB 12348-2008)认定民望公司承担降噪等噪声污染民事责任。

三、裁判规则提要

(一)排放人排放符合环境噪声排放标准的噪声,不需承担噪声污染侵权责任

在人类的正常生产生活中会产生各种声音,有些可能会干扰到他人的生活。但是否只要排放出的噪声对他人产生影响,就应当承担环境噪声污染侵权责任呢?答案是否定的。《民法典》第1229条规定:"因污染环境、破坏生态造成他人损害的,侵权人应当承担侵权责任。"最高人民法院《关于审理环境侵权责任纠纷案件适用法律若干问题的解释》第1条规定:"因污染环境、破坏生态造成他人损害,不论侵权人有无过错,侵权人应当承担侵权责任。侵权人以排污符合国家或者地方污染物排放标准为由主张不承担责任的,人民法院不予支持。侵权人不承担责任或者减轻责任的情形,适用海洋环境保护法、水污染防治法、大气污染防治法等环境保护单行法的规定;相关环境保护单行法没有规定的,适用民法典的规定。"一般的环境侵权行为,客观上不以是否具有违法性为前提,主观上不论是否有故意或者重大过失,只要污染行为造成损害事实且污染行为和损害事实有因果关系,就应当承担侵权责任,对于污染者主张符合国家或者地方污染排放物标准而不承担或者减轻责任的,人民法院不予支持,但是污染者不承担责任或者减轻责任的情形,适用相关环境保护单行法的规定,《环境噪声污染防治法》作为噪声污染防治方面的环

境保护单行法之一，按照特别法优于一般法的法律适用原则，若《环境噪声污染防治法》对污染者不承担责任或者减轻责任的情形有规定，则应当优先适用。

《环境噪声污染防治法》第2条规定："本法所称环境噪声，是指在工业生产、建筑施工、交通运输和社会生活中所产生的干扰周围生活环境的声音。本法所称环境噪声污染，是指所产生的环境噪声超过国家规定的环境噪声排放标准，并干扰他人正常生活、工作和学习的现象。"该条文明确规定了在工业生产、建筑施工、交通运输和社会生活中所产生的干扰周围生活环境的声音就是环境噪声，但是构成环境噪声污染，就要有足以干扰到他人正常生活、工作和学习的损害后果，还要有主观过错，即存在超过国家规定的环境噪声排放标准的违法性，这才是需要承担环境侵权责任的前提。因此，仅就违法性来说，如果排放的噪声没有超过国家规定的环境噪声排放标准，就不构成环境噪声污染，也就不是环境噪声污染侵权人，不应当承担污染侵权责任，因为排放人没有达到噪声污染的标准。

（二）部分不符合排放标准的噪声构成噪声污染，需要承担相应的噪声污染侵权责任

根据《环境噪声污染防治法》的相关规定，可以简单概括噪声污染的认定标准是"超标+扰民"，二者是构成噪声污染的必要条件，缺一不可。是否由噪声污染对身体健康造成损害、构成侵权的界限往往模糊不清，一般认为判断是否超标并且扰民，需要通过更准确的监测数据来反应。

以《声环境质量标准》（GB 3096－2008）为例，首先，按区域的使用功能特点和环境质量要求，分出五种类型声环境功能区，并且根据各类声环境功能区规定了环境噪声等效声级限值，比如居民住宅、医疗卫生、文化教育、科研设计、行政办公为主要功能，需要保持安静的区域，就是1类声环境功能区，该区域噪声等效声级限值为昼间55分贝，夜间45分贝。其次，在检测点上，根据监测对象和目的，可选择以下三种测点条件（指传声器所置位置）进行环境噪声的测量：（1）一般户外：距离任何反射物（地面除外）至少3.5米外测量，距地面高度1.2米以上。必要时可置于高层建筑上，以扩大监测受声范围。使用监测车辆测量，传声器应固定在车顶部1.2米高度处。（2）噪声敏感建筑物户外：在噪声敏感建筑物外，距墙壁或窗户1米处，距地面高度1.2米以上。（3）噪声敏感建筑物室内：距离墙面和其他反射面至少1米，距窗约1.5米处，距地面1.2～1.5米高。最后，在监测时间上，有昼间和夜间的区分，"昼间"是指6时至22时之间的时段；"夜间"是指22时至次日6时之

间的时段。这些规定就基本满足了监测准确性的要求,因为在实践中,人们在生活、工作或者学习时往往是在某一个固定的时间段处在某个固定的区域内,比如,白天是在客厅、厨房、书房时间居多,而夜间基本上是在卧室时间居多。针对这种时间以及空间上的不特定性,在监测相关数据时,就应当分时、分地测量,通过获取大量样本以确保数据的真实性,减少误差。这些不同场合、不同时间产生的噪音对人的身体健康均会产生影响,而且因为噪声污染是一种慢性污染,一般不直接作用于人体健康,而是潜移默化中影响人们的身心健康和正常生活,它造成的损害不是立刻可察的。如果监测到在某段时间或某地点噪声超标,那么就证明噪声排放人在该段时间或该地点制造了噪声污染,即有可能对他人造成身体上的损害,噪声排放人实施了侵权行为,就应当承担相应的侵权责任。

(三)在国家尚未颁布特别标准的情况下,判断噪声是否构成环境噪声污染,应综合考虑国家相关规定,采用较为严格的标准以最大限度保护被侵权人利益

环境噪声无论是否超过国家噪声排放标准,对人体都会产生慢性的、潜伏的损害。近年来,越来越多的现代住宅、办公场所需要配套建设许多服务于全体住户及用户的建筑服务设备,比如水泵、电梯、变压器等。但这些设备会产生噪声,因此产生满足公众生活需求与部分住户环境权益受损的矛盾,引发的环境噪声侵权纠纷也越来越多。按照《环境噪声污染防治法》第10条、第11条的规定,国家环境噪声排放标准由国务院生态环境主管部门制定,在制定国家环境噪声排放标准时须依据国家声环境质量标准和国家经济、技术条件。

关于住宅小区、行政办公的噪声标准散见于原环境保护部颁布的各类环境标准和原住房和城乡建设部颁布的各类设计规范,包括《工业企业厂界环境噪声排放标准》(GB 12348-2008)、《民用建筑隔声设计规范》(GB 50118-2010)、《住宅设计规范》《声环境质量标准》(GB 3096-2008)、《社会生活环境噪声排放标准》(GB 22337-2008)等多种标准。在应当适用何种标准来判断楼内公共服务设施是否造成噪声污染上,之前主要依据《工业企业厂界环境噪声排放标准》(GB 12348-2008)和《社会生活环境噪声排放标准》(GB 22337-2008),但原环境保护部在2009年《关于居民楼内生活服务设备产生噪声适用环境保护标准问题的复函》中指出,这两项标准都不适用于居民楼内为本楼居民日常生活提供服务而设置的设备(如电梯、水泵、变压器等设备)产生噪声的评价,此后生态环境主管部

门也没有对此出台、制定新的噪声排放标准。因此针对生活服务设备产生的噪声并没有统一排放标准的情况下，在实践中应当参照国家相关规定的其他标准，综合考虑，采取较为严格的标准以最大限度确保被侵权人利益。原因有三：其一，被侵权人在噪声污染中一般处于弱势地位。一般来说，住宅楼、办公楼内的环境噪声污染多由水泵、电梯、变压器等附属配套设备产生，而提供附属配套设备的公司、企业往往有比被侵权人更加雄厚的实力，从民事诉讼公平正义的角度出发，也应当倾向保护弱者、弱势群体。其二，一般环境侵权适用无过错责任原则，即一种严格责任，噪声污染侵权是环境侵权的一种，虽然不适用无过错责任，但也应当适用更严格的标准，才能更好保障被侵权人的权益。其三，采取严格标准有利于噪声排放人增强责任心，降低噪声排放，履行社会义务。住户及用户在享受相关附属设施带来的便利的同时，对于存在不超标但也会干扰他人正常生活、工作和学习的噪声现象，已经承担了一定范围和限度内的容忍义务。在依法保障住户及用户合法权益的同时，为了保障各方共享便利、同享实惠，共同提升生活质量，此时就需要噪声排放人在提供电梯、水泵、变压器等相关附属配套设备的同时，注意伴随设备而来的噪声干扰对被干扰人的损害，尽量避免不必要的噪声产生，平衡好双方利益，实现利益的最大化。

对于生活中存在的如广场舞、外放广告音乐等行为，虽然不超过国家规定的标准但仍然会干扰他人的正常生活、工作和学习，甚至会造成身体和精神上的损害，这就要求相关标准制定部门及时制定、修改噪声排放标准及适用条件，使之更加科学、合理、精确，满足人们不断提升的对安静、舒适环境的需要。

四、辅助信息

高频词条：

《环境噪声污染防治法》

第 2 条　本法所称环境噪声，是指在工业生产、建筑施工、交通运输和社会生活中所产生的干扰周围生活环境的声音。

本法所称环境噪声污染，是指所产生的环境噪声超过国家规定的环境噪声排放标准，并干扰他人正常生活、工作和学习的现象。

第 10 条　国务院生态环境主管部门分别不同的功能区制定国家声环境质量标准。

县级以上地方人民政府根据国家声环境质量标准，划定本行政区域内各类声环境质量标准的适用区域,并进行管理。

第11条 国务院生态环境主管部门根据国家声环境质量标准和国家经济、技术条件,制定国家环境噪声排放标准。

第41条 本法所称社会生活噪声,是指人为活动所产生的除工业噪声、建筑施工噪声和交通运输噪声之外的干扰周围生活环境的声音。

《民法典》

第1165条第1款 行为人因过错侵害他人民事权益造成损害的,应当承担侵权责任。

第1229条 因污染环境、破坏生态造成他人损害的,侵权人应当承担侵权责任。

最高人民法院《关于审理环境侵权责任纠纷案件适用法律若干问题的解释》

第1条 因污染环境、破坏生态造成他人损害,不论侵权人有无过错,侵权人应当承担侵权责任。

侵权人以排污符合国家或者地方污染物排放标准为由主张不承担责任的,人民法院不予支持。

侵权人不承担责任或者减轻责任的情形,适用海洋环境保护法、水污染防治法、大气污染防治法等环境保护单行法的规定;相关环境保护单行法没有规定的,适用民法典的规定。

环境资源纠纷案件裁判规则第 10 条：

污染者以排污符合国家或者地方污染物排放标准为由主张不承担责任的，人民法院不予支持。排放未纳入环境标准物质而致被侵权人损失的，亦构成环境污染侵权，应适用特殊侵权的无过错责任原则及特殊的举证责任分配规则

〔**规则描述**〕：国家或地方规定的污染物排放标准，是进行环境行政管理的依据，并不是确定排污者是否承担赔偿责任的依据，只要污染者的排放行为对他人造成了损害，即使其排污行为符合国家或者地方污染物排放标准或者该污染物未纳入环境标准，污染者仍应承担相应的环境侵权责任。

一、类案检索大数据报告

截至 2020 年 6 月 15 日，分别以“环境”“标准物质”等为关键词，通过 Alpha 案例库共检索到类案 8 件。整体情况如下：

从年份分布可以看到当前条件下案件数量的变化趋势（见图 10－1）。

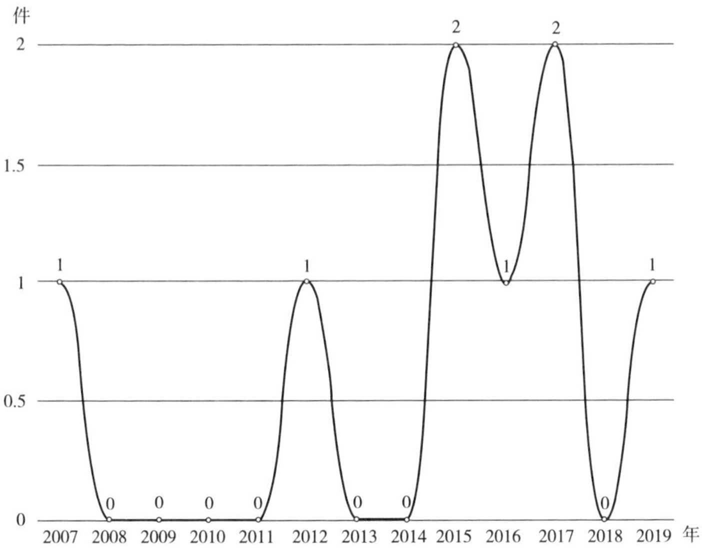

图 10－1　类案年份分布

从地域分布来看,当前案件主要集中在广东省、山东省、北京市,分别占比为50.00%、25.00%、12.50%。其中广东省的案件量最多,达到4件(见图10-2)。

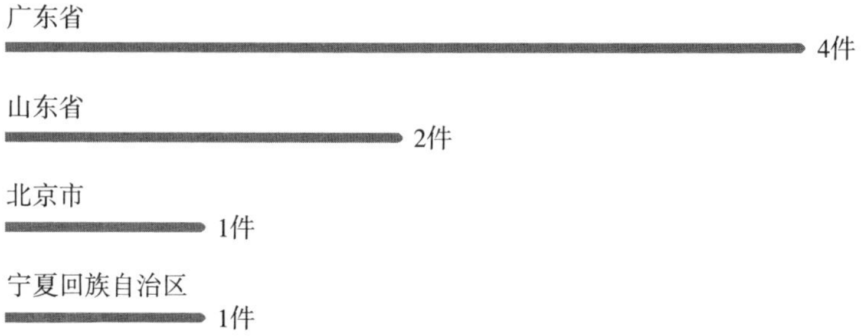

图10-2 类案主要地域分布

从案由分类情况可以看到,当前的案由分布由多至少分别是合同、无因管理、不当得利纠纷,知识产权与竞争纠纷,与公司、证券、保险、票据等有关的民事纠纷,侵权责任纠纷(见图10-3)。

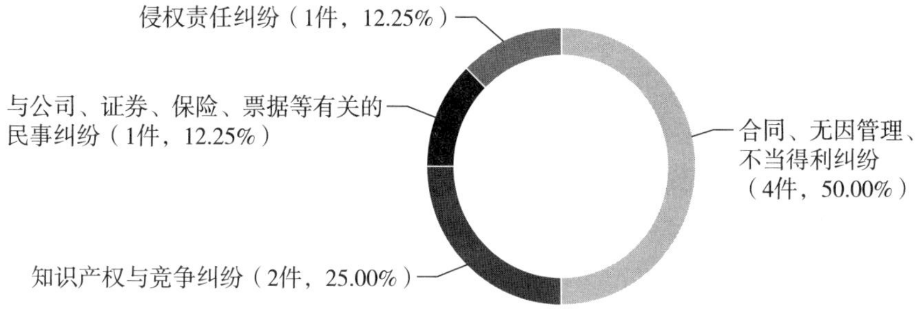

图10-3 类案案由分布

从程序分类统计可以看到当前的审理程序分布状况。一审案件有4件,二审案件有3件,再审案件有1件(见图10-4)。

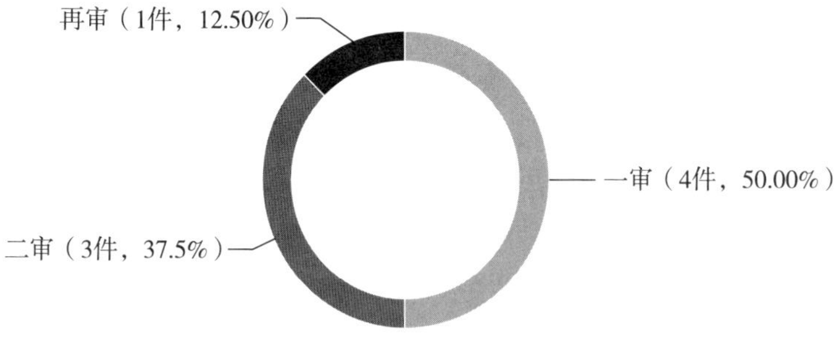

图10-4 类案审理程序分布

二、可供参考的例案

例案一｜李某某与保山市顺和硅业有限责任公司环境污染责任纠纷

【法院】

云南省保山市中级人民法院

【案号】

(2013)保中民一终字第144号

【当事人】

上诉人(原审原告)：李某某

被上诉人(原审被告)：保山市顺和硅业有限责任公司

【基本案情】

2012年7月，李某某的老营平台果园内树叶果实附有粉尘，果实掉落，腐烂减产。李某某认为果园减产系保山市顺和硅业有限责任公司(以下简称顺和硅业公司)排放的粉尘所致，遂向瓦窑镇人民政府反映解决。在解决未果的情况下，同月李某某又要求原隆阳区环境保护局进行处理，因双方分歧较大调解未果。同年10月28日，李某某到保山永鼎司法鉴定中心对其损失进行鉴定，鉴定意见书认为：(1)老营平台果园损失与顺和硅业公司污染存在直接因果关系。(2)老营平台果园2012年总经济损失为608,880元。2012年11月顺和硅业公司对其三号炉设施整改并委托四川四海缘环保科技有限公司进行了除尘系统验收监测。顺和硅业公司提供了由保山市环境监测站出具的对其排放物进行检测的检测报告。报告显示顺和硅业公司向外排放的气体中，各种化学成分均达标。

【案件争点】

1. 李某某果园损失与顺和硅业公司排污之间是否有因果关系。

2. 李某某果园损失是否应予以支持。

【裁判要旨】

《侵权责任法》(已废止)第66条①规定，因污染环境发生纠纷，污染者应当就法律规定的不承担责任或者减轻责任的情形及其行为与损害之间不存在因果关系承担举证责任。李某某提供的证据能够证实顺和硅业公司在2012年向大气排放

① 参见《民法典》第1230条。

污染物的事实。根据保山市中级人民法院对果园、顺和硅业公司所在地的现场勘查及民事诉讼高度盖然性规则,能进一步认定顺和硅业公司的排放物对李某某果园造成污染的事实。

在李某某完成污染损害初步举证责任的情况下,顺和硅业公司应就其污染行为与果园损害后果之间不存在因果关系承担举证责任。顺和硅业公司虽然提供了合法排污、合格排污的相关证据,但环境污染责任采取无过错责任,国家或地方规定的污染物排放标准是生态环境保护主管部门决定排污单位是否需要缴纳排污费和进行环境管理的依据,并不是确定排污者是否承担赔偿责任的依据。因而,顺和硅业公司并未能完成否定因果关系的举证责任,依法应当承担赔偿责任。

例案二 英德市横石塘镇新群村委会新村村民小组与英德市硫铁矿化工厂有限责任公司、英德市人民政府环境污染责任纠纷

【法院】

广东省清远市中级人民法院

【案号】

(2016)粤18民终825号

【当事人】

上诉人(原审原告):英德市横石塘镇新群村委会新村村民小组

上诉人(原审被告):英德市硫铁矿化工厂有限责任公司

原审被告:英德市人民政府

【基本案情】

伍某某于2004年3月8日成立英德市硫铁矿化工厂有限责任公司(以下简称硫铁矿公司),厂址与英德市横石塘镇新群村委会新村村民小组(以下简称新村村民小组)的农田灌溉水源相距不到1千米。新村村民小组农田位于其排污出水口下游。该厂主要生产硫酸,主要原料为硫矿石,而硫矿石主成分中含有大量硫、砷等重金属元素。硫矿石公司在生产硫酸过程中被分离的砷元素随污水排放并流入新村村民小组居住区域内的灌溉水源。2004~2008年,新村村民小组150亩土地遭受硫铁矿公司工业废水污染,导致土地砷元素超标,在该土地上所种农作物基本无收,收获的少量农产品亦含有大量的砷元素。自2009年起,上述土地已全部停止耕种,新村村民小组村民损失严重。2014年7月18日,经中国广州分析测试中

心监测，新村村民小组150亩农田重金属元素砷、镉、汞大部分结果高于《土壤环境质量标准值》(GB15618－1995)二级标准限值，特别是砷元素超标最为严重。

【案件争点】

1. 硫铁矿公司是否须承担赔偿责任。

2. 新村村民小组主张的损失赔偿是否予以支持。

【裁判要旨】

硫铁矿公司虽然依法成立，取得了营业执照、排污许可证，但根据《侵权责任法》(已废止)第65条①规定，因环境污染造成损害的，污染者应当承担侵权责任。环境污染损害赔偿纠纷适用的是无过错责任原则，污染环境行为造成了损害，污染者就应当承担赔偿责任，不必以违反国家规定的排污标准为前提。在本案中，新村村民小组150亩土地位于其排污出水口下游，硫铁矿公司的生产经营场所与新村村民小组用于农田灌溉的水源地相距较近，土壤中砷元素超标无法耕种，新村村民小组的农田确实存在被污染的事实和损害后果。即使硫铁矿公司提供相应的证据证实其系依法成立的企业，相关立项及环保要求均符合法律规定，但硫铁矿公司不能提供其不承担责任、减轻责任及行为与损害结果之间不存在因果关系的证据，则新村村民小组农田的损害后果与硫铁矿公司的排污行为存在法律意义上的关联性。硫铁矿公司作为本案的侵权主体，须对新村村民小组的农田污染承担相应的赔偿责任，应对此承担举证不能的后果。

例案三 吕某某等79人与山海关船舶重工有限责任公司海上污染损害赔偿纠纷②

【法院】

天津市高级人民法院

【案号】

(2014)津高民四终字第22号

【当事人】

上诉人(原审原告)：吕某某等79人

---

① 参见《民法典》第1229条。

② 本例案为最高人民法院2019年12月26日发布指导案例127号。

被上诉人(原审被告):山海关船舶重工有限责任公司

【基本案情】

2010年8月2日上午,秦皇岛山海关老龙头东海域海水出现异常。当日11时30分,原秦皇岛市环境保护局接到举报,对海岸情况进行巡查并对海水进行取样检测,根据现场巡查情况,海水呈红褐色、浑浊,并于8月3日作出《监测报告》对海水水质进行分析,分析结果显示铁13.1mg/L。

大连海事大学司法鉴定中心接受法院委托出具《鉴定意见》,主要内容为:2010年8月2日5时44分、9时51分图像显示山海关船舶重工有限责任公司(以下简称山海关船舶公司)附近海域及以南约4千米海域分别存在面积约5平方千米、10平方千米污染海水异常区;根据山海关船舶公司系山海关老龙头附近临海唯一大型企业,修造船舶会产生大量污水,船坞刨锈污水中铁含量很高,一旦泄漏将严重污染附近海域,推测出污染海水源地系山海关船舶公司,泄漏时间约在2010年8月2日北京时间0时至4时之间;污染水域覆盖王某某等21人的全部养殖区;涉案海域水质中悬浮物、铁及石油类含量较高,已远远超过《渔业水质标准》《海水水质标准》,污染最严重的因子为铁,对渔业和养殖水域危害程度较大,同时确定吕某某等人存在损失。《鉴定意见》鉴定人之一在法院审理期间提交了《分析报告》。

山海关船舶公司质证认为《鉴定意见》采用的《渔业水质标准》和《海水水质标准》中,不存在对海水中铁含量的规定和限制,故铁含量不是判断海洋渔业水质标准的指标,即使铁含量是指标之一,其达到多少才能构成污染损害,亦无相关标准。

吕某某等79人以山海关船舶公司排放的大量红色污水造成扇贝大量死亡,使其受到重大经济损失为由诉至法院请求损害赔偿。

【案件争点】

1. 山海关船舶公司是否实施了污染行为。

2. 吕某某等79人主张的污染损害事实是否发生。

3. 山海关船舶公司是否应就损失承担赔偿责任,如应承担责任,其责任范围大小如何。

【裁判要旨】

大连海事大学海事司法鉴定中心具备相应的鉴定资质,《鉴定意见》与其他证据相互佐证,可以证实山海关船舶公司实施了向海水中泄漏含铁量较高污水的行为、涉案79人中的王某某等21人从事扇贝养殖且养殖区域遭受污染,以及山海关船舶公司的污染行为和王某某等21人损害之间可能存在因果关系等三项事实。

吕某某等其余58人未能完成证明责任。关于山海关船舶公司提出铁物质不属于评价海水水质的标准，其行为不属于环境污染侵权行为的问题。二审法院认为，环境标准并非判断某类物质是否造成损害的唯一依据，依据环境保护主管部门意见，鉴定人作出的涉案海域水质中铁物质对渔业和养殖水域危害程度较大的评价，可以作为确定铁物质能够致害的依据。山海关船舶公司未能完成证明本案存在法律规定的不承担责任或者减轻责任的情形以及行为与损害之间不存在因果关系的证明责任，应承担赔偿责任。

三、裁判规则提要

环境污染是人类社会生存与发展不可避免的衍生品，随着社会和经济的高速发展，环境污染日益严重。为了实现经济发展与保护环境之间的平衡，国家生态环境行政主管部门和地方人民政府制定了各种生态环境标准。针对有充足证据证明行为人排放的物质与损害之间具有关联性，但生态环境标准中尚不存在所涉排放物的排放控制要求以及行为人达标排放，行为人是否构成环境污染侵权，是目前亟待解决的问题。

（一）生态环境标准的性质

根据《生态环境标准管理办法》，我国的生态环境标准分为生态环境质量标准、生态环境风险管控标准、污染物排放标准、生态环境监测标准、生态环境基础标准和生态环境管理技术规范。按照等级分为国家标准和地方标准。

生态环境标准本身不是法的范畴，当其直接被规定于法律，或者具体依附于法律被适用时，才属于环境法的组成部分。而相当多的生态环境标准是作为环境管理的手段适用于环境行政管理等方面的。故生态环境标准和生态环境法规不是同一概念，体系上各自独立。生态环境标准是判定生态环境行为违法性的标准之一，由于科技发展的制约和环境污染的复杂性，生态环境标准常常具有滞后性，如果不超标排放仍造成生态环境损害，依然构成侵权行为。生态环境标准在认定环境民事违法性时，没有更强判断依据时，参考作用突出；其他情形时，仅是考虑因素，只是违法性认定依据之一。因此，生态环境标准在司法中的作用是有限的。生态环境标准本身不能确定自己的效力以及违反标准所需承担的法律责任，它只有与相关的法律、法规结合，才能构成完整的生态环境标准法，为生态环境行为违法性提供判定标准之一。

生态环境标准制定的主体一般是国家生态环境主管部门,环境行为即使遵守了生态环境标准,至多行政合法。即使遵循了生态环境标准,并不代表一定合法,如果损害出现,仍旧需要承担民事责任。遵守生态环境标准与免责之间没有必然的关联性。

(二)环境污染责任无须具备违法性要件

违法性要件是一般侵权责任的成立要件,并非无过错责任的成立要件。环境污染责任并非一般的过错责任,而是一种危险责任。危险责任的宗旨并不是禁止危险活动的存在,也不是惩罚加害人,而是基于社会公平和分配正义的观念,将伴随一定危险但对社会有益的活动所生的损害,令危险的创造者或危险源的支配者负担,从而将不幸损害予以合理分配。因此,危险责任的成立并不以违法性为要件,这些危险活动为社会允许,自始非属违法性判断的客体,也不得因事后发生损害结果而认定危险活动具有违法性。

《民法典》第1129条规定:“因污染环境、破坏生态造成他人损害的,侵权人应当承担侵权责任。”该规定明确污染环境侵权行为承担无过错责任,并将违法性要件排除在环境侵权责任的构成要件之外。

环境污染责任采用无过错责任,国家或者地方规定的环境标准,是生态环境主管部门进行环境管理的依据,并不是确定排污者是否承担赔偿责任的界限。即使排污符合标准,给他人造成损害的,也应当承担赔偿责任。故环境污染责任成立的构成要件仅为污染行为、损害事实以及污染行为与损害事实之间的因果关系。

(三)环境污染侵权的证明标准

证明标准,也称证明要求、证明程度,是指在诉讼证明活动中,对于当事人之间争议的事实,法官根据证明的情况对该事实作出肯定性或者否定性评价的最低要求。最高人民法院《关于适用民事诉讼法的解释》第108条将证明标准规定为:“对负有举证证明责任的当事人提供的证据,人民法院经审查并结合相关事实,确信待证事实的存在具有高度可能性的,应当认定该事实存在。”即高度盖然性标准。我国《民法典》考虑环境污染侵权的高度危险性、不平等性等特点,确立了有别于一般民事侵权的特殊证明责任,即受害人仅应就污染行为、损害后果以及污染行为与损害后果之间存在因果关系承担初步证明责任,而无须就环境标准承担举证责任,侵权人则应就存在法律规定的不承担责任或者减轻责任的情形以及行为与损害之间不存在因果关系承担证明责任。对于证明标准，最高人民法院《关于适用〈中华人民共和国民事诉讼法〉的解释》除高度盖然性标准外，另规定有“法律对于待证事实所应达到的证明标准另有规定的，从其规定”，即证明标准具有法定性，法官适用非高度盖然性的证明标准需要由法律另行规定。目前，我国法律并未对环境侵权诉讼规定特别的证明标准，故受害人需举证证明的事实仍应适用高度盖然性标准。同时，由于《民法典》中证明责任的规定已充分考虑证明义务在双方当事人之间的倾斜分配，能够实现衡平保护双方当事人利益的目的，故对受害人适用高度盖然性标准亦不会造成其合法权益的损失。

（四）污染者排污达标不是环境污染责任的免责事由

根据最高人民法院《关于审理环境侵权责任纠纷案件适用法律若干问题的解释》第1条：“因污染环境、破坏生态造成他人损害，不论侵权人有无过错，侵权人应当承担侵权责任。侵权人以排污符合国家或者地方污染物排放标准为由主张不承担责任的，人民法院不予支持。侵权人不承担责任或者减轻责任的情形，适用海洋环境保护法、水污染防治法、大气污染防治法等环境保护单行法的规定；相关环境保护单行法没有规定的，适用民法典的规定。”由此可知，环境污染责任适用无过错责任原则，但其责任并非绝对责任，侵权人可以依据法律规定的免责事由以及污染行为与损害后果之间不存在因果关系提出抗辩，从而免除或者减轻自己的侵权责任，但行为人以排污行为符合国家或地方环境标准为由主张免责，不予支持。

根据原国家环境保护总局《关于确定环境污染赔偿责任问题的复函》批复：“承担污染赔偿责任的法定条件，就是排污单位造成环境污染危害，并使其他单位或者个人遭受损失。现有法律法规并未将有无过错以及污染物的排放是否超过标准，作为确定排污单位是否承担赔偿责任的条件。至于国家或者地方规定的污染物排放标准，只是环保部门决定排污单位是否需要缴纳超标排污费和进行环境管理的依据，而不是确定排污单位是否承担赔偿责任的界限”。由此可知，环保标准属于环境行政规范范畴，其制定目的在于为环境行政执法提供依据，限制行政机关的行政权力范围，确立行政行为人的行政责任，排污符合环保标准并不是环境侵权的免责事由，并不能免除污染者的赔偿责任。且免责事由具有法定性，哪些情形属于免责事由须法律作出明确规定，而不是由当事人自行约定、行政法律规定或法官自由裁量。根据我国《民法典》第180～183条及第1173～1175条关于“不承担责任和减轻责任的情形”的规定，侵权责任的免责事由包括被侵权人有过失、受害人故意、第三人过错、不可抗力、正当防卫以及紧急避险。《民法典》上环境污染责任的免责事由,则主要是受害人故意(第1174条)和不可抗力(第180条)。无论是《民法典》还是环境特别法,均未将排污达标作为免责事由。

环境污染侵权中,受害人应当就存在污染行为和损害结果承担举证责任,并提交污染行为和损害结果之间可能存在因果关系的初步证据,污染者应当就法律规定的不承担责任或者减轻责任的情形及其污染行为与损害结果之间不存在因果关系承担举证责任。据此,受害人无须证明行为人排放是否超过环境标准,即可实现其证明目的。

例如,就例案一的情况而言,侵权行为人虽然提供了当地环保部门出具的其排污达标的检测报告,但根据被侵权人提供的证据以及法院现场勘验结果,能够认定侵权行为人的排污事实与被侵权人的损失,被侵权人完成了初步举证证明责任,且侵权行为人未就其法定免责事由完成举证责任,应当承担举证不能的法律后果,故法院判决其承担环境侵权损害赔偿责任。

(五)污染者排放未纳入环境标准物质造成环境侵权不能免责

根据最高人民法院《关于审理环境侵权责任纠纷案件适用法律若干问题的解释》第6条规定:"被侵权人根据民法典第七篇第七章的规定请求赔偿的,应当提供证明以下事实的证据材料:(一)侵权人排放了污染物或者破坏了生态;(二)被侵权人的损害;(三)侵权人排放的污染物或者其次生污染物、破坏生态行为与损害之间具有关联性。"可知,环境污染责任作为危险责任的一种,构成要件仅为污染环境的行为、损害事实以及污染行为与损害事实之间的因果关系。行为人关于排放未纳入环境标准的物质不需承担环境侵权责任的抗辩,仅能作为免责事由予以审查。在环境侵权责任中,免责事由具有法定性,须排除当事人自行约定或法官自由裁量。环境保护单行法、《民法典》以及相关司法解释均未将排放未纳入环境标准的物质作为环境污染责任的免责事由之一,故排放未纳入环境标准物质并非污染者免除环境侵权责任的法定事由。

原环境保护部发布的《关于未纳入污染物排放标准的污染物排放控制与监管问题的通知》(环发〔2011〕85号)进一步明确排污者的环境保护责任,规定:"无论排污行为是否达到国家或地方规定的排放标准,无论排放的污染物在国家或地方排放标准中是否规定了排放控制要求,排污者都应对其排污造成的环境污染承担相应的责任。"虽然上述规范性文件仅能作为环境行政执法依据,但是通过该规范性文件对环境行政执法尺度进行统一从侧面印证行为人并不能因排放环境标准未规定物质，而免除环境侵权责任的合理性。

鉴于污染行为具有时限性、变化性、隐蔽性等特点，加之环境标准的制定具有滞后性，标准制定者在制定标准时并不能准确识别全部可能造成严重人身、财产损害的污染物质。因此，环境标准应随着污染物质的不断变化以及环境保护目标的不断提高，适时地修订和更新。然而，我国环境标准的时限特征不够突出，制定和修改往往不能反映最新的科学进展，也不能反映保护公众健康的要求，一些实际存在的污染物尚难通过采用制定环境标准的方式予以规制。故而，现行有效的环境标准并非判断某类物质是否造成环境污染损害的唯一依据，当经济发展与环境保护发生冲突时，应优先保护生态环境，故对污染物范围应从宽把握。因此，污染者排放未纳入环境标准物质，只要被侵权人证明污染者存在污染行为且造成环境侵害，且污染者不能证明存在法律规定的不承担责任或减轻责任的情形及其污染行为与损害结果之间不存在因果关系，污染者就应承担环境侵权赔偿责任。

例如，就例案三的情况而言，铁物质虽非《渔业水质标准》《海水水质标准》等评价海水水质的环境标准中列明的物质，但王某某等 21 人提供的鉴定意见能够证实存在排放含铁污水的侵权行为和养殖损害后果，且能够作为证明污染行为和损害后果之间可能存在因果关系的初步证据，山海关船舶公司提出的铁物质不属于环境污染侵权污染物的主张不属于法律规定的不承担责任或者减轻责任的情形，且该公司亦不能证明污染行为与损害之间不存在因果关系，故山海关船舶公司应承担赔偿责任。

四、辅助信息

高频词条：

《民法典》

第 11 条　其他法律对民事关系有特别规定的，依照其规定。

第 120 条　民事权益受到侵害的，被侵权人有权请求侵权人承担侵权责任。

第 1166 条　行为人造成他人民事权益损害，不论行为人有无过错，法律规定应当承担侵权责任的，依照其规定。

第 1229 条　因污染环境、破坏生态造成他人损害的，侵权人应当承担侵权责任。

第 1230 条　因污染环境、破坏生态发生纠纷，行为人应当就法律规定的不承担责任或者减轻责任的情形及其行为与损害之间不存在因果关系承担举证责任。

《环境保护法》

第64条 因污染环境和破坏生态造成损害的,应当依照《中华人民共和国侵权责任法》的有关规定承担侵权责任。

最高人民法院《关于审理环境侵权责任纠纷案件适用法律若干问题的解释》

第1条 因污染环境、破坏生态造成他人损害,不论侵权人有无过错,侵权人应当承担侵权责任。

侵权人以排污符合国家或者地方污染物排放标准为由主张不承担责任的,人民法院不予支持。

侵权人不承担责任或者减轻责任的情形,适用海洋环境保护法、水污染防治法、大气污染防治法等环境保护单行法的规定;相关环境保护单行法没有规定的,适用民法典的规定。

第6条 被侵权人根据民法典第七编第七章规定请求赔偿的,应当提供证明以下事实的证据材料:

(一)侵权人排放了污染物或者破坏了生态;

(二)被侵权人的损害;

(三)侵权人排放的污染物或者其次生污染物、破坏生态行为与损害之间具有关联性。

最高人民法院《关于适用〈中华人民共和国民事诉讼法〉的解释》

第91条 人民法院应当按照下列原则确定举证证明责任的承担,但法律另有规定的除外:

(一)主张法律关系存在的当事人,应当对产生该法律关系的基本事实承担举证证明责任……

第108条 对负有举证证明责任的当事人提供的证据,人民法院经审查并结合相关事实,确信待证事实的存在具有高度可能性的,应当认定该事实存在。

对一方当事人为反驳负有举证证明责任的当事人所主张事实而提供的证据,人民法院经审查并结合相关事实,认为待证事实真伪不明的,应当认定该事实不存在。

法律对于待证事实所应达到的证明标准另有规定的,从其规定。

环境资源纠纷案件裁判规则第 11 条：

危险废物产生者未依法申报危险废物，擅自委托无资质的单位或个人处理的，虽非直接侵权人也应承担连带责任

〔**规则描述**〕：危险废物产生者未依法申报危险废物，擅自委托不具备处理危险废物资质的单位或者个人处理危险废物的，属于违反污染防治责任的行为。因上述违法行为造成环境污染事故的，危险废物的产生者对于相关损害结果的发生具有放任的故意，不能以其并非直接的环境污染侵权人为由免除法律责任，又由于危险废物产生者的擅自委托行为系环境污染事故产生的必要条件，故应与危险废物的实际处理者承担连带责任。

一、类案检索大数据报告

截至 2020 年 6 月 15 日，通过 Alpha 案例库共检索到类案 21 件。整体情况如下：从年份分布情况可以看出当前条件下案件数量的变化趋势（见图 11－1）。

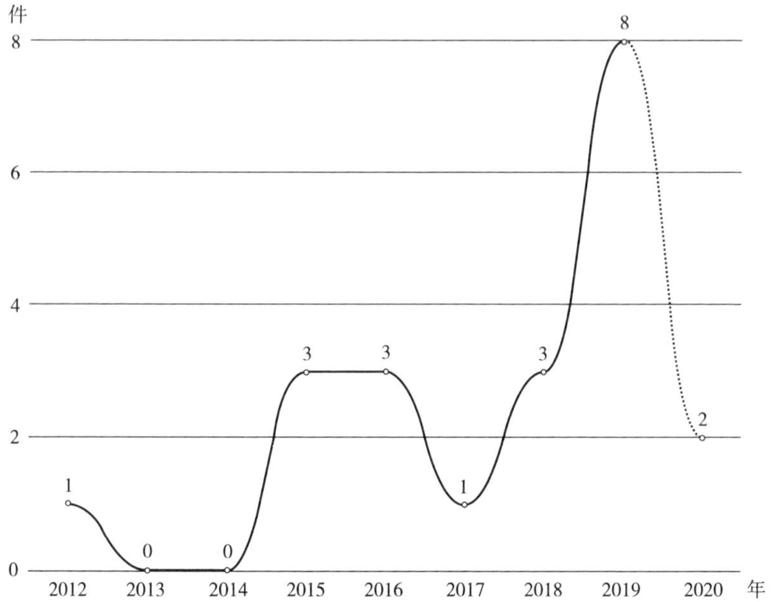

图 11－1　类案年份分布

从地域分布来看,当前案件主要集中在山东省、江苏省、广东省,分别占比为19.05%、19.05%、14.29%。其中,山东省和江苏省的案件量最多,达到4件(见图11-2)。

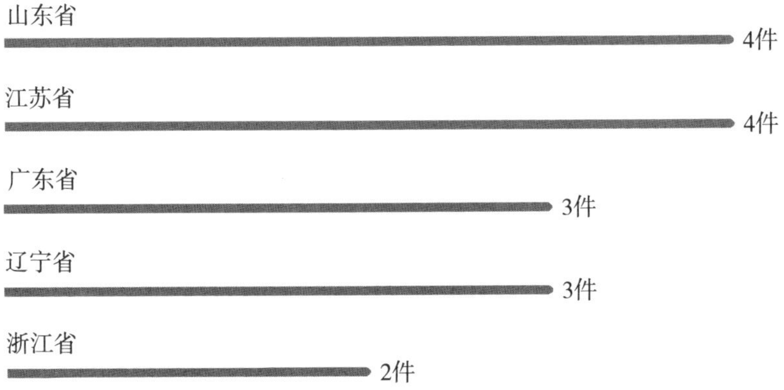

图11-2 类案主要地域分布

从程序分类统计可以看到当前的审理程序分布状况。一审案件有10件,二审案件有11件(见图11-3)。

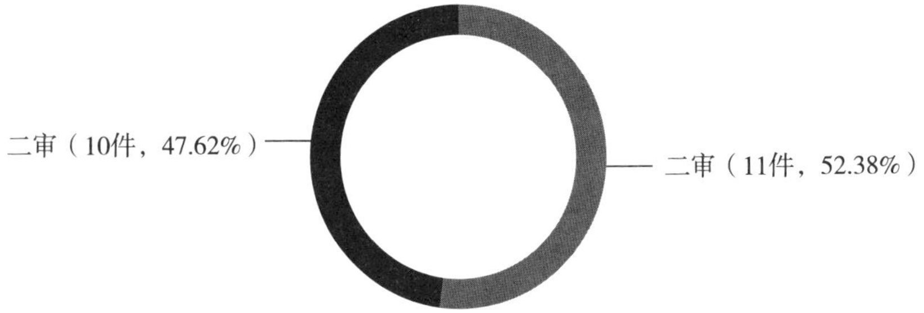

图11-3 类案审理程序分布

二、可供参考的例案

例案一 | 上海市松江区叶榭镇人民政府与蒋某某、董某某、上海佳余化工有限公司等水污染责任纠纷①

【法院】

上海市松江区人民法院

① 本例案为《最高人民法院公报》2014年第4期案例。

【当事人】

原告：上海市松江区某镇人民政府

被告：蒋某某

被告：董某某

被告：上海佳余化工有限公司

被告：浩盟车料（上海）有限公司

被告：上海日新热镀锌有限公司

【基本案情】

上海佳余化工有限公司与浩盟车料（上海）有限公司、上海日新热镀锌有限公司存有盐酸买卖关系，同时浩盟车料（上海）有限公司、上海日新热镀锌有限公司委托上海佳余化工有限公司处理生产后产生的废酸，上海佳余化工有限公司委托没有取得危险废物经营许可证的被告蒋某某从上述公司运输和处理废酸，蒋某某从上述公司获得每车每吨一定金额的费用。2011年2～3月，蒋某某多次指派其雇佣的驾驶员被告董某某将从上海佳余化工有限公司收集的1车、浩盟车料（上海）有限公司收集的4车、上海日新热镀锌有限公司收集的1车，共计6车废酸倾倒至叶榭镇叶兴路红先河桥南侧100米处西侧的雨水井中，导致废酸经雨水井流入红先河，造成红先河严重污染。本次污染事故发生后，上海市松江区某镇人民政府为治理污染，拨款并委托松江区叶榭水务管理站对污染河道进行治理。治理完毕后又委托了上海市云间建设工程咨询有限公司对治理污染的费用进行了审计，经审计确认红先河河道污染治理工程款为714,066元、清理管道污染淤泥工程款为25,000元、土地征用及迁移补偿费为75,800元、勘察设计费为35,000元、合同公证及工程质量监理费为27,700元、审计费9700元，合计887,266元。其中，勘察设计费35,000元系由上海市松江区水务局垫付，但该局明确该费用应由上海市松江区某镇人民政府承担，对此上海市松江区某镇人民政府不持异议。因本次污染事故，原上海市环境保护局对被告上海佳余化工有限公司处以行政罚款46万元、对被告浩盟车料（上海）有限公司、上海日新热镀锌有限公司各处以行政罚款16万元。

【案件争点】

1. 原告的主体是否适格。

2. 被告蒋某某、董某某是否应当承担责任。

3. 被告上海佳余化工有限公司、浩盟车料（上海）有限公司、上海日新热镀锌有限公司是否应就本案发生的污染事故所产生的损失承担相应连带赔偿责任。

【裁判要旨】

1. 雇主与雇员的连带责任

蒋某某以营利为目的,在未取得危险废物经营许可证的情况下,指派其雇员将废酸倾倒至叶榭镇政府境内通向红先河的雨水井中,造成严重污染,应当承担民事赔偿责任。董某某盲目听从蒋某某的指派,故意将废酸倒入雨水井中导致红先河严重污染,应当与其雇主蒋某某承担连带赔偿责任。

2. 危险废物产生者的责任

我国对危险废物污染环境防治实行污染者依法负责的原则。产品的生产者、销售者、进口者、使用者对其产生的危险废物依法承担污染防治责任,应向环境保护主管部门申报危险废物的种类、产生量、流向、贮存以及处置等资料,同时应按照国家规定交由有相应处理危险废物资质的单位进行处理。危险废物产生者未依法申报危险废物的具体情况,擅自委托不具备处理危险废物资质的单位或者个人处理危险废物的,属于违反污染防治责任的行为。上海佳余化工有限公司、浩盟车料(上海)有限公司、上海日新热镀锌有限公司在生产过程中所产生的废酸属于危险废物,作为危险废物的产生者应当承担相应的污染防治法定义务,具体而言,上述三公司在处理该危险废物时,应当依照《固体废物污染环境防治法》之规定,具体而言,应向当地的环境保护主管部门申报上述危险废物的种类、产生量、流向、贮存以及处置等资料,同时应按照国家规定填写危险废物转移联单并经有权审批的环保主管部门批准同意转移,再交由有相应处理危险废物资质的单位进行处理。本案中,上述三公司均没有如实向当地环境保护主管部门申报危险废物的具体情况,亦未按照国家规定填写危险废物转移联单并取得有权审批的环保主管部门批准转移的同意,擅自处理了生产过程中产生的废酸。其中浩盟车料(上海)有限公司、上海日新热镀锌有限公司明知上海佳余化工有限公司不具备处理危险废物的经营资格而委托其处理废酸,上海佳余化工有限公司未审查蒋某某是否具备运输、排放以及处理危险废物的经营资格,擅自将其公司以及浩盟车料(上海)有限公司、上海日新热镀锌有限公司的废酸委托蒋某某个人处理。

3. 连带责任的承担

危险废物产生者未依法申报危险废物,擅自委托无资质的单位或个人处理并造成环境损坏的,危险废物的产生者对于相关损害结果的发生具有放任的故意,不能以其并非直接的环境污染侵权人为由免除法律责任,又由于危险废物产生者的擅自委托行为系环境污染事故的必要条件，故应与危险废物的实际处理者承担连带责任。本案中，上海佳余化工有限公司未审查蒋某某是否具备运输、排放以及处理危险废物的经营资格，擅自将其公司以及浩盟车料（上海）有限公司、上海日新热镀锌有限公司的废酸委托蒋某某个人处理的行为，使国家对上述三公司生产过程中产生的危险废物失去监管和控制，与此后蒋某某指派董某某将未经处理的废酸倒入雨水井而导致红先河严重污染的行为之间有直接的因果关系。这表明上海佳余化工有限公司、浩盟车料（上海）有限公司、上海日新热镀锌有限公司应当知道如何合法、合规地处置产生的危废，三公司对本次污染事故具有重大过错，客观上造成了环境损坏后果的出现，理应与蒋某某承担连带赔偿责任。

例案二 江苏省无锡市人民检察院与江阴华美热电有限公司、陆某某等环境民事公益诉讼

【法院】

江苏省无锡市中级人民法院

【案号】

（2016）苏02民初295号

【当事人】

原告：江苏省无锡市人民检察院

被告：江阴华美热电有限公司

被告：陆某某

被告：任某某

被告：徐某某

被告：周某某

被告：颜某某

被告：陆某

被告：汤某某

【基本案情】

2013年6月，陆某某明知自己无处置污泥的资质，且明知正规处置费至少300元/吨，仍借用王鲍砖瓦公司名义与江阴华美热电有限公司签订《污泥处置协议》，约定江阴华美热电有限公司将污泥交由陆某某处置，处置费65元/吨，期限自同年

7月1日至12月31日。期满后,双方未再签协议,但江阴华美热电有限公司仍将污泥交由陆某某处置,处置费提高至70元/吨。2014年3~6月,陆某某明知任某某及徐某某无处置污泥的资质,仍以50元/吨的价格将污泥卖给他们,共处置源于江阴华美热电有限公司的污泥700吨。

2014年8~10月,任某某明知自身无处置污泥的资质,仍联系陆某某要求处置污泥,商定由陆某某给任某某50元/吨的处置费。之后,任某某让周某某联系船只,周某某明知其和任某某均无处置污泥的资质,仍为任某某联系颜某某的远洋机868号货船,颜某某明知任某某和周某某非法处置污泥仍帮其运输,并收取运费1800元/船。周某某又联系陆某驾驶挖机船,汤某某驾驶挖机。陆某和汤某某明知任某某、周某某非法处置污泥仍帮其处置,周某某与任某某支付陆某工资6000元/月、汤某某工资4000元/月。任某某、周某某将1500吨污泥运至无锡市锡山区厚桥街道新联村浦家湾宛山荡,其中颜某某运输了900吨污泥,源于江阴华美热电有限公司的污泥为225吨,由陆某驾驶挖机船,汤某某操作船上的挖机将上述污泥倾倒入宛山荡河道内。

江阴华美热电有限公司与陆某某以王鲍砖瓦公司名义签订的《污泥处置协议》中还约定,王鲍砖瓦公司必须具备当地主管部门批准颁发的污泥、废物处置许可证,以及核定的正规渠道和处置场所。污泥被以船运方式运到王鲍砖瓦公司,用于制砖生产。王鲍砖瓦公司的《危险废物经营许可证》载明,核准经营的范围是处置、利用废油、废白土HW08,有效期限自2013年1月至12月。

2017年7月26日,无锡市锡山区人民法院作出(2016)苏0205刑初770号刑事判决,认定陆某某、任某某、周某某、汤某某、陆某、颜某某共同倾倒工业污泥1500余吨,致使公共财产损失69.49余万元,且所处置的污泥中含有铬、镍、砷,属有毒物质,严重污染环境,构成污染环境罪,分别判处:(1)陆某某有期徒刑2年,缓刑2年,并处罚金8万元;(2)任某某有期徒刑1年6个月,缓刑2年,并处罚金8万元;(3)周某某有期徒刑1年4个月,缓刑2年,并处罚金7万元;(4)汤某某有期徒刑1年3个月,缓刑1年6个月,并处罚金3万元;(5)陆某有期徒刑1年6个月,缓刑1年6个月,并处罚金3万元;(6)颜某某有期徒刑9个月,缓刑1年6个月,并处罚金2.5万元;(7)禁止陆某某、任某某、周某某、汤某某、陆某、颜某某在缓刑考验期内从事污泥运输、处置的工作;(8)周某某缴纳的环境损害修复费50万元纳入无锡市环境公益金专项账户;陆某的违法所得3万元予以追缴;汤某某的违法所得12,000元予以追缴;陆某的违法所得8000元予以追缴;颜某某的违法所得6600元予以追缴；颜某某用于运输污泥的远洋机868运输船予以没收。目前，该刑事判决已发生法律效力。

【案件争点】

1. 江阴华美热电有限公司是否应当承担共同侵权的连带责任。

2. 徐某某是否仅为污泥处置的介绍人。

3. 已经承担刑事责任的任某某等被告是否应当承担民事责任。

【裁判要旨】

1. 危险废物产生者的责任

根据《环境保护法》第64条的规定，因污染环境和破坏生态造成损害的，应当依照《侵权责任法》的有关规定承担侵权责任。《侵权责任法》（已废止）第65条[①]规定，因污染环境造成损害的，污染者应当承担侵权责任。

（1）危险废物生产者的责任。根据《固体废物环境污染防治法》（2016年修正版）第57条的规定，禁止将危险废物提供或者委托给无经营许可证的单位从事收集、贮存、利用、处置的经营活动。这就意味着危险废物的产生者必须按照国家有关规定处置危险废物，不得随意进行处置。本案中，江阴华美热电有限公司明知陆某某没有处置污泥的资质，其虽与王鲍砖瓦公司签订了《污泥处置协议》，但并未按照协议要求审查王鲍砖瓦公司是否具备合格的污泥、废物处置许可证。根据现有证据，王鲍砖瓦公司仅有《危险废物经营许可证》，其被核准经营的范围是处置、利用废油、废白土HW08，不包括涉案工业污泥，且该许可证有效期仅至2013年12月，而涉案污泥处置时间在2014年，此时王鲍砖瓦公司的《危险废物经营许可证》已经失效。

（2）污染行为。江阴华美热电有限公司明知陆某某和王鲍砖瓦公司均无处置污泥的资质，在处置费远低于正常价格的情况下，仍将污泥交由陆某某处置，主观上具有重大过错，同时涉案污泥的正规处置价格至少300元/吨，而本案江阴华美热电有限公司支付的处置费仅为65～70元/吨，远低于正常价格。即使江阴华美热电有限公司未直接参与谋划将涉案污泥倾倒在宛山荡，也应认定其具有放任陆某某等被告随意处置污泥的间接故意，共同参与实施了污染行为，应当承担共同侵权的连带责任。

（3）污染行为共同导致了损害后果的出现。根据江阴华美热电有限公司员工

---

① 参见《民法典》第1229条。

陈某某的证言和陆某、任某某、徐某某的供述,2014年3月江阴华美热电有限公司交由陆某某处置的污泥至少有700吨,按照《污泥处置协议》的约定,污泥应当运至王鲍砖瓦公司用于制砖生产,但事实上并未用于制砖,按任某某供述倾倒在宛山荡,因徐某某向公安机关供述污泥运至何处由任某某操作,故任某某的供述可以采信,即涉案700吨污泥倾倒在宛山荡。退一步讲,即使按徐某某所述将污泥填埋在常熟市,也属于非法倾倒。江阴华美热电有限公司没有提供证据证明700吨污泥的合法去向,案发后又销毁了仓库台账,仍应当承担不利后果;本案中,徐某某在公安机关的供述中自认,虽然其将陆某介绍给任某某,但其与任某某平分合作处置污泥的收益。其供述能够与陆某、任某某的供述,以及陆某将处置费汇至其银行卡上的事实相印证。故徐某某直接谋划,参与实施了非法处置污泥的污染行为,即使其对污泥具体倾倒地点不知情,也不影响其共同侵权的认定。且其明知自己和任某某均没有处置污泥的资质,按其所称系将污泥填埋在常熟市,不属于合法处置,仍应承担共同侵权的连带责任。

2. 任某某、周某某、颜某某、陆某、汤某某应当承担民事侵权赔偿责任

根据《侵权责任法》(已废止)第4条第1款①的规定,侵权人因同一行为应当承担行政责任或者刑事责任的,不影响依法承担侵权责任。故任某某、周某某等人虽然各自承担了相应的刑事责任,仍不影响其在本案中承担环境污染侵权的民事赔偿责任,但其先行缴纳的50万元环境损害修复费,可以在本案中折抵。

例案三 郴州市人民检察院与武汉创盛环保科技有限公司、黄某、曹某某、曹某、王某某、王某环境污染责任纠纷

【法院】

湖南省郴州市中级人民法院

【案号】

(2018)湘10民初3号

【当事人】

原告:郴州市人民检察院

被告:武汉创盛环保科技有限公司

① 参见《民法典》第187条。

被告：黄某

被告：曹某某

被告：曹某

被告：王某某

被告：王某

【基本案情】

武汉创盛环保科技有限公司于2007年11月5日成立，经营范围为再生资源开发利用，再生物资回收，环保化工原料制造、销售（不含危化品）等，法定代表人为黄某（2017年9月8日变更为王某某）。2014年12月8日，经原武汉市环境保护局批复，该公司的危险废物处置项目投入试生产，后经延期批复，试生产期限截至2015年12月8日。2015年2月28日原经湖北省环境保护厅批复，该公司在试生产期间可处置HW12染料、涂料废物、HW49其他废物、HW34废酸、HW17表面处理废物、HW22含铜废物等种类危险废物。2015年3月9日，黄某与该公司的股东签订合同，自2015年3月10日起至2021年3月21日止承包该公司的经营权。武汉创盛环保科技有限公司在经营过程中，对属于HW12类危险废物的油墨渣无法处置，而外运至有资质处置的宜昌危废处置中心处置，因费用太高，配额太少，黄某遂要曹某（武汉创盛环保科技有限公司生产部经理）找人来回收，处置费用不超过600元每吨。曹某通过王某某、王某二人的介绍，联系到了无危险废物处理能力的曹某某。三方约定了油墨渣的处置费用。截至2016年1月，武汉创盛环保科技有限公司在未审查曹某某是否具备危险废物处置能力的情况下，先后五次将健鼎公司、沪士公司委托其处置的危险废物HW12中的油墨渣以及少量的HW49中的废抹布、手套共11车约377吨直接转交给曹某某处置。武汉创盛环保科技有限公司共支付处置费用213,850元，其中，曹某某得处置费163,190元，王某得介绍费8710元，曹某和黄某共得回扣41,950元。

曹某某将从武汉创盛环保科技有限公司拉回来的危险废物随意倾倒、堆放在宜章县笆篱乡平原村泰兴爆竹厂对面山地、宜章县迎春镇长村乡长启村X065县道197km+300m路段北面山地、宜章县迎春镇山上村马鞍山S354省道201km路段东侧山地、临武县金江镇铁坑等地，仅进行了简单的填埋处置，未采取任何防渗漏措施。案发后，经宜章县环境保护监测站、郴州市环境监测站出具监测报告，原湖南省环境保护厅出具认可意见，倾倒、填埋在宜章县迎春镇山上村马鞍山S354省道201km路段东侧山地的废物取样检测出铅含量为1.99mg/l，超过了国家标准，

pH 为 1.78,具有强酸性,系有毒物质;倾倒、填埋在临武县金江镇铁坑的废物及土壤取样检测出镉、铅、铬、铜、镍、锌含量均超过了国家标准。

原宜章县环境保护局于 2016 年 5 月对宜章县境内的相关危险废物埋藏地点进行了应急处置,转运至有危险废物经营许可证的衡兴公司处置。2017 年 5 月底,原宜章县环境保护局代交部分处置费用 628,550 元,衡兴公司在收到该笔费用之后于 2017 年 7 月将危险废物进行了处置。对临武县境内的危险废物,原临武县环境保护局对现场进行了清理,将危险废物转运至临武县永发砷渣治理股份公司内,但尚未处置。

受原宜章县环境保护局委托,湖南省环境保护科学研究院于 2017 年 2 月作出《湖南省郴州市宜章县跨省非法处置危害物事件污染损害鉴定评估报告》,鉴定评估结论为"本次事件污染源及特征污染物明确,污染物迁移途径清晰,与其所造成的环境损害存在直接关系,因果关系成立""本次事件环境损害评估中无人身损害,本报告主要核算财产损失、生态环境损害、事务性费用以及后续处置费用,总费用为1,466,929元"。原宜章县环境保护局支付评估鉴定费用 120,000 元。

受原临武县环境保护局委托,原环境保护部华南环境科学研究所于 2017 年 7 月出具《临武县金江镇非法转移处置危险废物场地清运后环境污染损害评估报告》,鉴定评估结论为:"4.1 环境损害确认。倾倒行为导致倾倒点土壤部分监测指标超出基线水平。4.2 因果关系判定。(1)存在明确的污染来源和污染排放行为;(2)环境介质中存在污染源排放的污染物,且与污染源产生或排放的污染物(或污染物的转化产物)具有一致性;(3)存在污染物传输路径的合理性。4.3 环境损害量化。(1)事务性费用。资料调研及调查、危险废物现场清理转运及处置、环境监测、环境损害评估等费用共计 67.996 万元;(2)环境修复费用(生态环境损害):38.4 万元。"原临武县环境保护局支付评估鉴定费用 30,000 元。

武汉创盛环保科技有限公司、黄某、曹某对湖南省环境保护科学研究院、原环境保护部华南环境科学研究所鉴定评估中心出具的评估报告提出异议,但未申请重新鉴定。郴州市人民检察院在举证期限内申请宜章县环境保护监测站、郴州市环境监测站、湖南省环境保护科学研究院、原环境保护部华南环境科学研究所的鉴定人出庭,法院予以准许,并依法通知了鉴定人到庭接受双方的质询,鉴定人分别就监测报告和评估报告作了说明。

【案件争点】

1. 污染的事实是否存在以及侵权行为与损害后果是否存在因果关系。

2. 污染的责任主体应如何确定。

3. 污染的责任应如何承担。

【裁判要旨】

1. 侵权行为与损害后果是否存在因果关系

曹某某将377吨危险废物从武汉创盛环保科技有限公司运输到宜章县和临武县境内随意倾倒、堆放是不争的事实。案件发生后，环境保护部门依法进行了污染物取样，宜章县环境保护监测站、郴州市环境监测站依法进行了数据监测，出具了监测报告。湖南省环境保护科学研究院、原环境保护部华南环境科学研究所依法进行了污染损害评估，出具了评估报告。

根据最高人民法院《关于审理环境侵权责任纠纷案件适用法律若干问题的解释》(2015年版)第10条的规定，负有环境保护监督管理职责的部门或者其委托的机构出具的环境污染事件调查报告、检验报告、检测报告、评估报告或者监测数据等，经当事人质证，可以作为认定案件事实的根据。宜章县环境保护监测站、郴州市环境监测站的监测报告，湖南省环境保护科学研究院、原环境保护部华南环境科学研究所的评估报告，经庭审质证，监测和评估是按照相关质量管理体系要求进行的，程序合法，且鉴定人到庭接受双方的质询，分别就监测报告和评估报告作了合理说明，监测报告和评估报告结果客观、公正，可以作为认定本案事实的根据，能够证明废物堆放地受重金属污染的事实。

根据《侵权责任法》(已废止)第65条①关于“因污染环境造成损害的，污染者应当承担侵权责任”以及第66条②关于“因污染环境发生纠纷，污染者应当就法律规定的不承担责任或者减轻责任的情形及其行为与损害之间不存在因果关系承担举证责任”的规定，污染环境造成损害的，应由污染者承担侵权责任，且适用无过错责任原则和举证责任倒置原则。武汉创盛环保科技有限公司、黄某、曹某某、曹某、王某某、王某均未就法律上规定的不承担责任或者减轻责任的情形及其行为与损害之间不存在因果关系提交证据予以证明。相反，湖南省环境保护科学研究院、原环境保护部华南环境科学研究所作出的评估报告均认定污染物排放行为与环境损害存在直接关系。因此，应认定武汉创盛环保科技有限公司、黄某、曹某某、曹某、王某某、王某的侵权行为与环境损害的后果存在直接的因果关系。

---

① 参见《民法典》第1229条。

② 参见《民法典》第1230条。

2. 关于责任主体之间的连带责任适用

《固体废物污染环境防治法》(2016年修正版)第5条规定,国家对固体废物污染环境防治实行污染者依法负责的原则。产品的生产者、销售者、进口者、使用者对其产生的固体废物依法承担污染防治责任。该法第17条第1款规定,收集、贮存、运输、利用、处置固体废物的单位和个人,必须采取防扬散、防流失、防渗漏或者其他防止污染环境的措施;不得擅自倾倒、堆放、丢弃、遗撒固体废物。

本案中,曹某某不具有危险废物处置资质,却擅自倾倒、堆放固体废物,造成环境污染,曹某某对造成环境损害的后果应承担侵权责任。武汉创盛环保科技有限公司虽具有危险废物经营许可证,但却将公司交由黄某内部承包经营,疏于监管,不履行防治污染的职责,导致黄某将危险废物交由不具有危险废物处置的人员处置,对本案环境污染的发生应当承担相应的责任。黄某、曹某作为武汉创盛环保科技有限公司当时的法定代表人和生产部经理,明知擅自倾倒固体废物的危害性,却为了获得非法利益,直接将危险废物交由曹某某处置,对本案环境污染的发生也应当承担相应的责任。王某某、王某明知危险废物处置需要资质,却为了获得非法利益,仍然将危险废物介绍给不具有危险废物处置资质的曹某某处置,对本案环境污染的发生亦应当承担相应的责任。武汉创盛环保科技有限公司、黄某、曹某某、曹某、王某某、王某的行为直接结合,导致污染损害后果的发生,构成共同侵权。根据《侵权责任法》(已废止)第8条"二人以上共同实施侵权行为,造成他人损害的,应当承担连带责任"以及最高人民法院《关于审理环境侵权责任纠纷案件适用法律若干问题的解释》(2015年版)第2条"两个以上污染者共同实施污染行为造成损害,被侵权人根据侵权责任法第八条规定请求污染者承担连带责任的,人民法院应予支持"的规定,武汉创盛环保科技有限公司、黄某、曹某某、曹某、王某某、王某对污染损害后果应承担连带责任。

三、裁判规则提要

连带责任的正当化基础,是解决此类特殊污染侵权责任承担的首要问题,其决定当事人利益的最终走向。有美国学者认为,连带责任的基础在于:道德上的过错,补偿无辜的原告,损失分散或经由保险或自我保险手段通过社会来分散原告的损失、支付能力。[1] 连带责任与按份责任本质区别应在于对部分加害人丧失清偿能

① 参见叶金强:《共同侵权的类型要素及法律效果》,载《中国法学》2010年第1期。

力时风险的不同安排，连带责任制度是将这种受偿不能的风险转移到数个加害人之间，每一个具有清偿能力的加害人均可能成为潜在的全部责任的承担者，这意味着数个加害人要对跟自身行为无因果关系的损害或者超过自己致损原因力的损害承担责任，在连带责任的调整之下数个加害人被视为一个风险集合体，共同保证最终的责任承担。通过分析我国目前的法律规定与司法实践，连带责任的适用需要相关因素的参与，需要满足相应的适用条件，这样才有适用连带责任的可能。

（一）危险废物生产者的法定义务

根据《固体废物污染环境防治法》的规定，国家对固体废物污染环境防治实行污染者依法负责的原则。即固体废物产品的生产者、销售者、进口者、使用者对其产生的固体废物依法承担污染防治责任。对于产生危险废物的单位，必须向其所在地县一级生态和环境保护部门提交危险废物管理计划。单位在完成危险废物管理计划报备后，向生态和环境保护部门领取危险废物转移联单。在产生危险废物的单位将危险废物交付给有资质的处置公司处置并由此发生危险废物转移的，产生危险废物的单位必须填写危险废物转移联单。对于危险废物生产者，明确禁止其将危险废物提供或者委托给无经营许可证的单位从事收集、贮存、利用、处置的经营活动。同时《固体废物污染环境防治法》也明确处置单位需要具备相应资质，对于从事收集、贮存、处置危险废物经营活动的单位，必须向县级以上人民政府生态和环境保护行政主管部门申请领取经营许可证。国家禁止无经营许可证或者不按照经营许可证规定从事危险废物收集、贮存、利用、处置的经营活动。由此可以确定危险废物生产者必然不可避免地承担着危险废物处置的主体责任，其有责任将产生的危险废物委托给具有危险废物处置资质的单位进行处置，若违反相关法定义务，则应承担相应的法律责任。

（二）主观过错的连接

由于数个加害人主观上具有不可分割的意思连接，具体表现为在协商计划下每个行为人的作为与损害结果之间有必然的联系，数个加害人对于损害结果发生的主观恶性，决定了每一个人对其所希望发生的损害结果负有不可推脱的责任。

例如，例案二中，危险废物的产生者明知处置人不具备处置危险废物的资质，仍然将危险废物交由处置人进行违法处置，主观上具有重大过错，即使危险废物生产者并未参与实际倾倒行为，对于相关损害结果的发生亦具有放任的故意。由此可以推断出危险废物产生者与危险废物的实际处理者对损害结果的发生存在主观上的一致性,即使其并未参与最终的倾倒行为,对于无资质处置人的未来行为也是可以预计的,两者共同的意识促成了损害结果的出现。

(三)不可分割的侵权行为

侵权行为是危险废物产生者与危险废物的实际处理者承担责任的客观依据,正是基于行为客观的结合,数个污染者的行为对外表现为一个不可分割的整体,导致了损害结果的发生。所谓不可分割的侵权行为,是指数个污染者的行为之间具有关联共同性,表现为行为指向的一致性,若是污染者的污染行为之间不具备一定的关联性,则各个污染行为难以实现其凝聚的作用,其各个污染行为与损害结果之间亦是一种相对独立的因果关系,在此种情形下就难以构成危险废物产生者与危险废物的实际处理者合力的损害后果的出现。此种关联性的行为应该结合危险废物产生者与危险废物的实际处理者行为进行分析,而对于此种共同的侵权行为认定可以通过行为作用力加以考虑,在危险废物产生者与危险废物的实际处理者排污行为造成的他人人身、财产损害的案件中,若是共同参与实施了污染行为,即危险废物产生者的交付行为与危险废物的实际处理者的倾倒排放行为构成了污染行为的整体,两者的行为为环境侵权的不可分割的组成部分,构成不可分割的侵权行为。

(四)损害结果的同一性

损害结果的同一性,是指数个污染者的排污行为凝结所造成的损害后果应该是与其共同行为相一致的后果。同一性意味着,排污行为乃至对受害者权益的侵害的出现,应当在其关联排污行为的范围之内,若是超出关联行为可预计作用力的范围,则同时也超出了危险废物产生者与危险废物的实际处理者连带责任的范围。在此类案件中,危险废物产生者与危险废物的实际处理者之间的行为必然会导致环境污染的出现,这一危害结果在危险废物产生者将理应合规处置的危险废物交由无资质的危险废物实际处理者处置时即可预见,也正是两者紧密的行为,导致了环境侵权损害后果的出现。

(五)总体的因果关系

危险废物产生者与危险废物实际处理者环境侵权因果关系的认定并不应该将

每个污染者的排污行为与损害结果之间的单独关系逐一加以排除，而是将数个污染者之间具有关联性的侵害行为作为一个集合体，只要能够证明其整体的行为与损害结果之间具有总体上的因果关系即可。危险废物产生者与危险废物实际处理者通过不可分割的行为导致了损害后果的出现，危险废物产生者对生产过程中产生的危险废物失去了监管和控制，与此后危险废物实际处理者将未经处理的危险废物倾倒造成严重污染的行为之间有直接的因果关系。

（六）危险废物产生者与危险废物的实际处理者连带责任适用的社会意义

连带责任，是指受害人有权向数个加害人中的任何一个或者数个请求承担全部赔偿责任，且受到此责任制约的任何一个加害人都有义务向受害人承担百分之百的赔偿责任，若其中一人或数人支付了全部的赔偿金额，则视为数个加害人全部完成了赔偿责任。[①] 此类连带责任适用，一方面保障了受害人的求偿权，避免了数个污染企业之间相互推诿情况的发生，将受害人求偿不能的风险转移到财大气粗的污染企业一方；另一方面连带责任的适用也是对于企业的惩罚，增加其污染侵权的成本，以此减少此类多数人污染情况的发生。受害人与加害人之间地位的失衡是环境侵权的一个主要特征，在此类污染侵权案件之中受害者所面对的不仅仅是单一的污染企业，其地位悬殊之大远超一般的环境侵权。同时，通过例案也可以明显看出此类案件中实施最终污染环境行为的为无危险废物处置资质的个体。在此类型案件中确定危险废物产生者与危险废物的实际处理者承担连带责任，无疑有利于保护受害人的合法利益，也体现了法律规制对弱势受害人的保护。连带责任简化了受害人损害赔偿请求程序，受害人亦无须一一证明各行为人致损原因力的大小，从而降低了受害人的举证强度，提高了司法效率。与此同时，在无法确定数个加害人主观过错程度或者污染行为致损原因力大小的场合下，连带责任制度保障了受害人获得赔偿的权利；在部分加害人丧失赔偿能力的情况下，填补了受害人可能受偿不到的损失，更体现了法律公平正义价值之所在。

综上，我国对危险废物污染环境防治实行污染者依法负责的原则。产品的生产者、销售者、进口者、使用者对其产生的危险废物依法承担污染防治责任，应向生态和环境保护部门申报危险废物的种类、产生量、流向、贮存以及处置等资料，同时应按照国家规定交由有相应处理危险废物资质的单位进行处理。危险废物产生

---

① 参见杨立新：《侵权责任法》，法律出版社 2010 年版。

者未依法申报危险废物的具体情况,擅自委托不具备处理危险废物资质的单位或者个人处理危险废物的,属于违反污染防治责任的行为。因上述违法行为造成环境污染事故的,危险废物的产生者对于相关损害结果的发生具有放任的故意,不能以其并非直接的环境污染侵权人为由免除法律责任,又由于危险废物产生者的擅自委托行为系环境污染事故的必要条件,故应与危险废物的实际处理者承担连带责任。

四、辅助信息

高频词条:

《民法典》

第187条 民事主体因同一行为应当承担民事责任、行政责任和刑事责任的,承担行政责任或者刑事责任不影响承担民事责任;民事主体的财产不足以支付的,优先用于承担民事责任。

第1168条 二人以上共同实施侵权行为,造成他人损害的,应当承担连带责任。

第1229条 因污染环境、破坏生态造成他人损害的,侵权人应当承担侵权责任。

第1230条 因污染环境、破坏生态发生纠纷,行为人应当就法律规定的不承担责任或者减轻责任的情形及其行为与损害之间不存在因果关系承担举证责任。

第1231条 两个以上侵权人污染环境、破坏生态的,承担责任的大小,根据污染物的种类、浓度、排放量,破坏生态的方式、范围、程度,以及行为对损害后果所起的作用等因素确定。

《环境保护法》

第64条 因污染环境和破坏生态造成损害的,应当依照《中华人民共和国侵权责任法》的有关规定承担侵权责任。

《固体废物污染环境保护法》

第20条 产生、收集、贮存、运输、利用、处置固体废物的单位和其他生产经营者,应当采取防扬散、防流失、防渗漏或者其他防止污染环境的措施,不得擅自倾倒、堆放、丢弃、遗撒固体废物。

禁止任何单位或者个人向江河、湖泊、运河、渠道、水库及其最高水位线以下的滩地和岸坡以及法律法规规定的其他地点倾倒、堆放、贮存固体废物。

最高人民法院《关于审理环境侵权责任纠纷案件适用法律若干问题的解释》

第 2 条 两个以上侵权人共同实施污染环境、破坏生态行为造成损害,被侵权人根据民法典第一千一百六十八条规定请求侵权人承担连带责任的,人民法院应予支持。

环境资源纠纷案件裁判规则第12条:

噪声污染所造成的财产损失,既包括直接损失,也包括间接损失,但无高度盖然性证据支持的间接损失不在损害赔偿责任范围之列

〔**规则描述**〕:环境侵权诉讼中,对环境污染责任实行因果关系推定。但是,被侵权人应当提出初步的证据,在侵权人的环境污染行为与自己所受损害之间建立初步的关联性。环境污染给被侵权人造成的财产损失,既包括财产因环境污染所遭受的直接损失,也包括被侵权人在正常情况下可以获得但因环境污染而未能获得的利益,但无高度盖然性证据支持的间接损失不在损害赔偿责任范围之列。

一、类案检索大数据报告

截至2020年6月15日,通过Alpha案例库共检索到类案18件。整体情况如下:从年份分布情况可以看出当前条件下案件数量的变化趋势(见图12-1)。

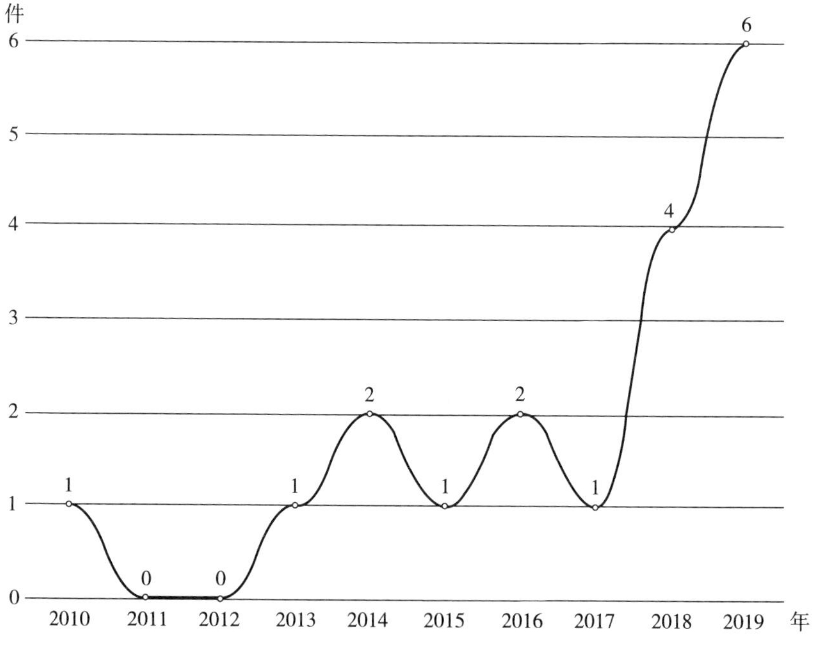

图12-1 类案年份分布

从地域分布来看，当前案件主要集中在上海市、广东省、河南省、湖南省，占比均为11.11%，案件量均为2件（见图12－2）。

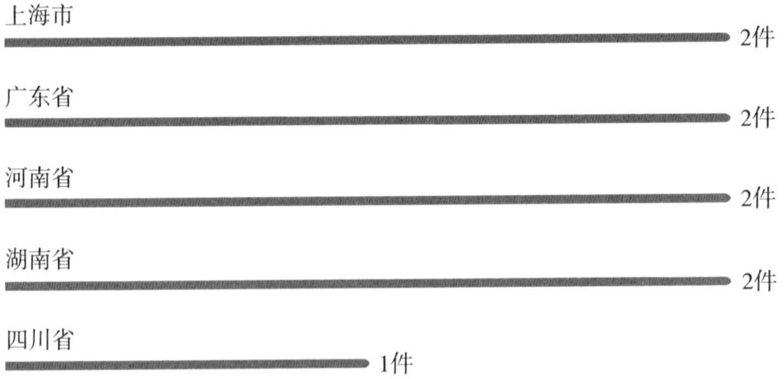

图12－2　类案主要地域分布

从程序分类统计可以看到当前的审理程序分布状况。一审案件有7件，二审案件有9件，再审案件有2件（见图12－3）。

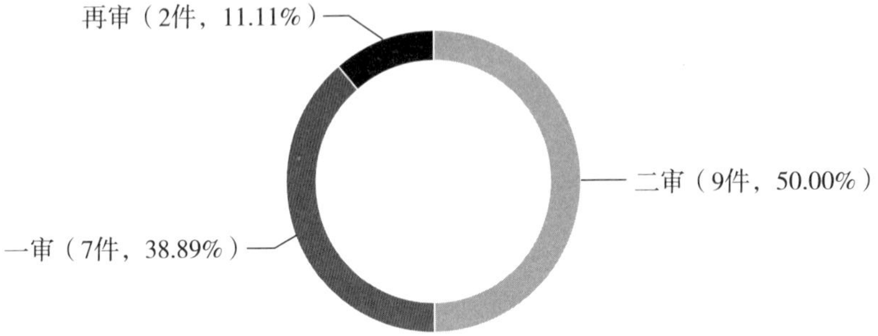

图12－3　类案审理程序分布

二、可供参考的例案

例案一　石阡县某养殖场与贵州某高速公路公司、某第一工程公司等噪声污染责任纠纷[①]

【法院】

贵州省遵义市中级人民法院

① 本例案为《人民法院案例选》（总第113辑）案例。

【案号】

(2015)遵市法环民终字第39号

【当事人】

上诉人(原审被告):某第一工程公司

上诉人(原审被告):贵州某高速公路公司

被上诉人(原审原告):石阡县某养殖场

被上诉人(原审被告):某合同段项目经理部

被上诉人(原审被告):某交通运输厅

被上诉人(原审被告):某第二公路工程局公司

【基本案情】

2007年,石阡县某养殖场负责人陈某某在其居住地石阡县某组开始从事竹鼠养殖,并修建第一个养殖场所,养殖成功后逐渐扩大规模,又先后修建了两间养殖厂房,并试养豪猪,房舍面积共计251.88平方米。2012年4月26日,陈某某以企业名义申请在该地养殖竹鼠,经某林业局同意许可。2012年6月8日,陈某某设立个人独资企业,即石阡县某养殖场,取得工商行政管理部门颁发的营业执照。2012年12月13日,某第二公路工程局公司与勘察设计研究院有限公司投资成立了贵州某高速公路公司,建设贵州省江口至瓮安高速公路。某第一工程公司通过签订合同承建了该工程第05合同段施工工程。并设立临时机构某合同段项目经理部,进入竹鼠养殖地大寨组施工建设,在该地多次进行爆破作业。施工地离原告养殖场最近处不足20米,最远处不足150米。施工爆破期间,石阡县某养殖场养殖的竹鼠大量死亡。石阡县某养殖场受损后,要求赔偿未果,遂委托某鉴定中心对竹鼠死亡与被告施工有无因果关系、死亡竹鼠的价值、该地是否适合继续养殖竹鼠及养殖场厂房价值进行评估(该鉴定机构鉴定范围为:农业、林业、畜牧业、园林及农林水利工程生产过程中的损失鉴定及价值评估;农、林、畜牧产品、农林水利工程和生产资料的质量鉴定及价值评估;农机、水利、生产资料给农、林、畜牧、园林造成的损失鉴定及价值评估),并支付了鉴定费用。2014年11月25日,陈某某通过手机短信告知某合同段项目经理部有关负责人员,鉴定单位将到现场进行鉴定,邀请某合同段项目经理部人员参加。2014年11月26日,某鉴定中心两名鉴定人员到现场进行勘验,石阡县某养殖场陈某某、当地村支书杨某某在场,某合同段项目经理部无人到场。2014年12月8日某鉴定中心作出新农林牧鉴字(2014)第1222号司法鉴定意见书,认定"1.竹鼠大量死亡与修高速公路爆破引发地表激烈震动及施工噪声有因果关系;2. 死亡竹鼠的损失价值 63,600 元;3. 根据竹鼠的生活特性，目前正在施工修建的高速公路与竹鼠特种养殖场实际距离较短，高速公路修成以后不能继续在此养殖竹鼠;4. 竹鼠特种养殖场现有房产价值为 195,645 元”。分析说明部分载明:“根据竹鼠喜安静的生活特点，目前正在施工修建的高速公路与竹鼠场直线距离 50 米，公路通车以后汽车喇叭及发动机噪声将影响竹鼠的正常生活，所以通车以后该竹鼠场不能继续养殖竹鼠。”贵州某高速公路公司系高速项目开发人，该项目已通过环评，经某环境保护厅同意，取得了该项目按某县人民政府提出的各项生态保护和污染防治措施进行施工建设的批复。某县人民政府对该路制定了《某拆迁安置补偿实施细则》。鉴定后，石阡县某养殖场即停止了竹鼠养殖。

【案件争点】

1. 养殖场所受损失额的确定。

2. 高速公路建设施工行为与养殖场所受损害的因果关系。

【裁判要旨】

实施爆破作业与养殖场能否继续养殖竹鼠之间没有必然因果联系，石阡县某养殖场主张赔偿场房损失的主要理由是司法鉴定意见书中认定“通车以后养殖场不能继续养殖竹鼠”，故养殖场的房屋失去生产经营价值。但鉴定机构在审理中提交的书面说明中答复:“高速公路汽车通行后，此处不宜养殖竹鼠，影响因素是汽车的噪声，无技术参考，可采取防治措施，但采取防治措施后，对影响养殖竹鼠的程度有多大，现在还不确定。”由此可见，鉴定机构已对原鉴定意见作出修正，据此，石阡县某养殖场仅以司法鉴定意见书主张场房损失，明显缺乏高度盖然性的证据予以支持。在噪声污染责任纠纷中，污染者承担无过错责任并适用因果关系推定规则，但可能造成石阡县某养殖场不能继续养殖竹鼠的原因系高速公路建成后汽车通行过程中产生的噪声，而非施工期间产生的噪声，故实施爆破作业与养殖场能否继续养殖竹鼠之间没有必然因果联系;包括高速公路建设在内的生产活动是经济社会发展的需要，其或多或少会构成环境污染侵权，在确定环境侵权责任承担不考虑违法性的前提下，对于赔偿责任范围则需进行必要限制，应排除没有高度盖然性证据支持的间接损失，以在保护环境的同时，保障经济社会的正常发展。

环境污染给被侵权人造成的财产损失，既包括财产因环境污染所遭受的直接损失，也包括被侵权人在正常情况下可以获得但因环境污染而未能获得的利益，还包括消除污染、修复环境所需的支出。但无高度盖然性证据支持的间接损失不在侵权损害赔偿责任范围之列。

例案二 | 广元市某养殖公司与某矿业公司、雍某某、罗某噪声污染责任纠纷

【法院】

四川省广元市中级人民法院

【案号】

(2015)广民终字第587号

【当事人】

上诉人(原审原告):广元市某养殖公司

上诉人(原审被告):某矿业公司

原审第三人:雍某某

原审第三人:罗某

【基本案情】

2008年柳某某在广元市某某区某村某组开始养猪,2012年2月17日成立了广元市某养殖公司。2008年10月13日第三人雍某某成立了某采石场。2013年雍某某在罗某的介绍下将该采石场转让给王某某,同年10月王某某进场,协商土地,并对场地进行平整,随后逐步投入生产。2015年1月6日某矿业公司成立,类型为有限责任公司(自然人独资),王某某为该公司法定代表人。2014年1~5月广元市某养殖公司的14头母猪相继流产,其中2头母猪死亡。广元市动物疫病预防控制中心实验室2014年4月11日就送检的样品出具《检测报告》:"3份样品均为猪瘟病毒核酸阴性;3份样品均为猪繁殖与呼吸综合征病毒核酸阴性;4份样品均为猪细小病毒核酸阴性;3份血清样品中圆环病毒核酸(PCV-2)阳性的1份,阴性的2份。"广元市某畜牧兽医专家组2014年4月28日出具的《广元市某区柳某某生猪养殖场母猪流产诊断意见》说明:"基本可以排除(1)疾病性因素中高致病性蓝耳病、猪瘟、细小病毒造成的流产原因;(2)饲养不当中饲料营养不全造成流产;(3)药物性;(4)中毒性;(5)怀孕母猪过肥;(6)近亲繁殖;(7)习惯性流产等母猪流产原因,具体原因还需进一步调查。"该意见书还建议:"1.加强饲养管理,注意日常观察。2.改善饲养管理环境,减少噪声污染。3.增加维生素营养,搞好疾病预防,提高预防应激能力。"广元市环境检测站2014年5月7日出具的《检测报告》检测结果评价:"按照《声环境质量标准》(GB 3096—2008)表1进行评价,广元市某养殖公司环境噪声监测点位昼间等效声级在水沟采石场生产时不达标,停产时达标。"

【案件争点】

1. 某矿业公司是否存在噪声污染的行为。

2. 广元市某养殖公司是否存在损失的事实。

3. 某矿业公司的噪声污染行为与广元市某养殖公司的损害是否存在因果关系。

4. 广元市某养殖公司的损失如何计算。

【裁判要旨】

因污染环境造成损害，污染者应当承担侵权责任。本案中，王某某于2013年通过雍某某转让取得某采石场，同年10月便进场对场地进行平整，之后逐步投入生产，在此过程中所产生的噪声，经广元市环境监测站进行监测后作出了《监测报告》，认定水沟采石场生产时噪声不达标。因王某某取得该采石场后，于2015年1月6日成立某矿业公司（自然人独资）并经工商行政管理机关核准登记，因此，某矿业公司的某采石场在生产中存在噪声污染。根据广元市环境监测站的《监测报告》及当事人的陈述证实，某矿业公司的某采石场的生产场地与广元市某养殖公司的猪舍的直线距离是100米左右。在某矿业公司某采石场生产期间，广元市某养殖公司养殖的母猪有2头死亡、14头出现流产。对此，广元市某养殖公司委托广元市动物疫病预防控制中心实验室进行了检测，根据该中心作出的《检测报告》及广元市某畜牧兽医专家组作出的《广元市某区柳某某生猪养殖场母猪流产诊断意见》证实，基本可以排除疾病性因素中高致病性蓝耳病、猪瘟及细小病毒造成的流产，和饲养不当中饲料营养不全及药物性、中毒性、怀孕母猪过肥、近亲繁殖、习惯性等原因造成的流产。但对管理或环境不善造成流产的原因未能排除。因此，某矿业公司采石场生产时排放的噪声污染与广元市某养殖公司遭受的损害之间具有关联性。根据《侵权责任法》（已废止）第66条①的规定，某矿业公司应当对其污染行为与广元市某养殖公司遭受的损害之间不存在因果关系承担举证责任。某矿业公司所举证据不足以证明广元市某养殖公司遭受的损害与其噪声污染之间没有因果关系，因此，二者之间存在因果关系，某矿业公司应当承担相应的民事赔偿责任。某矿业公司的噪声污染，除了造成广元市某养殖公司2头母猪死亡、14头母猪流产外，客观上还对广元市某养殖公司养殖的其他部分母猪的发情、公猪的配种、育肥猪的生长造成了一定的损害，可根据广元市某养殖公司的诉讼请求，凭购猪凭证到

---

① 参见《民法典》第1230条。

农业主管部门与相关人员座谈,结合当地实际,确认广元市某养殖公司因母猪死亡、流产等损失。为审查核实广元市某养殖公司主张赔偿的损失,原审法院到广元市朝天区农业局与相关人员对猪的市场价格进行座谈而形成的《座谈记录》,其形式存在一定瑕疵,但不构成审理程序严重违法,应当予以采纳。

例案三 | 周某某与某公路投资建设公司噪声污染责任纠纷

【法院】

辽宁省沈阳市中级人民法院

【案号】

(2017)辽01民终7020号

【当事人】

上诉人(原审被告):某公路投资建设公司

被上诉人(原审原告):周某某

【基本案情】

周某某系蓝狐养殖经营者,在某村进行蓝狐养殖。2014年5~6月,某公路投资建设公司修建某高速公路四方台段时,在周某某的蓝狐养殖场附近开始实施打桩作业。打桩作业发出的声音,致使周某某蓝狐养殖场处于繁殖哺乳期的母狐受到惊吓,将所生产的蓝狐幼仔1710只吃掉,造成周某某的经济损失。周某某提供的公开出版发行的《养狐实用新技术》一书中载明"在哺乳期,狐场尽量保持安静,杜绝外人参观和机动车出入场内,特别是噪声大的车辆,更不能进出。也要防止意外声响,如炸药爆炸声和鞭炮声,否则易引起母狐吃仔"。经周某某申请,一审法院依法委托沈阳某资源资产价格评估事务所对周某某死亡蓝狐幼仔的损失进行鉴定,经鉴定,周某某死亡蓝狐幼仔的损失为802,503元,周某某为此支付鉴定费32,000元。

【案件争点】

1. 打桩作业行为与发生母狐吃掉幼仔之间是否具有因果关系。

2. 350只产仔母狐因受到惊吓无法继续作为种狐被贱卖的损失应否支持。

【裁判要旨】

因污染环境发生纠纷,污染者应当就法律规定的不承担责任或者减轻责任的情形及其行为与损害之间不存在因果关系承担举证责任。即环境污染侵权责任纠纷实行因果关系举证责任倒置的规则，但被侵权人仍应承担污染行为与损害之间具有关联性的初步举证责任。被侵权人举证证明后，由侵权人举证证明污染行为与损害之间不存在因果关系，如侵权人不能充分证明，则应当认定污染行为与损害之间具有因果关系。本案中，某公路投资建设公司于2014年5～6月在周某某的蓝狐养殖场附近开始实施打桩作业行为，打桩作业发出了异常声响，而周某某的母狐正值繁殖哺乳期，发生了母狐吃掉幼仔的事实，而根据周某某提供的公开出版发行的《养狐实用新技术》一书中载明的"在哺乳期，狐场尽量保持安静，杜绝外人参观和机动车出入场内，特别是噪声大的车辆，更不能进出。也要防止意外声响，如炸药爆炸声和鞭炮声，否则易引起母狐吃仔"，本案周某某就污染行为与损害之间具有关联性完成了初步举证责任，而某公路投资建设公司并未提供证据证明其实施的打桩作业行为与周某某养殖的母狐吃仔的损害之间不具有因果关系，故应认定两者具有因果关系。某公路投资建设公司亦未举证证明存在法律规定的不承担责任及减轻责任的情形，故某公路投资建设公司应对周某某的全部损失承担赔偿责任。周某某母狐吃仔的损失，经鉴定为802,503元，某公路投资建设公司应予赔偿。上述损失是某公路投资建设公司打桩行为所造成的直接损失，在认定某公路投资建设公司打桩作业行为与发生母狐吃掉幼仔之间具有因果关系的基础上，支持了赔偿请求。

关于周某某提出的其350只产仔母狐因受到惊吓无法继续作为种狐被贱卖的损失，其所提供的证据不足，法院不予支持。也就是说，无高度盖然性证据支持的间接损失不在侵权损害赔偿责任范围之列，周某某提出的其350只产仔母狐因受到惊吓无法继续作为种狐被贱卖的损失并非某公路投资建设公司行为造成的直接损失，而是间接损失，因周某某未能提供证据证明有高度盖然性，因此法院对其赔偿请求不予支持。

三、裁判规则提要

（一）噪声污染所造成的财产损失，既包括直接损失，也包括间接损失

环境污染行为只有给他人造成了损害，才可能产生侵权赔偿责任，其赔偿范围既包括财产遭受污染破坏导致价值贬损、灭失的直接损失，又包括受害人正常情况下可以获得但因污染而未获得的利益等间接损失，还包括为消除污染所需支出的费用。也就是说，噪声污染所造成的财产损失，既包括直接损失也包括间接损失，即侵权行为人的行为给受害人造成的可得利益损失，是受害人应当得到但因受侵

权行为的侵害而没有得到的利益。支持赔偿的财产损失中包含间接损失有利于维护受害人的利益,体现公平正义,提高侵权行为人的侵权成本,有效遏制侵权行为的发生。但是,即便法院可以支持间接损失,也有合理的边界。

例如,就例案一的情况而言,首先,在某第一工程公司的爆破作业产生噪声污染造成石阡县某养殖场的竹鼠大量死亡的直接经济损失上,一审、二审法院正确适用因果关系推定规则,在养殖场提交初步证据建立起某第一工程公司的噪声污染行为与自己所受损害之间的关联性后,均肯定噪声污染行为与损害结果之间的因果关系,支持了赔偿直接损失的诉讼请求;其次,在间接损失方面,某第一工程公司结束爆破作业后,其实施的噪声污染侵权行为即告结束,其与负有监管职责的贵州某高速公路公司所应承担的赔偿责任范围应以侵权行为实施期间导致石阡县某养殖场合理的停产损失为限;最后,贵州某高速公路公司提供的工程施工设计图显示,高速公路项目完工后会在石阡县某养殖场所在路段设置声屏障、应用吸声材料和吸附结构等设施来有效降低噪声,且石阡县某养殖场也未提出该诉讼请求,故一审、二审法院未对消除噪声污染的费用进行明确。除直接损失,一审、二审法院的说理中均涉及了间接损失,但在此基础上,二审法院与一审法院不同,改判最主要的原因是"负有监管职责的贵州某高速公路公司所应承担的赔偿责任范围应以侵权行为实施期间导致石阡县某养殖场合理的停产损失为限"。也就是说,认定间接损失是有相应范围的,不能无限扩大间接损失的范围,必须以"合理"为界限,参考《民法典》中关于"可以获得的利益"的规定,即:"不得超过违约一方订立合同时预见到或者应当预见到的因违约可能造成的损失",同理,噪声污染所造成的间接损失,也应当是以侵权行为实施期间所导致的合理的损失为限的,超出这个范围,则不能认为是间接损失。

(二)明确间接损失的性质及范围

财产损失包括直接损失和间接损失。间接损失,是指侵权行为人的行为给受害人造成的可得利益损失,即受害人应当得到的利益因受侵权行为的侵害而没有得到。间接损失有三个特征:(1)损失的是一种未来的可得利益,在侵害行为实施时,它只具有一种财产取得的可能性,并不是一种现实的利益;(2)这种丧失的未来利益是具有实际意义的,是实际可能取得的,而不是抽象的或者假设的利益;(3)这种可得利益必须是有一定范围的,即侵权行为损害的直接影响所及的范围,超出这个范围,则不能认为是间接损失。

一般而言，间接损失包括以下两种损失：

1. 财物损害造成的间接损失

这种间接损失，是指侵权行为人损害受害人所有的可获得的财物，造成受害人一定范围内的未来财产利益的损失，不是对该财物价值损失的赔偿，而是对该财物的所有者利用该财物在经营中应创造出但因遭受损害而未创造出的这种可得利益损失的赔偿，如预期纯利润等。

2. 人身损害造成的间接损失

这种间接损失，是指侵权行为人损害受害人的人身权利，造成受害人在一定范围内的未来财产利益的损失，诸如生命权、健康权、名誉权等而造成的间接损失。如因健康权受损害不能参加劳动而少收入的工资等。

虽然现有法律、司法解释没有直接规定间接损失的含义，也未明确规定侵权行为应当赔偿的财产损失包括间接损失，但《民法典》中有关于合同行为中赔偿间接损失的相关规定，即第113条规定："当事人一方不履行合同义务或者履行合同义务不符合约定，给对方造成损失的，损失赔偿额应当相当于因违约所造成的损失，包括合同履行后可以获得的利益；但是不得超过违约一方订立合同时预见到或者应当预见到的因违约可能造成的损失。"这里的"可以获得的利益"即为间接损失，可以用于理解间接损失的性质及范围。

（三）无高度盖然性证据支持的间接损失不在侵权损害赔偿责任范围之列

间接损失是一种未来可得利益，在侵害行为实施时，它只具有一种财产取得的可能性，并不是一种现实的利益，因此，双方往往会对是否构成间接损失有很大的争议，继而需要通过高度盖然性标准的证据支持间接证据。高度盖然性，是指在民事诉讼中如果全案证据显示某一待证事实存在的可能性明显大于其不存在的可能性，使法官有理由相信它很可能存在，尽管还不能完全排除存在相反的可能性，也应当允许法官认定这一事实。所谓高度盖然性的证明标准，是将盖然性占优势的认识手段运用于司法领域的民事审判中，在证据对待证事实的证明无法达到确实充分的情况下，如果一方当事人提出的证据已经证明该事实发生具有高度盖然性，法院即可对该事实予以确定。

一般而言，在审判实务中，运用高度盖然性证明标准要注意以下几点：

1. 运用时不能违背法定的证据规则。

2. 反对法官的主观臆断，说理一定要清晰、明了。

3. 运用高度盖然性证明标准定案的依据必须达到确信的程度。

4. 依据高度盖然性证明标准认定案件,不允许仅凭微弱的证据优势认定案件事实,法官应当结合案件情况判断。

5. 高度盖然性原理证明标准仍然要求最终认定的证据能够相互印证,形成一条完整的证据链,得出唯一的证明结论。

例如,就例案一的情况而言,第一,石阡县某养殖场主张赔偿场房损失的主要理由是司法鉴定意见书中认定"通车以后养殖场不能继续养殖竹鼠",故养殖场的房屋失去生产经营价值。但鉴定机构在审理中提交的书面说明中答复:"高速公路汽车通行后,此处不宜养殖竹鼠,影响因素是汽车的噪声,无技术参考,可采取防治措施,但采取防治措施后,对影响养殖竹鼠的程度有多大,现在还不确定。"由此可见,鉴定机构已对原鉴定意见作出修正,据此,石阡县某养殖场仅以司法鉴定意见书主张场房损失,明显缺乏高度盖然性的证据予以支持。第二,在噪声污染责任纠纷中,污染者承担无过错责任并适用因果关系推定规则,但可能造成养殖场不能继续养殖竹鼠的原因系高速公路建成后汽车通行过程中产生的噪声,而非施工期间产生的噪声,故实施爆破作业与养殖场能否继续养殖竹鼠之间没有必然因果联系。第三,包括高速公路建设在内的生产活动是经济社会发展的需要,其或多或少会构成环境污染侵权,在确定环境侵权责任承担不考虑违法性的前提下,对于赔偿责任范围则需进行必要限制,应排除没有高度盖然性证据支持的间接损失,以在保护环境的同时,保障经济社会的正常发展。因此,可以明确无高度盖然性证据支持的间接损失不在侵权损害赔偿责任范围之列。

适用高度盖然性的证明标准,符合诉讼效益原则,有助于消除法院对案件客观真实的盲目追求,有利于提高审判效率。法官可以借鉴现代自由心证的规则,结合案情对双方证据的证明力大小进行自由裁量,有助于实现公平与正义,同时,高度盖然性标准可以充分调动当事人在民事诉讼中的积极能动性,亦能保障当事人在诉讼中享有平等的机会,有助于民事关系的及时稳定,如果将证明的标准定得过高,会导致真伪不明案件的增多,使许多民事纠纷长期得不到解决,相关的民事关系将长期处于不稳定状态。在噪声污染所造成的财产损失案件中运用高度盖然性的证明标准支持间接损失,可为这类案件的顺利处理厘清思路。

综上,环境侵权诉讼中,对环境污染责任实行因果关系推定。但是,被侵权人应当提出初步的证据,在侵权人的环境污染行为与自己所受损害之间建立初步的关联性。环境污染给被侵权人造成的财产损失,既包括财产因环境污染所遭受的直接损失，也包括被侵权人在正常情况下可以获得但因环境污染而未能获得的利益，但无高度盖然性证据支持的间接损失不在损害赔偿责任范围之列。尤其是道路、桥梁等基础设施建设引起的环境噪声污染侵权，道路、桥梁建设在内的生产活动是经济社会发展的需要，其或多或少会构成环境污染侵权，因此，一方面支持间接损失以保护环境、维护受害人的合法权益，另一方面排除没有高度盖然性证据支持的间接损失，在保护环境的同时，也保障了经济社会的正常发展。

四、辅助信息

高频词条：

《民法典》

第 11 条 其他法律对民事关系有特别规定的，依照其规定。

第 120 条 民事权益受到侵害的，被侵权人有权请求侵权人承担侵权责任。

第 179 条 承担民事责任的方式主要有：

（一）停止侵害；

（二）排除妨碍；

（三）消除危险；

（四）返还财产；

（五）恢复原状；

（六）修理、重作、更换；

（七）继续履行；

（八）赔偿损失；

（九）支付违约金；

（十）消除影响、恢复名誉；

（十一）赔礼道歉。

法律规定惩罚性赔偿的，依照其规定。

本条规定的承担民事责任的方式，可以单独适用，也可以合并适用。

第 1166 条 行为人造成他人民事权益损害，不论行为人有无过错，法律规定应当承担侵权责任的，依照其规定。

第 1182 条 侵害他人人身权益造成财产损失的，按照被侵权人因此受到的损失或者侵权人因此获得的利益赔偿；被侵权人因此受到的损失以及侵权人因此获得的利益难以确定，被侵权人和侵权人就赔偿数额协商不一致，向人民法院提起诉讼的,由人民法院根据实际情况确定赔偿数额。

第1229条 因污染环境、破坏生态造成他人损害的,侵权人应当承担侵权责任。

第1230条 因污染环境、破坏生态发生纠纷,行为人应当就法律规定的不承担责任或者减轻责任的情形及其行为与损害之间不存在因果关系承担举证责任。

最高人民法院《关于审理环境侵权责任纠纷案件适用法律若干问题的解释》

第1条 因污染环境破坏生态造成他人损害,不论侵权人有无过错,侵权人应当承担侵权责任。

侵权人以排污符合国家或者地方污染物排放标准为由主张不承担责任的,人民法院不予支持。

侵权人不承担责任或者减轻责任的情形,适用海洋环境保护法、水污染防治法、大气污染防治法等环境保护单行法的规定;相关环境保护单行法没有规定的,适用民法典的规定。

第6条 被侵权人根据民法典第七编第七章的规定请求赔偿的,应当提供证明以下事实的证据材料:

(一)侵权人排放了污染物或者破坏了生态;

(二)被侵权人的损害;

(三)侵权人排放的污染物或者其次生污染物、破坏生态行为与损害之间具有关联性。

第7条 侵权人举证证明下列情形之一的,人民法院应当认定其污染环境、破坏生态行为与损害之间不存在因果关系:

(一)排放污染物、破坏生态的行为没有造成该损害可能的;

(二)排放的可造成该损害的污染物未到达该损害发生地的;

(三)该损害于排放污染物、破坏生态行为实施之前已发生的;

(四)其他可以认定污染环境、破坏生态行为与损害之间不存在因果关系的情形。

《环境噪声污染防治法》

第1条 为防治环境噪声污染,保护和改善生活环境,保障人体健康,促进经济和社会发展,制定本法。

第2条 本法所称环境噪声,是指在工业生产、建筑施工、交通运输和社会生活中所产生的干扰周围生活环境的声音。

本法所称环境噪声污染，是指所产生的环境噪声超过国家规定的环境噪声排放标准，并干扰他人正常生活、工作和学习的现象。

第3条 本法适用于中华人民共和国领域内环境噪声污染的防治。

因从事本职生产、经营工作受到噪声危害的防治，不适用本法。

第27条 本法所称建筑施工噪声，是指在建筑施工过程中产生的干扰周围生活环境的声音。

第28条 在城市市区范围内向周围生活环境排放建筑施工噪声的，应当符合国家规定的建筑施工场界环境噪声排放标准。

第61条 受到环境噪声污染危害的单位和个人，有权要求加害人排除危害；造成损失的，依法赔偿损失。

赔偿责任和赔偿金额的纠纷，可以根据当事人的请求，由生态环境保护行政主管部门或者其他环境噪声污染防治工作的监督管理部门、机构调解处理；调解不成的，当事人可以向人民法院起诉。当事人也可以直接向人民法院起诉。

环境资源纠纷案件裁判规则第 13 条:

即使受害人对高速公路噪声污染损害事实无法提供确切有效的证据,法官根据噪声污染的时间、强度等推定损害成立的,高速公路经营管理者仍应承担相应的赔偿责任

〔**规则描述**〕:高速公路产生的噪声超过国家规定的环境噪声排放标准,受害人主张人身损害赔偿的,应当对损害事实承担举证责任。由于噪声污染影响居民的身心健康为公众所普遍认可,受害人对损害事实只需承担较低程度的举证责任,即使受害人无法提供确切有效的证据证明损害事实,法官根据噪声污染的时间、强度等因素推定损害成立的,高速公路的经营管理者也应承担相应的赔偿责任。

一、类案检索大数据报告

截至 2020 年 6 月 15 日,通过 Alpha 案例库共检索到类案 13 件。整体情况如下:从年份分布情况可以看出当前条件下案件数量的变化趋势(见图 13 - 1)。

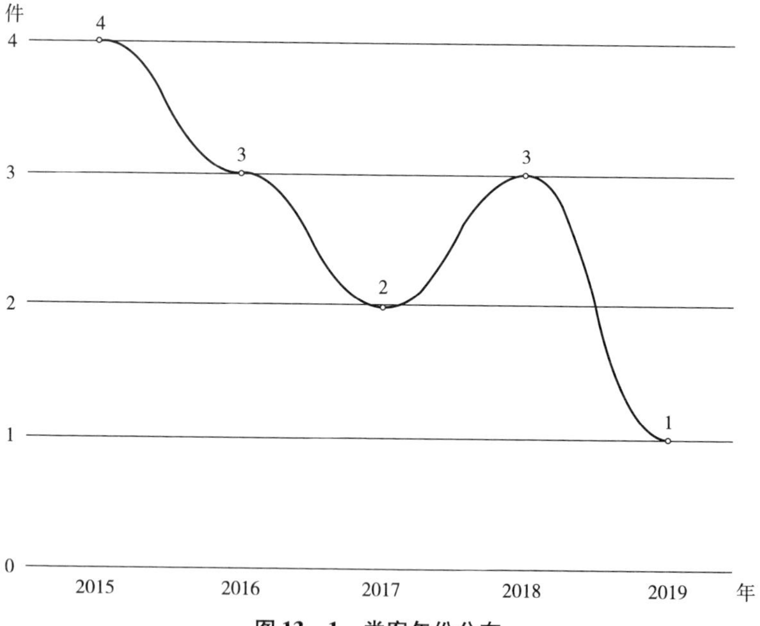

图 13 - 1 类案年份分布

从地域分布来看，当前案件主要集中在湖南省、江苏省、山西省，分别占比为 46.15%、38.46%、7.69%。其中，湖南省的案件量最多，达到 6 件（见图 13－2）。

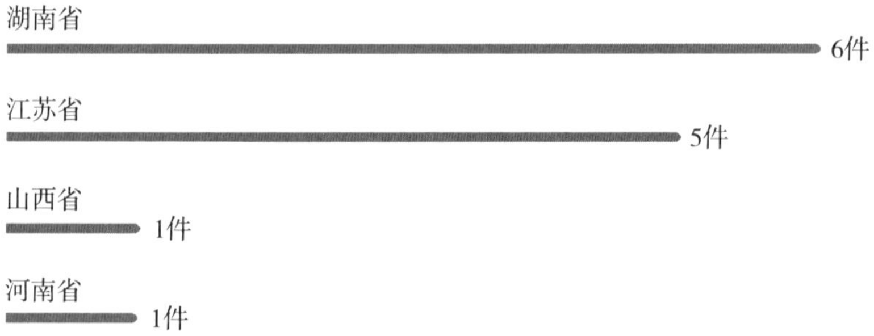

图 13－2　类案主要地域分布

从程序分类统计可以看到当前的审理程序分布状况，一审案件有 5 件，二审案件有 7 件，再审案件有 1 件（见图 13－3）。

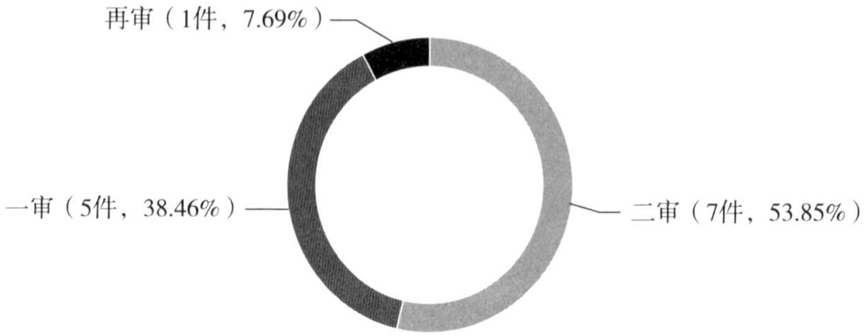

图 13－3　类案审理程序分布

二、可供参考的例案

例案一 ｜ 吴某、张某某与江苏某高速公路公司噪声污染责任纠纷[①]

【法院】

江苏省无锡市中级人民法院

【案号】

（2015）锡环民终字第 1 号

① 本例案为《人民司法案例》2016 年 8 月参阅案例 27 号。

【当事人】

上诉人(原审原告):吴某

上诉人(原审原告):张某某

上诉人(原审被告):江苏某高速公路公司

【基本案情】

吴某、张某某的房屋坐落于某村,该房屋建成于1990年,三间三层,原户主吴某某已经去世,吴某、张某某在该房内居住至今。该房屋坐北朝南,南面为高速公路,房屋距离高速公路隔离栅栏18米左右,距离高速公路路面20米左右,中间只有5棵柳树隔离,无其他任何隔离物。江苏某高速公路公司于2001年8月17日成立,负责高速公路建设、管理、养护及对通行车辆收费等,涉案路段于2004年8月16日通车。吴某、张某某认为自高速公路通车以来,车辆经过造成的高分贝噪声污染和振动污染给其正常生活造成了很大的影响,导致其出现听力受损和神经衰弱等症状,身体健康和精神状况受到了很大的损害。高速公路建设时,吴某、张某某的房屋不在强制拆迁范围之内。2014年7月,江苏某高速公路公司在靠近吴某、张某某房屋的高速公路北侧安装了声屏障,声屏障长度为230米,材质采用金属超微孔蜂窝吸声板及钢化玻璃透明隔声板,该项设计方案未经环境保护部门审核和论证。审理中,法院委托江苏省环境科学研究院对江阴市徐霞客镇东宏村吴家村103号房屋进行噪声监测,鉴定意见为:根据《声环境质量标准》(GB 3096—2008),在高速公路正常运营且避开节假日的情况下,对当事人张某某、吴某居住的建筑物处布设的4个噪声监测点位进行噪声监测,结果显示,江苏某高速公路公司运营管理的常合高速(S38)江阴市徐霞客镇峭岐吴家村段当事人张某某、吴某居住的建筑物处,存在夜间环境噪声超标和夜间突发噪声最大声级超过环境噪声限值的幅度高于15分贝的现象。另外,法院委托某脑科医院司法鉴定所对吴某是否患有抑郁症,及若患有抑郁症,抑郁症与高速公路噪声污染是否存在因果关系进行了鉴定,鉴定意见为:被鉴定人吴某患有神经症,没有证据表明其所患神经症与高速噪声相关。

【案件争点】

1. 关于吴某、张某某主张的健康损失应否支持。

2. 关于吴某、张某某主张的精神损害赔偿应否支持。

3. 关于吴某、张某某主张的租房费用应否支持。

【裁判要旨】

环境是人类生存和发展的基本条件，国家保护和改善生活环境和生态环境。吴某、张某某长期生活在噪声污染地区，且夜间环境噪声超过了国家规定的环境噪声排放标准，正常的生活受到来自高速公路噪声的干扰，虽然司法鉴定意见认为没有证据表明吴某患有神经症与高速公路噪声污染相关，但噪声对人体的影响是客观存在的，亦为公众所普遍认可，而长期处于高噪声环境下的居民，其身心健康势必受到不良影响和一定程度的损害，故法院对于吴某、张某某要求江苏某高速公路公司赔偿自2004年8月19日到噪声降至国家标准以下遭受噪声污染的损失予以支持。由于吴某、张某某长期生活在高速公路噪声污染环境中，吴某、张某某因噪声影响休息导致精神受到伤害符合日常生活经验法则，应推定属实。江苏某高速公路公司否认噪声污染给吴某、张某某造成了实际损害，但江苏某高速公路公司不能举出高速公路噪声污染对吴某、张某某身心健康未产生损害的证据。综合高速公路噪声污染的时间和强度，吴某、张某某的房屋与高速公路的距离等因素，酌定江苏某高速公路公司赔偿吴某、张某某精神损害抚慰金4000元（每人2000元）。另外，吴某、张某某要求江苏某高速公路公司支付判决之日起每月1000元的在外租房费用的主张缺乏依据，法院不予支持。也就是说，虽然没有证据表明吴某所患神经症与噪声污染相关，但噪声污染影响居民的身心健康，系众所周知的客观规律，无须当事人举证证明。

例案二 | 赵某某、沈某某、赵某、殷某某与某绕城高速公路公司噪声污染责任纠纷

【法院】

江苏省苏州市中级人民法院

【案号】

（2016）苏05民终1086号

【当事人】

上诉人（原审被告）：某绕城高速公路公司

被上诉人（原审原告）：赵某某

被上诉人（原审原告）：沈某某

被上诉人（原审原告）：赵某

被上诉人（原审原告）：殷某某

【基本案情】

赵某某、沈某某、赵某、殷某某居住的房屋坐落于某村,建成于1997年左右,面南朝北,上下两层结构。赵某某、沈某某、赵某在该房内居住至今。赵某某与沈某某于2009年7月24日离婚后,于2013年11月26日与殷某某登记结婚,婚后赵某某、殷某某也居住于该房屋。某绕城高速公路公司于2002年10月17日设立,负责绕城高速公路建设和维护管理、公路收费等,庭审中某绕城高速公路公司自述于2005年11月建成通车。绕城高速公路建设时,涉案房屋不在拆迁范围内。2014年,经赵某某、沈某某、赵某、殷某某多次向政府有关部门反映,某绕城高速公路公司在高速公路北侧路段安装了730米的声屏障,并于2014年12月委托某工程质量检测有限公司对噪声进行检测。某工程质量检测有限公司对赵某某、沈某某、赵某、殷某某的房屋外西、中、东三处进行噪声检测,昼间噪声为61.1、62.7、63.4分贝,夜间噪声为56.2、55.7、54.1分贝。某绕城高速公路公司安装声屏障后,赵某某、沈某某、赵某、殷某某仍觉噪声污染严重,于2015年2月4日委托某检测技术有限公司对涉案房屋的环境噪声进行监测,某检测技术有限公司对房屋二楼东、西两处进行噪声监测,昼间为66.5、71.1分贝,夜间为63.9、62.8分贝。赵某某、沈某某、赵某、殷某某为此支付了检测费。审理中,经赵某某、沈某某、赵某、殷某某申请,法院依法委托某环境科学研究院对涉案房屋进行噪声检测,鉴定意见为:当事人赵某某等居住的建筑物距离绕城高速公路隔声屏最近距离约12.5米,小于执行4a类声环境标准规定的距离绕城高速公路边界最小范围30米,应执行4a类环境噪声限值;根据《声环境质量标准》(GB3096—2008),结合苏州市华测检测技术有限公司出具的监测报告,在某绕城高速公路正常运营,同时避开节假日且天气情况符合检测要求的情况下,对赵某某、沈某某、赵某、殷某某居住的建筑物处布设的9个噪声监测点位进行噪声监测,结果显示,某绕城高速公路公司运营管理的高速涉案路段当事人居住的建筑物处,7个监测点位存在夜间环境噪声超标现象,8个监测点位存在夜间突发噪声最大声级超过环境噪声限值的幅度高于15分贝(A)现象。

【案件争点】

1. 赵某某、沈某某、赵某、殷某某因噪声污染所遭受的损失大小。

2. 相关举证责任分配。

【裁判要旨】

环境是人类生存和发展的基本条件,国家保护和改善人民的生活环境和生态环境。污染环境造成他人损害的,应当承担民事赔偿责任。《公路安全保护条例》第 11 条规定,属高速公路的,公路控制区的范围从公路用地外缘起的距离标准不少于 30 米。但本案中赵某某、沈某某、赵某、殷某某居住的房屋距离高速公路隔声屏最近距离约 12.5 米,其噪声污染标准限制应当按照村庄或居民区的标准确定;赵某某、沈某某、赵某、殷某某居住的房屋建造在前,绕城高速公路于 2005 年通车在后,涉案房屋被迫坐落于交通干线旁,根据原审法院依法委托某环境科学研究院出具的司法鉴定报告结论显示,夜间环境噪声超过了国家规定的环境噪声排放标准,赵某某、沈某某、赵某、殷某某的室外声环境遭到了严重的破坏,给赵某某、沈某某、赵某、殷某某的日常生活造成了妨害,且该损害后果处于持续状态。赵某某、沈某某、赵某、殷某某居住房屋的夜间环境噪声超过了国家规定的环境噪声排放标准,生活在上述噪声污染地区,其正常的生活、休息受到来自交通运输噪声的干扰,符合日常生活经验法则。某绕城高速公路公司作为绕城高速公路的管理者,有必要积极主动采取各种有效措施,消除涉案环境噪声污染。综上,法院判决某绕城高速公路公司采用修建隔音墙或其他有效控制环境噪声措施将赵某某、沈某某、赵某、殷某某居住的房屋夜间室外噪声降到 55 分贝以下,同时,某绕城高速公路公司赔偿赵某某、沈某某、赵某、殷某某因噪声污染所造成的损失,按照每人每月 60 元的标准给付至降噪之日完毕。

例案三 | 薛某某、浦某某、薛某甲与某澄高速公路公司噪声污染责任纠纷

【法院】

江苏省高级人民法院

【案号】

(2016)苏民终 293 号

【当事人】

上诉人(一审原告):薛某某

上诉人(一审原告):浦某某

上诉人(一审原告):薛某甲

上诉人(一审被告):某澄高速公路公司

【基本案情】

薛某某、浦某某系夫妻,其子为薛某甲,所居住的房屋坐落于某巷 1 号,1991 年

办理土地证,2003年办理房产证,产权人为薛某某。该房屋坐北朝南,共三层,房屋南面距离某高速公路隔离网最近距离约9米。某宜高速公路公司于2000年9月11日成立,负责某高速公路建设和维护管理,对通行车辆收费等项目。本案审理期间,某宜高速公路公司于2015年6月24日注销,被某澄高速公路公司吸收合并,其债权债务由某澄高速公路公司承继。某高速公路项目于2000年施工,2003年9月30日建成投入营运。

为做好该工程的环境保护工作,1999年8月,某省交通厅委托某船研所承担该高速公路项目的环境影响评价工作。该所编制完成项目环境影响评价大纲。同年12月,某省环保局组织专家对评价大纲进行了技术审查后提出专家评审意见。2000年1月,某省环保局以审查意见原则同意专家评审意见,并确定了相应环境影响评价标准。其中区域环境噪声按原国家环境保护总局《关于公路建设环境影响评价中环境噪声适用标准有关问题的复函》执行,即公路两侧评价范围内的居民集中建筑群,临路第一排建筑物前可参考《城市区域环境噪声标准》(GB 3096—93)中四类标准执行。同年5月,某船研所作出《环境影响报告书》(送审稿),经某省环保厅组织专家进行技术审查后,于同年7月完成最终修改。该报告书载明某高速公路项目的声环境影响评价范围为公路中心线两侧各200米以内地区,临路第一排建筑物执行4a类环境噪声限值,即室外昼间70分贝,夜间55分贝。其中涉案房屋所在的某巷系环境噪声敏感点。2000年8月,某省环保厅以批复要求对预测噪声超标的路段按报告书提出的方案分别采取拆迁、建声屏障、设隔声门窗、绿化带等降噪措施,确保沿线噪声达到相应功能区标准。2013年10月,某巷居民向政府公共服务热线投诉自某高速公路建设时即因噪声问题不断上访。同年11月,某市交通局函告,建议采取相关措施减少交通噪声对某高速公路沿线居民生活的影响。

审理中,经薛某某、浦某某、薛某甲申请,法院委托某环境监测有限公司作出监测报告[(2015)环监(声)字第(J2005)号]。报告载明:涉案房屋为沿路第一排噪声敏感建筑物,距离某高速公路北侧约9米,系交通干线两侧一定距离内,需防止交通噪声对周围产生严重影响的区域(4a类),昼间应≤70分贝,夜间应≤55分贝。根据《声环境质量标准》等规定对涉案房屋三楼的室外环境噪声进行监测,2015年10月20日(晴、风速0~0.4米/秒)昼间环境噪声为73.7分贝,夜间环境噪声为66分贝,不符合4a类环境噪声限值。法院另查明,2013年9月22日,薛某甲经某市第二人民医院诊断为神经性耳鸣。

【案件争点】

薛某某、浦某某、薛某甲主张的损失赔偿应否支持。

【裁判要旨】

环境是人类生存和发展的基本条件，国家保护和改善生活环境和生态环境。薛某某、浦某某、薛某甲居住房屋与某高速公路距离最近处仅约 9 米。根据法院委托鉴定，某高速公路运营造成薛某某、浦某某、薛某甲居住地区环境噪声超过该区域声环境质量标准中环境噪声昼间 70 分贝、夜间 55 分贝的限值，某高速公路系交通干线，给薛某某、浦某某、薛某甲的日常生活所造成的不利影响处于持续状态。噪声对人体的影响是客观存在的，亦为公众所普遍认可，而长期处于高噪声环境下的居民，身心健康势必受到不良影响和一定程度的损害，因此，某澄高速公路公司作为某高速公路的经营管理者，有责任采取措施减轻交通运输噪声影响，薛某某、浦某某、薛某甲主张环境噪声污染已对其生活造成严重干扰，对其身心健康造成一定程度的损害，符合社会生活经验和科学常识，且薛某甲经某市第二人民医院诊断为神经性耳鸣，亦对此予以印证。薛某甲因神经性耳鸣支出的医疗费用，因其长期生活在某高速噪声污染环境中，噪声影响休息导致听力受损符合日常生活经验，应认定属实，故对该费用予以支持。因此，法院判决某澄高速公路公司承担侵权责任，采取加装声屏障或其他有效措施使薛某某、浦某某、薛某甲居住区域声环境噪声小于昼间 70 分贝、夜间 55 分贝的限值，并赔偿薛某某、浦某某、薛某甲因噪声污染所造成的损失及薛某甲医疗费等。

三、裁判规则提要

随着交通运输业的快速发展，高速公路车流量日益增大，随之产生的噪声污染责任纠纷越来越多，高速公路两侧的居民长期生活在噪声污染的环境中，其身心健康势必受到一定程度的损害，但噪声污染损害具有长期性和潜伏性，受害人的损害症状和后果不能在短时间内显现，在无确切证据证明损害后果的情况下，如何认定损害事实是目前亟待解决的问题。

（一）受害人主张人身赔偿的，其对损害事实应当承担较低程度的举证责任，而不是不承担举证责任

噪声污染损害，是指受害人因接触或暴露于噪声污染的环境中而受到的人身伤害以及财产损失等后果。噪声污染致人损害的后果既有与其他侵权行为所造成

的损害相同的共性,也有其自身的特殊性。有医学资料表明,长期接触噪声会引起听力损伤,导致噪声性耳聋和突发性耳聋,噪声长期作用会导致中枢神经功能性障碍,表现为头痛、头晕、失眠等植物性神经衰弱症候群,对消化系统、内分泌系统和心血管系统也有可能产生影响。在噪声侵权案件中,由于噪声污染对人体的损害具有潜伏性、渐进性和隐蔽性等特殊性,其损害结果也具有间接性和复杂性,噪声对人体的损害不同于物理损伤,不容易让人感知和觉察,损害后果也不会在受到污染的第一时间就表现出来,尤其是类似于高速公路产生的噪声污染损害的潜伏期有可能长达几十年。

《民法典》第 1229 条规定:“因污染环境、破坏生态造成他人损害的,侵权人应当承担侵权责任。”因此,环境污染侵权责任的构成为:环境污染行为、损害事实以及污染环境行为与损害事实之间的因果关系。

《民法典》第 1230 条规定:“因污染环境、破坏生态发生纠纷,行为人应当就法律规定的不承担责任或者减轻责任的情形及其行为与损害之间不存在因果关系承担举证责任。”该条规定在环境污染侵权案件中实行因果关系推定,但是,并不意味着受害人将一切证明责任都转移给侵权行为人,受害人仍然承担初步的证明责任,该举证责任程度较低。

最高人民法院《关于审理环境侵权责任纠纷案件适用法律若干问题的解释》第 6 条规定:“被侵权人根据民法典第七编第七章的规定请求赔偿的,应当提供证明以下事实的证据材料:(一)侵权人排放了污染物或者破坏了生态;(二)被侵权人的损害;(三)侵权人排放的污染物或者其次生污染物、破坏生态行为与损害之间具有关联性。”因此,噪声污染的受害人在向侵权行为人主张损害赔偿时,除了需要证明噪声污染的存在,还要提供证据证明受到损害的事实,即受害人应当对噪声污染损害事实承担举证责任,而侵权行为人需就法律规定的不承担责任或者减轻责任的情形及其行为与损害之间不存在因果关系承担举证责任。

例如,就例案一的情况而言,某脑科医院司法鉴定所对吴某是否患有抑郁症,及若患有抑郁症,抑郁症与高速公路噪声污染是否存在因果关系进行了鉴定,这是属于受害人吴某的举证责任。当然,即便鉴定意见为“被鉴定人吴某患有神经症,没有证据表明其所患神经症与高速噪声相关”,但法院认定的损害,并不是原告主张的神经症,而是根据日常生活经验推定的长期高分贝噪声对人体的不良影响,由于噪声对人体的影响是客观存在的,亦为公众所普遍认可,而长期处于高噪声环境下的居民,其身心健康势必受到不良影响和一定程度的损害;相反,江苏某高速公路公司否认噪声污染给吴某、张某某造成了实际损害，但不能举出高速公路噪声污染对吴某、张某某身心健康未产生损害的证据，最终推定吴某、张某某因噪声影响休息导致精神受到伤害符合日常生活经验法则。这里即为受害人主张人身赔偿，其对损害事实承担了较低程度的举证责任，而侵权行为人应当就法律规定的不承担责任或者减轻责任的情形及其行为与损害之间不存在因果关系承担举证责任，侵权行为人因举证不能承担了相应的不利后果。

（二）噪声不适用环境侵权规则，噪声污染才适用环境侵权规则

《环境噪声污染防治法》第2条第2款规定："本法所称环境噪声污染，是指所产生的环境噪声超过国家规定的环境噪声排放标准，并干扰他人正常生活、工作和学习的现象。"针对高速公路产生的噪声污染损害事实的认定也不例外，根据环境噪声分贝的大小，可以将环境噪声分为两类，第一类是未超过国家标准的环境噪声；第二类是超过国家标准的环境噪声。换句话说，就是需要区分噪声与噪声污染，即未超标的，只是噪声，不是噪声污染，不适用环境侵权规则，而按一般侵权处理。只有噪声超标了，才构成噪声污染，才能适用环境侵权规则。

针对第一类环境噪声，根据最高人民法院《关于审理环境侵权责任纠纷案件适用法律若干问题的解释》第1条第2款的规定，侵权人以排污符合国家或者地方污染物排放标准为由主张不承担责任的，人民法院不予支持。因此，虽然第一类噪声未超过国家标准，不具有违法性，但在环境侵权领域，行为的违法性不是侵权的构成要件。[①] 在这种情况下，受害人主张侵权行为人承担损害赔偿责任时，受害人应当承担较高义务的举证责任，严格按照法律规定提供证明自身受到损害的证据材料，如受害人在医疗机构就诊的病历资料，或者鉴定机构出具的损害证明意见等，上述病历资料及损害证明意见载明的症状与噪声污染对人体造成损害的形式需要吻合，二者需具有关联性，方可以认定受害人完成了举证责任。

第二类超过国家标准的环境噪声是重点问题，即噪声由于超过国家规定的噪声上限，具有违法性，其对于人体的损害程度一般要高于第一类噪声造成的损害，因此，与第一类噪声不同，这种环境噪声污染具有不同于其他物质污染的特殊性，属于物理污染和感觉性公害，其危险程度不仅取决于噪声的强弱，还直接受到受体自身的敏感度和耐受性的影响。受害人长期生活在噪声超标的环境中，虽然已经

① 参见王利明主编：《民法·侵权行为法》，中国人民大学出版社1993年版，第455页。

遭受损害,但噪声污染具有长期性和潜伏性等特点,受害人未出现明显的损害症状,或者只有受害人有关损害的陈述而难以提供确切有效的证据,在这种情况下,受害人对噪声污染损害的事实应承担较低程度的举证责任。即使受害人无法提供损害事实的确切证据,由于噪声影响居民身心健康为公众所普遍认可,法官可以推定损害事实的成立。这也符合最高人民法院《关于适用〈中华人民共和国民事诉讼法〉的解释》第93条第1款的规定:"下列事实,当事人无须举证证明:……(二)众所周知的事实……"以及最高人民法院《关于民事诉讼证据的若干规定》第10条的规定:"下列事实,当事人无须举证证明:……(二)众所周知的事实……",当然,当事人有相反证据足以反驳的除外。

在上述三个例案中,受害人均没有直接证据证明造成的损害及因果关系,但相同的情况是三个例案中噪声均超过了国家规定的噪声上限,据此法院推定损害成立,即噪声对人体的影响是客观存在的,这是众所周知的事实,而长期处于高噪声环境下的居民,身心健康势必受到不良影响和一定程度的损害,对此,受害人无须举证证明。

(三)法官推定损害成立的关键要素

1. 噪声污染的时间

噪声污染的时间与损害程度具有直接关联,通常污染时间越长伤害就越严重,受害人的身心就越痛苦,因此,这里的噪声污染具有长期性。

除此之外,综观例案,有一个共同的特点,均描述了一个事实,即"高速公路建设时,涉案房屋不在拆迁范围内"。也就是说,噪声污染除了具有时间上的长期性外,噪声的产生与受害人的居住情况还应当具备先后顺序,即受害人居住的房屋修建在前(且高速公路建设时不在拆迁范围),高速公路修建在后,具备上述两个时间条件,则有可能构成损害。

2. 噪声污染的强度

噪声强度越大,人体受到的损害就越大,例如,切割金属的噪声十分刺耳,人体难以忍受,这种高强度的噪声在短时间内也极易造成听力损伤等后果。因此,需要结合鉴定机构对高速公路噪声的检测结果,如发生噪声超标程度严重,或者突发噪声最大声级超过环境噪声限值的幅度较高的现象,则有可能构成损害。

3. 噪声污染的连续性

受害人连续暴露在噪声污染的环境中,如得不到及时有效的缓解,人体消化系统、内分泌系统、神经系统等受到损害的概率大大提高，但如果噪声是偶发性的，其损害要小得多，例如，离开噪声污染到安静的环境中休息一段时间，损害可自行消失。但高速公路噪声污染在超标的情况下，给周边居民造成的损害必然是连续性的，且当前高速公路车流量日益增大，随之产生的噪声污染只会与日俱增，只要周边居民没有搬离，就可排除偶发性的可能。结合上述两点，当噪声污染的时间、强度、连续性等因素超过正常人的容忍度，使一般社会公众认为能够造成损害时，法官即可推定损害事实的成立。

例如，就例案一的情况而言，某高速公路涉案路段自2004年通车以来噪声是一直存在的，吴某、张某某起诉至法院时，噪声存在已经将近10年，江苏某高速公路公司安装了隔音墙之后噪声仍然超标。由此可知，未安装隔音墙之前，噪声超标更为严重。高速公路系交通干线，给吴某、张某某的日常生活所造成的不利影响处于持续状态。鉴定意见认为吴某的神经症与噪声污染之间没有因果关系，但这只能证明吴某的神经症不是由噪声造成的，而不能否认吴某受到噪声污染损害这一事实。吴某、张某某虽然没有提供噪声造成损害的确切证据材料，法院根据噪声超标的事实及噪声污染的时间和强度，推定高速公路噪声污染对吴某、张某某造成了损害。在江苏某高速公路公司未能提供证据证明吴某、张某某对高速公路噪声超标存在过错或故意，亦不能证明噪声超标系第三人、不可抗力、正当防卫或紧急避险等原因造成，其不存在法律规定的不承担责任或者减轻责任的情形，应当承担相应的侵权责任。

综上，而噪声对人体的影响是客观存在的，亦为公众所普遍认可，长期处于高噪声环境下的居民，身心健康势必受到不良影响和一定程度的损害，因此，当高速公路产生的噪声超过国家规定的环境噪声排放标准，受害人对损害事实应承担较低程度的举证责任，即使受害人无法提供确切有效的证据证明损害事实，法官根据噪声污染的时间、强度等因素推定损害成立的，作为高速公路的经营管理者，有责任采取措施减轻交通运输噪声影响，以及赔偿给受害人造成的人身损害。环境是人类赖以生存和发展的基本条件；而加快高速公路的建设，是促进经济的发展和改善人民的交通条件的重要举措，也是我国社会主义现代化建设的需要，基于我国人多地少的基本国情，高速公路建设不可能完全排除对公民生活的影响，而这样的裁判方式可以兼顾国家、集体和个人的利益。

四、辅助信息

高频词条:

《民法典》

第1229条 因污染环境、破坏生态造成他人损害的,侵权人应当承担侵权责任。

第1230条 因污染环境、破坏生态发生纠纷,行为人应当就法律规定的不承担责任或者减轻责任的情形及其行为与损害之间不存在因果关系承担举证责任。

《环境噪声污染防治法》

第2条 本法所称环境噪声,是指在工业生产、建筑施工、交通运输和社会生活中所产生的干扰周围生活环境的声音。

本法所称环境噪声污染,是指所产生的环境噪声超过国家规定的环境噪声排放标准,并干扰他人正常生活、工作和学习的现象。

第13条 新建、改建、扩建的建设项目,必须遵守国家有关建设项目环境保护管理的规定。

建设项目可能产生环境噪声污染的,建设单位必须提出环境影响报告书,规定环境噪声污染的防治措施,并按照国家规定的程序报生态环境主管部门批准。

环境影响报告书中,应当有该建设项目所在地单位和居民的意见。

第14条 建设项目的环境噪声污染防治设施必须与主体工程同时设计、同时施工、同时投产使用。

建设项目在投入生产或者使用之前,其环境噪声污染防治设施必须按照国家规定的标准和程序进行验收;达不到国家规定要求的,该建设项目不得投入生产或者使用。

第15条 产生环境噪声污染的企业事业单位,必须保持防治环境噪声污染的设施的正常使用;拆除或者闲置环境噪声污染防治设施的,必须事先报经所在地的县级以上地方人民政府生态环境主管部门批准。

第36条 建设经过已有的噪声敏感建筑物集中区域的高速公路和城市高架、轻轨道路,有可能造成环境噪声污染的,应当设置声屏障或者采取其他有效的控制环境噪声污染的措施。

第61条 受到环境噪声污染危害的单位和个人,有权要求加害人排除危害;造成损失的,依法赔偿损失。

赔偿责任和赔偿金额的纠纷，可以根据当事人的请求，由生态环境主管部门或者其他环境噪声污染防治工作的监督管理部门、机构调解处理；调解不成的，当事人可以向人民法院起诉。当事人也可以直接向人民法院起诉。

《公路安全保护条例》

第11条 县级以上地方人民政府应当根据保障公路运行安全和节约用地的原则以及公路发展的需要，组织交通运输、国土资源等部门划定公路建筑控制区的范围。

公路建筑控制区的范围，从公路用地外缘起向外的距离标准为：

（一）国道不少于20米；

（二）省道不少于15米；

（三）县道不少于10米；

（四）乡道不少于5米。

属于高速公路的，公路建筑控制区的范围从公路用地外缘起向外的距离标准不少于30米。

公路弯道内侧、互通立交以及平面交叉道口的建筑控制区范围根据安全视距等要求确定。

环境资源纠纷案件裁判规则第 14 条:

对光污染所致损害事实的认定标准,应为超出一般公众普遍可容忍度的范围。该可容忍度的范围,可通过周边居民的投诉情况、法官在现场的实际感受,并参考专家意见予以综合认定

〔**规则描述**〕:光污染对人身的伤害具有潜在性和隐蔽性等特点,被侵权人往往在开始受害时显露不出明显的受损害症状,其所遭受的损害往往暂时无法用精确的计量方法来反映。光污染超出了一般人可容忍的程度即可以认定损害后果存在,对于该可容忍度的范围,可通过周边居民的投诉情况、法官在现场的实际感受,并参考专家意见予以综合认定。

一、类案检索大数据报告

截至2020年6月15日,通过Alpha案例库共检索到类案38件。整体情况如下:从年份分布情况可以看出当前条件下案件数量的变化趋势(见图14-1)。

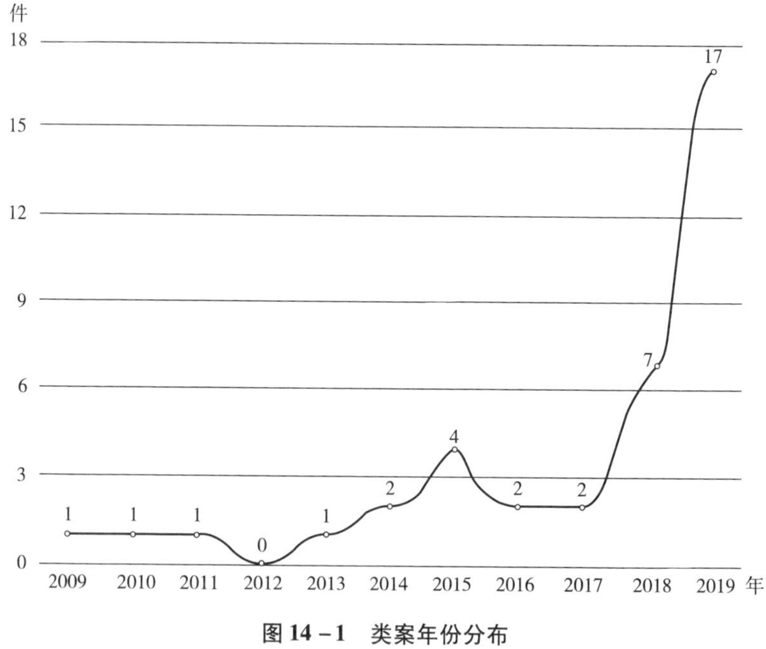

图 14-1 类案年份分布

从地域分布来看，当前案例主要集中在北京市、上海市、重庆市，分别占比为 39.47%、23.68%、21.05%。其中，北京市的案件量最多，达到 15 件（见图 14－2）。

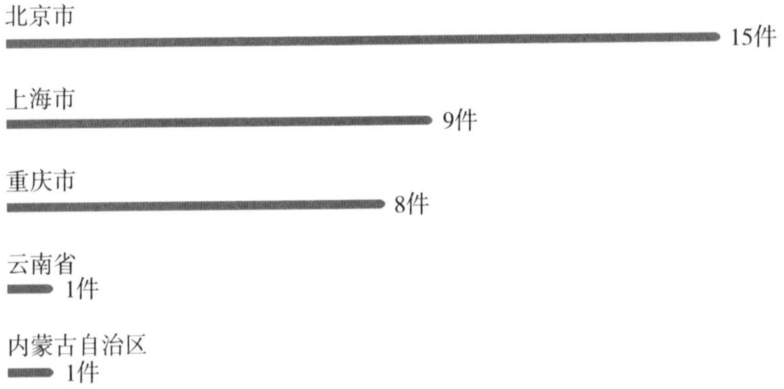

图 14－2　类案主要地域分布

从审理程序分类统计可以看到当前的审理程序分布状况。一审案件有 29 件，二审案件有 9 件。

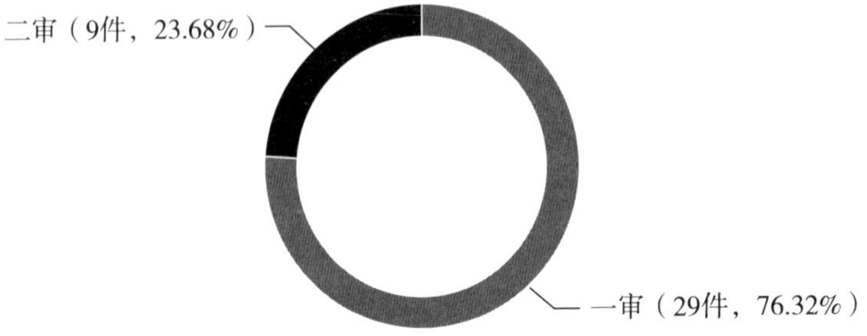

图 14－3　类案审理程序分布

二、可供参考的例案

例案一｜李某与华润置地（重庆）有限公司环境污染责任纠纷

【法院】

重庆市江津区人民法院

【案号】

（2018）渝 0116 民初 6093 号

【当事人】

原告:李某

被告:华润置地(重庆)有限公司

【基本案情】

李某购买位于重庆市九龙坡区谢家湾正街某小区某幢的住宅一套,并从2005年入住至今。华润置地(重庆)有限公司(以下简称华润置地)开发建设的万象城购物中心与李某住宅相隔一条双向六车道的公路,双向六车道中间为轻轨线路。万象城购物中心与李某住宅之间无其他遮挡物。在正对原告住宅的万象城购物中心外墙上安装有一块LED显示屏用于播放广告等,该LED显示屏广告位从2014年建成后开始投入运营,每天播放宣传资料及视频广告等,其产生的强光直射入原告住宅房间,给李某的正常生活造成影响。

2014年5月,李某小区的业主向市政府公开信箱投诉反映:从5月3日开始,谢家湾华润二十四城的万象城的巨型LED屏幕开始工作,LED巨屏的强光直射进其房间,造成严重的光污染,并且宣传片的音量巨大,影响了其日常生活,希望有关部门让万象城减小音量并且调低LED屏幕亮度。2014年9月,黄杨路某小区居民向市政府公开信箱投诉反映:万象城有块巨型LED屏幕通宵播放资料广告,产生太强光线,导致夜间无法睡眠,无法正常休息。万象城大屏夜间光污染严重影响周边小区高层住户,请相关部门解决,要不禁止夜间播放,或者实在要放不要通宵地放,放到20时就可以了,亮度调低点。2018年2月,原告小区的住户向市政府公开信箱投诉反映:其家对面万象城户外广告大屏就是住户的噩梦,该广告屏每天播放视频广告,光线极强不说还频繁闪动,住在对面的业主家里如同白昼,严重影响老人和小孩的休息。希望相关部门尽快对其进行整改。对市民的该次投诉,重庆市城市管理委员会在办理情况中载明经过协调被告决定采取整改措施,其中包括在运行时间上实行夏时制(8:30-22:00)和冬时制(8:30-21:50)。

本案审理过程中,法院组织李某、华润置地双方于2018年8月11日晚到现场进行了查看,正对李某住宅的一块LED显示屏正在播放广告视频,产生的光线较强,可直射入李某住宅居室,当晚该LED显示屏播放广告视频至20时58分关闭。华润置地员工称该LED显示屏面积为160平方米。审理中,法院就案涉光污染问题是否能进行环境监测的问题向重庆市九龙坡区生态环境监测站负责人进行了咨询,该负责人表示,《环境保护法》虽然规定了排放污染物的企业应当采取措施,防止产生光辐射等对环境造成污染和危害,但国家与重庆市均无光污染环境监测方面的规范及技术指标，所以监测站无法对光污染问题开展环境监测。此外，就光污染相关问题，法院还向重庆法院参与环境资源审判专家库专家、重庆市永川区生态环境监测站副站长张某盛作了咨询，该专家认为目前在环保方面光污染没有具体的标准，但其个人认为从民事法律关系的角度，可以综合其余证据判断是否造成光污染。从本案原告提交的证据看，万象城电子显示屏对原告的损害应该是客观存在的，这种损害主要体现为影响原告的正常休息。关于光污染的具体整改方法，可结合大多数普通群众的休息习惯，采取调低亮度、调整播放时间等方式进行适当限制和整改。就 LED 显示屏产生的光辐射相关问题，法院向重庆大学建筑城规学院教授、博士生导师、中国照明学会副理事长、重庆市照明学会理事长、国家科技奖评审专家杨某宇，重庆大学建筑城规学院高级工程师、中国照明学会理事、重庆市照明学会副理事长张某文作了咨询，二位专家表示，LED 的光辐射对人的影响一方面是对人的视觉的影响，其中眩光对人的眼睛有影响，有失能眩光和不舒适眩光；另一方面是对生物的影响，人到晚上随着光照强度下降，渐渐入睡，是两种激素，褪黑素和皮质醇起作用，褪黑素晚上上升、白天下降，皮质醇相反，这是人进化的结果。如果光辐射太强，使人生物钟紊乱，短时间看不出影响，但长期会有影响。另外，LED 的白光中有蓝光成分，蓝光对人的视网膜有损害，而且是不可修复的。但户外蓝光危害很难检测，时间、强度的标准是多少，有待出台标准确定。关于光照亮度对人的影响，有研究结论认为一般在 400 坎德拉/平方米以下对人的影响会小一点，但动态广告屏很难适用。对于亮度的规范，不同部门编制的规范对亮度的限值不同，但 LED 显示屏与直射的照明灯光还是有区别的，以 LED 显示屏的相关国家标准来认定比较合适。

【案件争点】

1. 被告是否有污染环境的行为。
2. 被侵权人的损害事实。
3. 被告是否应承担污染环境的侵权责任。
4. 被告承担责任的具体方式。

【裁判要旨】

保护环境是我国的基本国策，一切单位和个人都有保护环境的义务。《民法总则》（已废止）第 9 条[①]规定："民事主体从事民事活动，应当有利于节约资源、保护

---

① 参见《民法典》第 9 条。

生态环境。"《物权法》(已废止)第90条[①]规定:"不动产权利人不得违反国家规定弃置固体废物,排放大气污染物、水污染物、噪声、光、电磁波辐射等有害物质。"《环境保护法》第42条第1款规定:"排放污染物的企业事业单位和其他生产经营者,应当采取措施,防治在生产建设或者其他活动中产生的废气、废水、废渣、医疗废物、粉尘、恶臭气体、放射性物质以及噪声、振动、光辐射、电磁辐射等对环境的污染和危害。"本案系环境污染责任纠纷,《侵权责任法》(已废止)第65条[②]规定:"因污染环境造成损害的,污染者应当承担侵权责任。"环境污染侵权责任属特殊侵权责任,其构成要件包括以下三个方面:一是污染者有污染环境的行为;二是被侵权人有损害事实;三是污染者污染环境的行为与被侵权人的损害之间有因果关系。

1. 污染者有污染环境的行为

华润置地作为万象城购物中心的建设方和经营管理方,其在正对住宅的购物中心外墙上设置LED显示屏播放广告、宣传资料等,产生的强光直射进入住宅居室。根据提供的照片、视频资料等证据,以及组织双方当事人到现场查看的情况,可以认定使用LED显屏播放广告、宣传资料等所产生的强光已超出了一般公众普遍可容忍的范围,就大众的认知规律和切身感受而言,该强光会严重影响相邻人群的正常工作和学习,干扰周围居民正常生活和休息,已构成由强光引起的光污染。使用LED显示屏播放广告、宣传资料等造成光污染的行为已构成污染环境的行为。

2. 被侵权人有损害事实

环境污染的损害事实主要包含了污染环境的行为致使当事人的财产、人身受到损害以及环境受到损害的事实。环境污染侵权的损害后果不同于一般侵权的损害后果,不仅包括症状明显并可计量的损害结果,还包括那些症状不明显或者暂时无症状且暂时无法用计量方法反映的损害结果。本案系光污染纠纷,光污染对人身的伤害具有潜在性和隐蔽性等特点,被侵权人往往在开始受害时显露不出明显的受损害症状,其所遭受的损害往往暂时无法用精确的计量方法来反映。但随着时间的推移,损害会逐渐显露。参考本案专家意见,光污染对人的影响除了能够感知的对视觉的影响外,太强的光辐射还会造成人生物钟紊乱,短时间看不出影响,但长期会带来影响。本案中,使用LED显示屏播放广告、宣传资料等所产生的强光,已超出了一般人可容忍的程度,影响了相邻居住的居民的正常生活和休息。根

① 参见《民法典》第294条。
② 参见《民法典》第1229条。

据日常生活经验法则,运行LED显示屏产生的光污染势必会给人的身心健康造成损害,这也为公众普遍认可。综上,运行LED显示屏产生的光污染已致使居住人的环境权益受损,并导致身心健康受到损害。

3. 污染者污染环境的行为与被侵权人的损害之间有因果关系

《侵权责任法》(已废止)第66条①规定:"因污染环境发生纠纷,污染者应当就法律规定的不承担责任或者减轻责任的情形及其行为与损害之间不存在因果关系承担举证责任。"本案中,已举证证明有污染环境的行为及其损害事实。需对其在本案中存在法律规定的不承担责任或者减轻责任的情形,或污染行为与损害之间不存在因果关系承担举证责任。但华润置地并未提交证据对前述情形予以证实,对此应承担举证不能的不利后果,即承担污染环境的侵权责任。

4. 光污染侵权的容忍义务

环境侵权的损害不同于一般的人身损害和财产损害,对侵权行为人承担的侵权责任有其独特的要求。由于环境侵权是通过环境这一媒介侵害到一定地区不特定的多数人的人身、财产权益,而且一旦出现可用计量方法反映的损害,其后果往往已无法弥补和消除。因此在环境侵权中,侵权行为人实施了污染环境的行为,即使还未出现可计量的损害后果,即应承担相应的侵权责任。本案中,从市民的投诉反映看,华润置地作为万象城购物中心的经营管理者,在生产经营过程中,理应认识到使用LED显示屏播放广告、宣传资料等发出的强光会对居住在对面以及周围住宅小区的居民造成影响,并负有采取必要措施减少对居民影响的义务。但其仍然一直使用LED显示屏播放广告、宣传资料等,其产生的强光明显超出了一般人可容忍的程度,构成光污染,严重干扰了周边人群的正常生活,对居民的环境权益造成损害,进而损害了居民的身心健康。因此即使尚未出现明显症状,其生活受到光污染侵扰、环境权益受到损害也是客观存在的事实,故应承担停止侵害、排除妨碍等民事责任。

例案二 | 陆某某诉上海永达中宝汽车销售服务有限公司环境污染损害赔偿纠纷②

【法院】

上海市浦东新区人民法院

---

① 参见《民法典》第1230条。

② 本例案为《最高人民法院公报》2005年第5期案例。

【当事人】

原告:陆某某

被告:上海永达中宝汽车销售服务有限公司

【基本案情】

陆某某的居室西侧与上海永达中宝汽车销售服务有限公司(以下简称永达中宝汽车销售公司)经营场所的东侧相邻,中间间隔一条宽15米左右的公共通道。永达中宝汽车销售公司为给该经营场所东面展厅的外部环境照明,在展厅围墙边安装了三盏双头照明路灯,每日19时至次日5时开启。这些位于陆某某居室西南一侧的路灯,高度与陆某某居室的阳台持平,最近处离陆某某居室20米左右,其间没有任何物件遮挡。这些路灯开启后,灯光除能照亮永达中宝汽车销售公司的经营场所外,还能散射到陆某某居室及周围住宅的外墙上,并通过窗户对居室内造成明显影响。在陆某某居室的阳台上,目视夜间开启后的路灯灯光,亮度达到刺眼的程度。陆某某为此于2004年9月1日提起诉讼,永达中宝汽车销售公司已于同年9月3日暂停使用涉案路灯。

【案件争点】

1. 在自己权益范围内安装为自己提供照明的路灯,能否构成环境污染中的光污染。

2. 被告永达中宝汽车销售公司安装的路灯,是否影响了原告陆某某的权利。

3. 永达中宝汽车销售公司应否为此承担责任,承担什么责任。

【裁判要旨】

1. 行为人的照明灯光也可构成环境侵权

《环境保护法》(1989年版)第2条规定:"本法所称环境,是指影响人类生存和发展的各种天然的和经过人工改造的自然因素的总体,包括大气、水、海洋、土地、矿藏、森林、草原、野生生物、自然遗迹、人文遗迹、自然保护区、风景名胜区、城市和乡村等。"第6条规定:"一切单位和个人都有保护环境的义务,并有权对污染和破坏环境的单位和个人进行检举和控告。"环境既然是影响人类生存和发展的各种天然的和经过人工改造的自然因素的总体,路灯灯光当然被涵盖在其中。永达中宝汽车销售公司在自己的经营场所设置路灯,为自己的经营场所外部环境提供照明,本无过错。但由于永达中宝汽车销售公司的经营场所与周边居民小区距离甚近,中间无任何物件遮挡,其路灯的外溢光、杂散光能射入周边居民的居室内,数量足以改变居室内人们夜间休息时通常习惯的暗光环境,且超出了一般公众普遍可忍受的范围。因此，永达中宝汽车销售公司设置的路灯的外溢光、杂散光确实达到了《城市环境装饰照明规范》所指的障害光程度，已构成由强光引起的光污染，遭受污染的居民有权进行控告。涉案路灯不属于车站、机场、公路等公共场所为公众提供服务而必须设置的照明、装饰用灯，只是永达中宝汽车销售公司为自己公司的经营便利而设置的路灯。永达中宝汽车销售公司完全有条件以其他形式为自己经营场所的外部环境提供照明，或者通过采取遮挡等必要的措施来避免自己设置的路灯侵害他人合法权益。

2. 超出了一般公众普遍可容忍范围的损害后果

环境污染对人体健康造成的实际损害结果，不仅包括那些症状明显并可用计量方法反映的损害结果，还包括那些症状不明显且暂时无法用计量方法反映的损害结果。光污染对人体健康可能造成的损害，目前已为公众普遍认识。夜间，人们通常习惯于在暗光环境下休息。本案中，永达中宝汽车销售公司设置的路灯，其射入周边居民居室内的外溢光、杂散光，数量足以改变人们夜间休息时通常习惯的暗光环境，且超出一般公众普遍可忍受的范围，光污染程度较为明显。在此情况下，陆某某诉称涉案灯光使其难以安睡，为此出现了失眠、烦躁不安等症状，这就是涉案灯光对陆某某的实际损害。陆某某诉称的这些实际损害，符合日常生活经验法则。

《民法通则》（已废止）第 124 条①规定：“违反国家保护环境防止污染的规定，污染环境造成他人损害的，应当依法承担民事责任。”《环境保护法》（1989 年版）第 41 条第 1 款规定：“造成环境污染危害的，有责任排除危害，并对直接受到损害的单位或者个人赔偿损失。”永达中宝汽车销售公司开启的涉案路灯灯光，已对陆某某的正常居住环境和健康生活造成了损害，构成环境污染。永达中宝汽车销售公司不能举证证明该侵害行为具有合理的免责事由，故应承担排除危害的法律责任。

例案三　徐某某与嘉兴南北湖梦舟影视文化传播有限责任公司、海盐南北湖梦都影视基地有限公司环境污染责任纠纷

【法院】

浙江省海盐县人民法院

---

① 参见《民法典》第 1229 条。

【案号】

(2015)嘉盐民初字第1350号

【当事人】

原告:徐某某

被告:嘉兴南北湖梦舟影视文化传播有限责任公司

被告:海盐南北湖梦都影视基地有限公司

【基本案情】

2013年12月8日,永乐村股份经济合作社(作为甲方)与旅投集团(作为乙方)签订房屋租赁协议,约定甲方将位于永乐村水车基原柏丽公司区块的厂房、场地租赁给乙方使用,厂房面积19,583.61平方米,厂区内土地面积共有63.342亩。租赁期限自2014年1月1日起至2028年12月31日止。2015年1月1日,旅投集团(作为甲方)与海盐南北湖影视基地有限公司(作为乙方)签订房屋租赁协议,约定甲方同意将永乐村水车基原柏丽公司区块的厂房、场地出租给乙方作为影视拍摄场景及“三产”旅游使用。厂房面积为15,000平方米,厂区内土地面积约50亩。租赁期限自2015年1月1日起至2028年12月31日止。2015年4月29日,海盐南北湖影视基地有限公司名称变更为海盐南北湖梦都影视基地有限公司(以下简称梦都影视公司)。梦都影视公司的经营范围为影视基地的开发建设;影视道具、服装及器材的租赁和销售;拍摄场景租赁;场景布置服务;提供本影视基地观光接待服务;企业形象策划、影视文化信息的咨询服务。梦都影视公司自述该区块的影视基地是由其建设的,剧组要到该基地拍戏也是与其洽谈。2015年4月3日,报警人报警称影视城里拍戏放炮声音太响了。当地派出所出警情况载明“系影视公司拍摄电影有枪战戏,声音太响,附近村民报警扰民。与影视公司协调后先不拍枪战戏(永乐村)”。2015年6月5日永乐村村民委员会出具《关于影视基地拍夜戏扰民的几点解决建议》称,永乐村影视基地拍夜戏,因灯光过亮,时间过长,打枪、放炮等影响周边农户休息。2015年6月29日永乐村村民委员会出具情况说明称,2015年5月28日分别在21时多、22时多、23时多三次做爆炸音效,严重影响周边农户休息。

2015年以来,影视基地多次出现因拍摄夜戏而出现的爆炸声、枪战声、喇叭声、呐喊声等噪音以及强光持续到22时以后而影响附近居民休息的情况,为此,村民多次向永乐村村民委员会反映情况,村民委员会也多次与镇政府、旅投集团、影视基地等部门进行协调处理,但均未果。徐某某家庭住址距离梦都影视公司开设的位于原浙江柏丽印染服装有限公司的影视基地很近。

【案件争点】

梦都影视公司作为场地经营管理者是否承担环境侵权责任。

【裁判要旨】

1.场地管理者承担光污染侵权责任

因污染环境造成损害的，污染者应当承担侵权责任。涉案的影视基地系梦都影视公司建设的，也是其负责对外经营管理。梦都影视公司的经营范围为影视基地的开发建设；影视道具、服装及器材的租赁和销售；拍摄场景租赁；场景布置服务；提供本影视基地观光接待服务；企业形象策划、影视文化信息的咨询服务。通过拍摄场景租赁等方式招揽影视剧组来影视基地拍戏，系梦都影视公司的经营方式之一，其招揽的影视剧组在拍戏的过程当中出现了扰民的行为，梦都影视公司理应事先与剧组针对避免产生环境污染采取一定的作为义务，但其却不作为，致使剧组拍夜戏时造成徐某某厂房、宿舍内噪声污染和光污染，具有过错。梦都影视公司作为该影视基地的经营管理者，对可能产生的环境污染应当采取措施而未采取措施予以防治，故其应对损害承担相应责任。

2.光污染侵权责任的承担——忍受限度

根据《侵权责任法》（已废止）、《环境保护法》以及环境保护单行法律规定，目前我国环境侵权民事责任承担的方式有：停止侵害、排除妨碍、赔偿损失、恢复原状等。光污染侵权主要的救济手段为停止侵害，一般情况下光污染超出一般公众普遍可容忍的范围，即可认为构成环境侵权，若诉求停止侵害，则光亮达到一般公众不能够容忍的限度即可。

本案中，徐某某请求停止侵权行为，结合各当事人庭审中的陈述，因影视基地拍夜戏出现噪声和强光污染的时间具有不特定性，也不是连续性的，徐某某请求停止侵权行为的本意包含了要求后续不再出现拍夜戏导致的噪声和强光污染即排除危害的意思表示。但是关于夜间的时间范畴问题，徐某某认为白天如此作业是可以忍受的，应当从18时开始不再实施环境污染侵权行为，根据《环境噪声污染防治法》第63条之规定，“夜间”是指22时至次日6时之间的期间，故法院只能据此确认被告梦都影视公司在此期间（22时至次日6时）不得实施噪声污染。至于光污染，因目前尚无可依照的规范，故法院参照噪声污染有关规范来确定，即梦都影视公司在此期间（22时至次日6时）不得实施光污染。

三、裁判规则提要

(一)光污染环境侵权的认定

环境侵权的损害不同于一般的人身损害和财产损害,对侵权行为人承担的侵权责任有其独特的要求。其主要的特点在于减轻了受害者的举证责任,从而可以更为有力地维护当事人的合法权益,实现环境合法权益救济的公平、正义。由于环境侵权的损坏后果一般会影响到一定地区不特定的多数人的人身、财产权益,其范围不应当局限于水污染、大气污染、噪声污染等传统的环境侵权模式,还应当扩展到通过环境这一媒介的其他侵权行为。从目前的审判实务来看,随着科学技术发展,环境污染的种类也出现了许多新的类型,其中光污染就是近年来新出现的一种环境污染类型。

《环境保护法》第 42 条规定,排放污染物的企业事业单位和其他生产经营者,应当采取措施,防治在生产建设或者其他活动中产生的废气、废水、废渣、医疗废物、粉尘、恶臭气体、放射性物质以及噪声、振动、光辐射、电磁辐射等对环境的污染和危害。该条列举了废气、废水等众多的环境污染类型,同时对光辐射也作出了相关的规定。《民法典》第 294 条规定,不动产权利人不得违反国家规定弃置固体废物,排放大气污染物、水污染物、土壤污染物、噪声、光辐射、电磁波辐射等有害物质。回归到司法实践中,仍然需要将光污染环境侵权与基于相邻关系排除光污染妨害相区别。如果仅仅是禁止相邻不动产之间污染物的排放,则可依据《民法典》条文予以请求禁止。但如果光污染存在的实际的行为(因光的侵入而污染环境的行为)给他人造成财产、人身损害,即存在间接或者直接的损坏后果影响他人正常生活、生产时,只要满足光污染环境侵权构成要件,就应当将侵权损害归于环境侵权。

(二)环境权益的损害后果认定

在侵权法中损害赔偿的目的是让受害人的某种合法利益得以恢复。环境污染的损坏后果一旦出现可用计量方法反映的损害,其后果往往已无法弥补和消除。因此在环境侵权中,侵权行为人实施了污染环境的行为,即使还未出现可计量的损害后果,即应承担相应的侵权责任。由于光污染直接作用于人体,不仅会造成生理上的损害,同时也会引起心理上的不适。伴随城市发展、运作,“人工白昼”情况不可避免,同时所伴随的光污染的存在和消失并无规律性,取证也有不稳定性。因此，从上述的三个案例中很明显地看出，光污染损害事实的存在与否决定了案件审理结果，故明确损害事实是光污染侵权案件的重要环节。

而光污染的损害实质上是对环境权益的损害，而环境权益的损害，是指因为环境因素被破坏，环境质量下降，影响了人们拥有的健康、优美、宁静、舒适的外部环境的权利。而光作为环境的一个组成要素，对人类的生存环境有着重大影响，光有意图地侵入，尤其是夜晚强光必然会降低舒适生活的感受度，实际上就是干扰了他人正常的学习生活和工作条件，长期持续有可能对他人造成身体上的伤害。如何认定环境权益的损害，在司法实践中认定超出一般公众普遍可容忍度的范围即可认为存在相应的损害后果的发生。

例如，在例案一和例案二中，案件原告均未提及光污染对于财产的损害，也没有侵害被害人的人身权利而造成物质损失，同时也并未涉及光污染对原告人身权的损害，故此并未涉及赔偿损失的诉求。但是结合案件的实际情况，不论是例案一的 LED 显示屏，还是例案二的路灯，两者在夜晚产生的光线直接导致两原告生活环境质量的下降，妨碍了其享受舒适宁静的环境，已造成对其环境权益的损害，存在损害事实。

（三）合理容忍义务的认定

光污染环境侵权必须超过一定的限度，这就意味着并不是只要有因人为活动而造成的光的侵入就会产生光污染侵权。不同于噪声污染侵权，《噪声污染防治法》中明确规定了环境噪声污染是指所产生的环境噪声超过国家规定的环境噪声排放标准，并干扰他人正常生活、工作和学习的现象，即噪声污染通过国家的标准明确了限度。但是光污染作为环境污染的一种，目前并无相关的法律规定明确其排放标准，只有结合案件实际情况认定，当超过一定的限度时方可构成光污染，也就是被侵入方负有一定的容忍义务，在此前提之下轻微的光侵入并不构成光污染侵权。

容忍义务是相邻不动产权利人的一项基本义务，其中心意旨是解决相邻权的扩张与限制问题。容忍义务也有其限度。因为容忍义务的限度实际就是无须容忍的底线，意味着义务的终结和权利的开启，所以容忍义务的限度实质上是容忍义务向环境侵权转换的临界点。因此，在审判实务中，应该准确把握容忍义务的精神实质，主动适用容忍义务规则，即依不动产的性质、所处位置或当地习惯，相邻不动产权利人应忍受不超出他们相互容忍限度的通常的相邻侵扰。[1] 该可容忍度的范围,可通过周边居民的投诉情况、法官在现场的实际感受,并参考专家意见予以综合认定。

例如,例案二中,以"足以改变居室内居民夜间休息时通常习惯的暗光环境,且超出了一般公众普遍可容忍的范围"认定被告构成光污染以及对原告造成实际损害。换言之,如果被告路灯的外溢光造成的后果属于一般公众普遍可容忍的范围,则不构成侵权,即公众有容忍此种光损害的义务。

一般而言,在审判实务中,容忍义务标准可以从以下几点认定:

(1)光污染源与受侵害人生活或工作居室的距离;

(2)光的照射强度;

(3)光污染照射时间;

(4)受害人所受损害程度;

(5)侵害人的主观心理;

(6)当地一般居民的生活水平等。

综上,对于环境在一定程度上的破坏,社会公众确实要负有一定的容忍义务,但无须对环境的破坏容忍至人体健康受到损害的程度,只要环境的破坏对人们在精神层面形成的困扰达到一定程度,就应终结容忍义务。而对于光污染环境侵权而言,光污染超出一般公众普遍可容忍度的范围时即可提出环境侵权诉讼,以维护自身的环境权益。

四、辅助信息

高频词条:

《民法典》

第 294 条 不动产权利人不得违反国家规定弃置固体废物,排放大气污染物、水污染物、土壤污染物、噪声、光辐射、电磁辐射等有害物质。

第 1229 条 因污染环境、破坏生态造成他人损害的,侵权人应当承担侵权责任。

第 1230 条 因污染环境、破坏生态发生纠纷,行为人应当就法律规定的不承

---

① 参见焦富民:《容忍义务:相邻权扩张与限制的基点——以不可量物侵扰制度为中心》,载《政法论坛》2013 年 7 月。

担责任或者减轻责任的情形及其行为与损害之间不存在因果关系承担举证责任。

《环境保护法》

第42条第1款 排放污染物的企业事业单位和其他生产经营者，应当采取措施，防治在生产建设或者其他活动中产生的废气、废水、废渣、医疗废物、粉尘、恶臭气体、放射性物质以及噪声、振动、光辐射、电磁辐射等对环境的污染和危害。

最高人民法院《关于审理环境侵权责任纠纷案件适用法律若干问题的解释》

第1条 因污染环境、破坏生态造成他人损害，不论侵权人有无过错，侵权人应当承担侵权责任。侵权人以排污符合国家或者地方污染物排放标准为由主张不承担责任的，人民法院不予支持。

侵权人不承担责任或者减轻责任的情形，适用海洋环境保护法、水污染防治法、大气污染防治法等环境保护单行法的规定；相关环境保护单行法没有规定的，适用民法典的规定。

第6条 被侵权人根据民法典第七编第七章的规定请求赔偿的，应当提供证明以下事实的证据材料：

（一）侵权人排放了污染物或者破坏了生态；

（二）被侵权人的损害；

（三）侵权人排放的污染物或者其次生污染物、破坏生态行为与损害之间具有关联性。

第7条 侵权人举证证明下列情形之一的，人民法院应当认定其污染环境、破坏生态行为与损害之间不存在因果关系：

（一）排放污染物、破坏生态的行为没有造成该损害可能的；

（二）排放的可造成该损害的污染物未到达该损害发生地的；

（三）该损害于排放污染物、破坏生态行为实施之前已发生的；

（四）其他可以认定污染环境、破坏生态行为与损害之间不存在因果关系的情形。

环境资源纠纷案件裁判规则第 15 条:

"排放污染物行为",不限于积极地投放或导入污染物质的行为,还包括伴随企业生产活动的消极污染行为

〔**规则描述**〕:环境侵权案中,污染者存在偷排、漏排、倾倒等积极的污染行为,除此之外,还存在消极被动的污染行为。而在环境侵权案件中,对于"排放污染物行为"的认定,不限于环境侵权人积极地投放或导入污染物质的行为,还包括伴随企业生产活动的消极污染行为。

一、类案检索大数据报告

截至 2020 年 6 月 15 日,通过 Alpha 案例库共检索到类案 72 件。整体情况如下:从年份分布情况可以看出当前条件下案件数量的变化趋势(见图 15 - 1)。

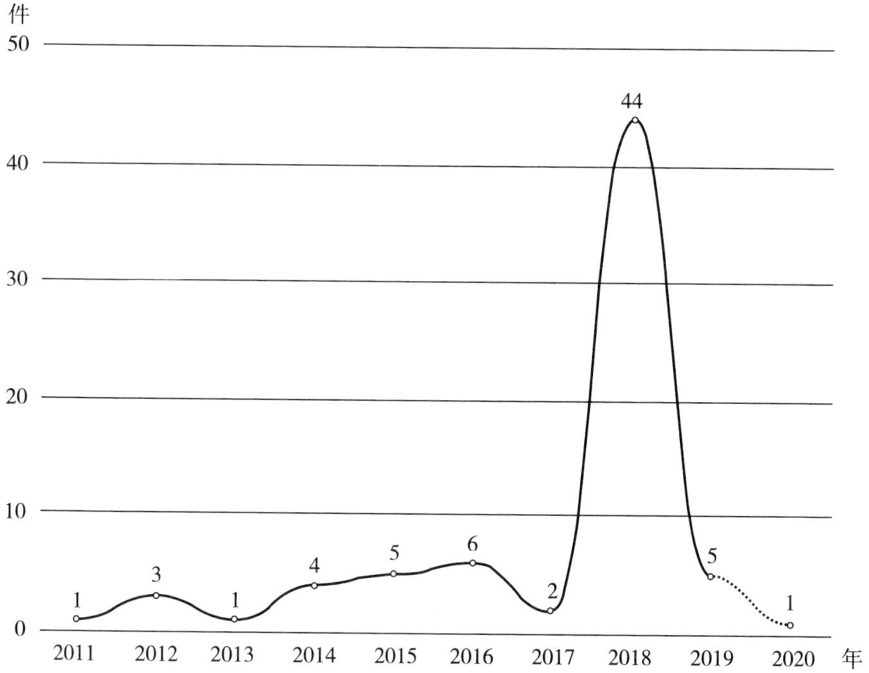

图 15 - 1 类案年份分布

从地域分布来看，当前案件主要集中在广西壮族自治区、浙江省、北京市，分别占比为50.00%、8.33%、5.56%。其中，广西壮族自治区的案件量最多，达到36件（见图15－2）。

图15－2 类案主要地域分布

从审理程序分类统计可以看到当前的审理程序分布状况。一审案件有16件，二审案件有52件，再审案件有4件。

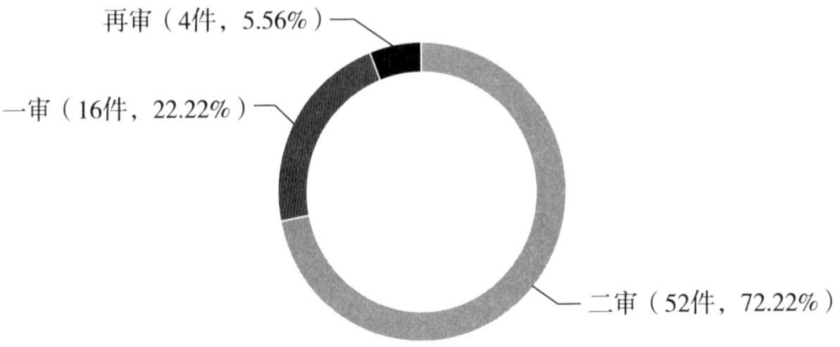

图15－3 类案审理程序分布

二、可供参考的例案

例案一　韩某某与中国石油天然气股份有限公司吉林油田分公司水污染责任纠纷

【法院】

最高人民法院

【案号】

(2018)最高法民再415号

【当事人】

再审申请人(一审原告、二审上诉人):韩某某

再审申请人(一审被告、二审被上诉人):中国石油天然气股份有限公司吉林油田分公司

【基本案情】

1997年2月1日,韩某某与宝石村委会签订《承包草沟子合同书》。合同签订后,韩某某取得案涉鱼塘的承包经营权,并实际从事渔业养殖。2009年12月30日,大安市人民政府下发《关于加强嫩江洮儿河滩地管理有关事宜的通知》,明确嫩江、洮儿河滩涂的管理、开发及利用的权利由水利局行使。2009年,韩某某获得渔业捕捞许可证和船舶登记。2011年,韩某某取得大安市人民政府颁发的养殖许可证。2010年9月9日,中国石油天然气股份有限公司吉林油田分公司(以下简称吉林油田)位于韩某某鱼塘附近的大-119号油井发生泄漏,吉林油田大-119号油井距离韩某某鱼塘约1千米,大-119号油井泄漏的部分原油在嫩江涨水下泄时被洪水带入韩某某鱼塘。吉林油田于9月14日至19日在污染现场进行了清理油污作业。大安市渔政渔港监督管理站委托环境监测站作出的水质监测报告表明,鱼塘石油含量严重超标,水质环境不适合渔业养殖。韩某某请求法院判令吉林油田赔偿3,015,040.36元经济损失,包括2010年养鱼损失、2011年未养鱼损失、鱼塘围坝修复及注水排污费用。

【案件争点】

1. 本案是否构成环境污染侵权责任纠纷。

2. 2010年养鱼损失责任承担及数额认定问题。

3. 2011年未养鱼损失责任承担及数额认定问题。

4. 是否产生了鱼塘围坝修复、注水排污费用及责任承担问题。

【裁判要旨】

《侵权责任法》(已废止)第65条[①]规定,因污染环境造成损害的,污染者应当承担侵权责任。第66条[②]规定,污染环境发生纠纷,污染者应当就其行为与损害之

① 参见《民法典》第1229条。

② 参见《民法典》第1230条。

间不存在因果关系承担举证责任。最高人民法院《关于审理环境侵权责任纠纷案件适用法律若干问题的解释》（2015年版）第6条规定，被侵权人根据《侵权责任法》（已废止）第65条规定请求赔偿的，应当提供证明以下事实的证据材料：（1）污染者排放了污染物；（2）被侵权人的损害；（3）污染者排放的污染物或者其次生污染物与损害之间具有关联性。依据上述规定，韩某某主张环境侵权污染责任纠纷，应就吉林油田存在污染行为、自己遭受了损害承担举证责任，此外还应举出初步证据证明污染物或者其次生污染物与损害之间具有关联性。吉林油田应就其行为与损害之间不存在因果关系承担举证责任。

1. 原油泄漏是否构成环境污染行为

排放污染物行为，不限于积极地投放或导入污染物质的行为，还包括伴随企业生产活动的消极污染行为。废弃油井是油气勘探开发作业中的必然产物，由于技术、自然风险或者人为因素，废弃油井可能发生井喷、溢油、爆炸燃烧以及缓慢外泄、污染地下水层等情形，可能造成他人的人身损害、财产损失、环境损害风险或实质损害。根据预防优先及污染者负担原则，废弃油井的所有者或控制者应当按照法律的规定，采取措施对污染源进行有效的控制和风险防范，对因污染行为造成他人的人身损害、财产损失及环境损害，应当予以赔偿，进行环境治理。吉林油田是废弃油井的所有者，无论是否因其过错导致废弃油井原油泄漏流入韩某某的鱼塘，其均应对污染行为造成的损失承担侵权损害赔偿责任。

本案中，根据韩某某提供的证据及相关事实，足以认定吉林油田存在污染行为。根据查明的事实，吉林油田认可其大－119号油井发生原油泄漏，泄漏的部分原油随嫩江洪水下泄流进韩某某的鱼塘，即吉林油田存在污染行为。

2. 损害事实的存在

根据韩某某提供的证据，查明其鱼塘因原油污染而遭受损害。综合韩某某提交的松原环境监测站2010年9月21日出具的（2010－177号）水质监测报告、捞油清单、鱼塘照片、证人证言等证据，可以认定鱼塘被原油污染、鱼塘中的鱼大量死亡的事实。韩某某的鱼塘因原油污染遭受损害的事实客观存在。

3. 原油泄漏造成的污染与韩某某鱼塘遭受损害之间具有关联性

水质监测报告（2010－177号）表明，鱼塘石油含量严重超标，水质环境不适合渔业养殖。综合韩某某提交的证人证言等证据，可以认定原油泄漏与其鱼塘中的鱼死亡之间具有一定关联性。根据吉林油田一审提供的回收原油记录、法院询问时吉林油田安全科长刘某山的证人证言等可知，吉林油田曾于2010年9月14日至19日在污染现场乘船打捞清理油污。2010年9月19日,大安市渔政渔港监督管理站送样至松原环境监测站检测。依常理推断,即使9月19日送检水质样品与9月9日刚泄漏时的样品不一致,在不存在新增污染的前提下,清理后的水质也应优于原油发生泄漏时的水质。吉林油田主张不排除同时期有其他污染发生,但是吉林油田每日乘船打捞清理,其间若有其他污染,吉林油田应了解情况,其却未提供任何证据予以证明。

4. 因果关系举证证明

根据最高人民法院《关于审理环境侵权责任纠纷案件适用法律若干问题的解释》(2015年版)第7条的规定,污染者举证证明下列情形之一的,人民法院应当认定其污染行为与损害之间不存在因果关系:(1)排放的污染物没有造成该损害可能的;(2)排放的可造成该损害的污染物未到达该损害发生地的;(3)该损害于排放污染物之前已发生的;(4)其他可以认定污染行为与损害之间不存在因果关系的情形。本案中,石油漂浮在水面上会隔绝氧气导致水体缺氧,且石油中所含有毒物质亦会对水中生物造成影响,导致鱼类死亡。由于嫩江洪水下泄,将泄漏原油带至韩某某鱼塘,鱼塘中的鱼死亡亦发生于原油泄漏之后,这是双方当事人均认可的事实,故本案损害与污染行为之间存在明显的空间、时间关联性。吉林油田主张韩某某2010年养鱼损失并非原油泄漏造成,而是由于嫩江涨水超过堤坝导致全部鱼流失。但吉林油田对其主张仅提供了由大安市长江石油技术有限责任公司出具的一份《证明》,主要内容为"我公司于2010年9月……在河道管理区域内打捞漂浮在水面的泄漏原油……由于嫩江洪水上涨,当时在区域的河道管理范围内已全部被洪水淹没,嫩江江道已和全部河道管理区域的洪水连成一片,在水面上已看不到在河道管理区域内的鱼塘及鱼塘堤坝……公司捞油人员是乘船进入到河道管理区域内实施的捞油作业"。从《证明》内容来看,并不能充分证明鱼塘中的鱼系全部被嫩江洪水冲走这一主张,亦无法排除所泄漏的原油造成鱼塘中的鱼死亡的可能性,还无法排除韩某某为清理油污挖坝注水导致鱼塘中的鱼被冲走的可能性。因此,吉林油田未能证明其排污行为与韩某某所受损害之间不存在因果关系,未完成法定的举证责任,其应承担相应的不利后果。

综上,本案系因原油泄漏使鱼塘遭受污染引发的环境污染侵权责任纠纷。韩某某举证证明了吉林油田存在污染行为,鱼塘因污染而遭受损害的事实及原油污染与损害之间具有关联性,完成了举证责任;吉林油田未能证明其排污行为与韩某某所受损害之间不存在因果关系,应承担相应的损害赔偿责任。排放污染物行为,不限于积极地投放或导入污染物质的行为，还包括伴随企业生产活动的消极污染行为。吉林油田是案涉废弃油井的所有者，无论是否因其过错导致废弃油井原油泄漏流入韩某某的鱼塘，其均应对污染行为造成的损失承担侵权损害赔偿责任。洪水系本案污染事件发生的重要媒介以及造成韩某某2010年养鱼损失的重要原因，可以作为吉林油田减轻责任的考虑因素。综合本案情况，再审改判吉林油田赔偿韩某某经济损失1,678,391.25元。

例案二 上诉人邵某某、张某某与被上诉人湖南有色郴州氟化学有限责任公司、原审原告刘某某、胡某某环境污染责任纠纷

【法院】

湖南省郴州市中级人民法院

【案号】

(2014)郴林民终字第15号

【当事人】

上诉人(原审原告)：邵某某

上诉人(原审原告)：张某某

被上诉人(原审被告)：湖南有色郴州氟化学有限责任公司

原审原告：刘某某

原审原告：胡某某

【基本案情】

2010年8月11日，邵某某、胡某某作为乙方与作为甲方的桥口镇小禾塘村龙尾坪组签订《土地租用合同》，租赁甲方庙下土地约4亩，期限4年，用于办蘑菇场，后刘某某和王某某加入合伙，四人共投资金33万元创办蘑菇场。其中王某某、刘某某、邵某某各投资95,000元，胡某某投资45,000元。因经营不善，发生亏损，2012年8月22日未经胡某某同意，王某某、刘某某、邵某某三个合伙人将蘑菇场以40,000元价格转让给李某某，所得的转让费40,000元由王某某、刘某某两人均分。李某某接手后，未经营管理，于当年8月30日以50,000元价格又将该蘑菇场转让给邵某某。该蘑菇场选址与湖南有色郴州氟化学有限责任公司隔一条河。湖南有色郴州氟化学有限责任公司是获湖南省环境保护厅环评许可新建的化工企业，于2010年1月进行地形测量和岩土工程勘察，同年4月动工兴建。2013年4月28

日,湖南有色郴州氟化学有限责任公司因员工操作不当发生了氟化气体泄漏事件,对厂区周边环境造成了一定影响。在当地政府协调下,对受损的村、组进行了适当补偿。5月,邵某某发现自己接手的蘑菇场的菌包菌丝死亡、不能正常出菇,便向当地党委、政府反映情况,要求与湖南有色郴州氟化学有限责任公司协调相关赔偿事项。7月,苏仙区蔬菜局委托郴州市苏仙区棉麻土产公司食用菌科研所对邵某某的蘑菇场作出损失鉴定报告,该份鉴定报告载明:"经我所现场鉴定,桥口镇小禾塘村蘑菇专业合作社受氟化厂气体泄漏的影响,已造成蘑菇场11万多菌包的菌丝全体死亡、无法正常出菇,造成经济损失132万多元……"邵某某依此鉴定报告向湖南有色郴州氟化学有限责任公司索赔,湖南有色郴州氟化学有限责任公司不认同该份鉴定结论,经当地政府调处未果,引起本纠纷。邵某某、张某某诉请湖南有色郴州氟化学有限责任公司赔偿损失500,000元,并承担鉴定费、案件受理费。

【案件争点】

1. 邵某某、张某某蘑菇场菌包死亡、受损是否是湖南有色郴州氟化学有限责任公司氟化学气体泄漏造成的。

2. 蘑菇场损失的具体数额如何认定。

【裁判要旨】

相对于积极的环境污染侵权,消极的环境污染侵权并非环境侵权人可控制的行为,一般为伴随企业正常生产经营活动产生的环境污染,如企业泄漏事故、爆炸事故所导致的环境污染行为。对于消极的环境污染侵权,也应当按照一般环境侵权处理,即由受害人承担"初步证明"的举证责任,由加害人证明污染行为与损害后果之间不存在因果关系。

首先,邵某某、张某某2012年8月22日受让蘑菇场,一直经营至湖南有色郴州氟化学有限责任公司氟化学气体泄漏之前,并未产生大面积菌包菌丝死亡、不能出菇的情况。菌包菌丝死亡、不能出菇出现在湖南有色郴州氟化学有限责任公司氟化学气体泄漏之后。

其次,湖南有色郴州氟化学有限责任公司自认2013年4月28日因工作人员操作不当,造成氟化学气体泄漏,并与周边村民小组、村民委员会就氟化学气体泄漏事件造成的树木、蔬菜等农作物损害达成赔偿协议。食用菌专家、湘南学院教授杨某某在一审出庭时证实食用菌受污染的敏感程度比农作物蔬菜等强。

最后，《侵权责任法》（已废止）第 66 条[①]规定：“因污染环境发生纠纷，污染者应当就法律规定的不承担责任或者减轻责任的情形及其行为与损害之间不存在因果关系承担举证责任。”邵某某、张某某蘑菇场大面积菌包菌丝死亡，不能出菇没有其他因素介入。因此，蘑菇场菌包菌丝死亡、不能出菇可能与湖南有色郴州氟化学有限责任公司气体泄漏存在因果关系。本案中，邵某某、张某某所举证据能够初步认定造成蘑菇场大面积菌包菌丝死亡、不能出菇与湖南有色郴州氟化学有限责任公司氟化学气体泄漏具有因果关系。湖南有色郴州氟化学有限责任公司不能举出相关免责证据，也未能举证证明 2013 年 4 月 28 日氟化学气体泄漏事故与损害之间不存在因果关系，其应当承担举证不能的法律后果，可以推定原告的蘑菇场出现菌包菌丝死亡与其氟化学气体泄漏具有因果关系。

综上，湖南有色郴州氟化学有限责任公司具有环境污染行为，造成蘑菇场菌包死亡、不能出菇的损害结果，该行为与损害结果具有因果关系，依照《环境保护法》（1989 年版）第 6 条第 3 款的规定，湖南有色郴州氟化学有限责任公司应当承担法律责任。

例案三　北京市房山区周口店镇西庄村村民委员会与中国石化集团北京燕山石油化工有限公司环境污染责任纠纷

【法院】

北京市房山区人民法院

【案号】

（2015）房民初字第 02749 号

【当事人】

原告：北京市房山区周口店镇西庄村村民委员会

被告：中国石化集团北京燕山石油化工有限公司

【基本案情】

2014 年 8 月 20 日，中国石化集团北京燕山石油化工有限公司（以下简称燕山石化公司）热力厂一热力车间油泵入口滤网污油阀门发生内漏，部分裂解渣油经污油管线进入隔油池，隔油池存满后溢出，经雨水管线和该公司西区厂内河道排至周

① 参见《民法典》第 1230 条。

口店河河道内(周口店河西庄桥附近),裂解渣油附着在沿途河道的水草上。燕山石化公司热力厂负责人在接受原房山区环境保护局调查时称,在此次泄漏事故中排放了约1吨裂解渣油至周口店河河道内。事故发生后,燕山石化公司对周口店河河面的油污进行了清理。北京市房山区周口店镇西庄村(以下简称西庄村)村民委员会申请对河道清除油渣的费用、河东污染土地翻新的费用、景观树和果树死亡的损失进行评估鉴定。法院就西庄村村民委员会的申请事项咨询了中国环境监测总站。中国环境监测总站委派技术人员对西庄村周口店河段及两侧农田进行了现场勘查。中国环境监测总站认为,依据已有材料及现场状况,难以确认事发时的污染物浓度、污染范围及环境损害程度等要素,在因果关系判定、环境损害实物量化及价值量化过程中缺乏必要的证据支持,对西庄村村民委员会申请的事项难以作出科学、合理的环境损害鉴定评估结论,对相关的鉴定委托不予受理。

【案件争点】

1. 西庄村村民委员会遭受损失数额的认定。

2. 燕山石化公司是否存在法定的不承担责任和减轻责任事由。

【裁判要旨】

根据《环境保护法》《侵权责任法》(已废止)的规定,侵害环境民事权益的,应当承担侵权责任,但同时也规定了在具备某些条件时,可以减轻或免除侵权人的责任。从我国《侵权责任法》(已废止)和其他环境保护单行法的规定看,环境侵权的免责事由有三项:不可抗力、受害人自身的过错和第三者的行为。只要具备上述条件之一,致害人就可以免予承担环境侵权的民事责任。伴随企业生产经营活动的消极污染并不属于法定的免责事由,无法以消极污染为由免除自身的侵权责任。

本案中,燕山石化公司认为渣油泄漏是不可抗力造成的,并提交了房山区气象局气象凭证和中国气象局网站关于暴雨及其定义的科普介绍对其主张加以证明。上述证据材料可以证明房山区周口店地区在2014年8月21日降下暴雨,但不能证明是该天的暴雨导致了渣油的泄漏及其排至周口店河河道内进而导致环境污染。燕山石化公司主张,西庄村村民委员会明知周口店河道内有经处理合格的工业污水排入,不能饮用及灌溉,还在周口店河道上修筑水坝和水渠,该行为是导致其遭受经济损失的根本原因。燕山石化公司对该项主张提供的证据包括:(1)2016年4月22日拍摄的照片;(2)胜利化工厂、东方红炼油厂和周口店公社西庄大队于1976年12月8日签订的关于供水的协议;(3)燕山石化公司动力事业部关于解决西庄村水管线维修以维护稳定问题的请示和相关情况说明;(4)北京市排放污染物申报登记注册证。上述证据证明燕山石化公司负责解决西庄村村民生活用水的问题以及按照相关环境保护法规定进行排污申报的事实，但上述证据和事实并不能证明周口店村委会在河道上修建的水坝和水渠是造成相关环境污染发生或损失扩大的原因。综上，燕山石化公司提供的证明不能证明存在法定的不承担责任和减轻责任的事由。

三、裁判规则提要

（一）环境侵权的构成要件

环境侵权责任是一种侵权行为，适用无过错责任原则，而无过错责任原则的一个重要特征就是把行为人的主观过错排除在其构成要件之外。此民事责任的构成同样适用于环境民事责任，因此，行为符合环境民事责任的构成要件包括如下：①

1. 有损害事实存在。损害事实既是侵权行为产生的危害后果，又是承担民事责任的依据，所以它是构成一般民事责任与环境民事责任都必须具备的要件。但在环境法领域，侵权所造成的损害事实不仅包括直接的财产损失，更多还包括因人体健康损害而引起的财产损失。

2. 污染和破坏环境的行为存在。在民法上，承担民事责任以行为的“违法性”为必要条件。但在环境侵害中，却经常存在“合法”行为损害他人人身和财产的情况，如不超标排污引起的污染，由于环境因素的相互作用致人损害等。如果一味强调行为的“违法性”，实际上是忽视了环境侵害的特殊性，更重要的是不利于切实有效地保护受害者的利益。因此，环境法将环境侵害作为一类特殊行为加以规定，注重强调保护环境的法定义务，强调环境侵害不以违法性为前提，而是以侵害的客观性作为承担民事责任的要件。

3. 致害行为与损害结果之间的因果关系。传统民事责任要求的是违法行为与损害结果之间有因果关系，由于环境民事责任不以违法行为为构成要件，因此，在强调其侵害行为的危害性时，将其表述为致害行为与损害结果之间有因果关系。并且这种因果关系不再要求严格的直接的证明，在环境民事责任中不要求传统的那种严密的、直接的、必然的因果关系证明，而是采用举证责任倒置的方式减轻受害人的举证责任。

---

① 参见秦天宝主编：《环境法——制度·学说·案例》，武汉大学出版社 2013 年版，第 326～327 页。

(二)环境侵权举证责任的分配

相较于一般侵权,环境侵权行为作为一种特殊侵权行为,有着如下特点:(1)侵权关系主体具有不平等性,在环境侵权之诉中往往受害者与加害方在经济实力、科技能力方面对比悬殊,受害者往往处于弱势地位;(2)侵权行为具有间接性、持续性和复杂性,环境侵权行为通过环境这一媒介直接作用于人身权、财产权,而且具有持续污染行为,同时环境侵权相较于一般侵权过程也具有复杂性的特点;(3)损害结果具有潜伏性、滞后性等特点,环境侵权行为通过环境这一媒介直接作用于人身权、财产权,而且持续污染行为所引起的损害结果具有隐蔽性,即环境污染、生态破坏的结果在短时期内不一定能够显现,但是环境侵权所造成的损害却是持续的,往往造成的损害后果是不可弥补的。侵权主体的地位不平等性以及环境侵权的复杂性决定了受害者在环境侵权之诉中往往处于弱势地位,此种弱势地位尤其体现在环境侵权诉讼中的举证责任分配上,依据传统的一般侵权举证规则,原告方需要从侵权行为、损害后果、主观过错、因果关系方面举证证明侵权行为的成立,而对比环境侵权,让处于弱势地位受害人承担如此严格的举证责任必然不切实际。

为了体现对于弱者的保护,实现环境保护法律制度的公平与正义,2010 年 7 月实施的《侵权责任法》(已废止)提出了在环境侵权中实行举证责任倒置方式以减轻原告方的举证责任,其第 66 条规定,因污染环境发生纠纷,污染者应当就法律规定的不承担责任或者减轻责任的情形及其行为与损害之间不存在因果关系承担举证责任。举证责任倒置制度是为了减轻弱势当事人的举证责任而设立的,其实质是对“谁主张,谁举证”规则作出的特殊规定。所谓举证责任倒置,指的是将通常情形下将本应由主张权利的一方当事人(一般是原告)就某种事由存在与否负担的举证责任,转移给对方当事人(一般是被告),由其就某种事实存在或不存在承担举证责任,若是对方当事人不能提供证据证明事项的存在或不存在,则推定原告的事实主张成立的一种举证责任分配制度。而此种制度适用到环境侵权中,具体是指因果关系的倒置,即由污染者承担因果关系不存在的证明责任。2015 年 6 月 3 日起施行的最高人民法院《关于审理环境侵权责任纠纷案件适用法律若干问题的解释》对环境侵权的原被告的举证责任作出了更为细致的规定,其中第 6 条规定,被侵权人根据《侵权责任法》(已废止)第 65 条规定请求赔偿的,应当提供证明以下事实的证据材料:污染者排放了污染物,被侵权人的损害,污染者排放的污染物或者其次生污染物与损害之间具有关联性。第 7 条规定,污染者举证证明下列情形之一的，人民法院应当认定其污染行为与损害之间不存在因果关系：排放的污染物没有造成该损害可能的，排放的可造成该损害的污染物未到达该损害发生地的，该损害于排放污染物之前已发生的，其他可以认定污染行为与损害之间不存在因果关系的情形。该解释明确指出了虽然对环境侵权行为的受害人不要求很高的证明标准，但是其仍旧需要对因果关系承担初步证明责任，其承担证明责任只需要达到最低限度，即证明关联性即可。同时，也确定侵权行为人就因果关系不存在举证的方向。

虽然《侵权责任法》已因 2021 年 1 月 1 日起施行的《民法典》而废止，但《民法典》第 1229 条、第 1230 条对原《侵权责任法》第 65 条、第 66 条进行了承继和完善。

（三）排放污染物行为的认定

在环境民事诉讼中，加害人的侵权行为是其承担责任的主要依据，正是由于污染加害人的污染与破坏环境的行为，导致了损害结果的发生。简言之，在环境侵权案件中，环境侵权的受害人需要证明其诉求的承担环境侵权的民事责任者从事了污染或破坏环境的行为，这就意味着，凡没有实施污染或破坏环境的行为的人，不可能承担环境侵权责任。

根据我国《民法典》第 124 条的规定，构成环境污染侵权的前提是“违反国家保护环境防止污染的规定”，这说明依传统民法的规定，环境侵权责任的承担是以行为人行为的违法性为前提的，与其他民事侵权行为一样，违法性同时也是环境侵权行为的构成要件。但是，我国《环境保护法》第 64 条规定，因污染环境和破坏生态造成损害的，应当依照原《侵权责任法》的有关规定承担侵权责任。认为《民法典》第 1229 条的规定，即因污染环境、破坏生态造成他人损害的，侵权人应当承担侵权责任。结合最高人民法院《关于审理环境侵权责任纠纷案件适用法律若干问题的解释》中对于环境侵权受害者、环境侵权人的举证要求可以看出，在侵权法中对于污染行为的认定并不需要违反相关的法律、法规，只要加害人存在污染行为即可。同时其他污染防治单行法律，如《大气污染防治法》《海洋环境保护法》《水污染防治法》《噪声污染防治法》《固体废物污染环境防治法》等均作了类似的规定。按照新法优于旧法、特殊法优于一般法的适用规则，在综合以上法律条文时可以得出结论：从我国的法律规定来看，侵权行为的违法性并不是构成环境侵权的必备要素。此种规定同样体现在司法实践中，不乏侵权人不断强调达标排污、不具有主观故意、没有刻意实施排污行为而法院不予采纳的情形。根据“谁污染，谁负责”原则,污染物产生单位对于生产经营中的污染物质承担相应主体责任,对其可能产生的环境污染、生态破坏有着高度的注意义务。而法院在审判实务中认定应当承担相应的责任的依据是排污行为与损害后果之间所存在的因果关系,而不是行为人主观上是否有过错、污染行为是否违法。由此可知,环境污染侵权中不论是侵权责任人积极地投放或导入污染物质的行为,还是企业生产活动中伴随的消极污染行为,均应当认定为侵权责任人存在排放污染物行为。

综上,环境侵权行为造成了环境损害后果,导致环境的污染或生态的破坏,不论是积极的故意、过失投放或导入污染物质的行为,还是伴随企业生产活动的不可控的消极污染行为,均可以判定该环境污染、生态破坏的行为符合环境侵权民事责任构成要件。这体现了环境司法协调平衡保障民生与发展经济之间的关系,既保护被侵权人的合法权益,体现对环境侵权弱势受害群体的司法保障,同时也对督促具有高度环境生态危险性的经营者履行更高的注意义务有着积极的指引作用。

四、辅助信息

高频词条:

《民法典》

第1229条 因污染环境、破坏生态造成他人损害的,侵权人应当承担侵权责任。

第1230条 因污染环境、破坏生态发生纠纷,行为人应当就法律规定的不承担责任或者减轻责任的情形及其行为与损害之间不存在因果关系承担举证责任。

第1233条 因第三人的过错污染环境、破坏生态的,被侵权人可以向侵权人请求赔偿,也可以向第三人请求赔偿。侵权人赔偿后,有权向第三人追偿。

最高人民法院《关于审理环境侵权责任纠纷案件适用法律若干问题的解释》

第5条 被侵权人根据民法典第一千二百三十三条规定分别或者同时起诉侵权人、第三人的,人民法院应予受理。

被侵权人请求第三人承担赔偿责任的,人民法院应当根据第三人的过错程度确定其相应赔偿责任。

侵权人以第三人的过错污染环境、破坏生态造成损害为由主张不承担责任或者减轻责任的,人民法院不予支持。

第6条 被侵权人根据民法典第七编第七章的规定请求赔偿的,应当提供证明以下事实的证据材料:

（一）侵权人排放了污染物或者破坏了生态；

（二）被侵权人的损害；

（三）侵权人排放的污染物或者其次生污染物、破坏生态行为与损害之间具有关联性。

第 7 条 侵权人举证证明下列情形之一的，人民法院应当认定其污染环境、破坏生态行为与损害之间不存在因果关系：

（一）排放污染物、破坏生态的行为没有造成该损害可能的；

（二）排放的可造成该损害的污染物未到达该损害发生地的；

（三）该损害于排放污染物、破坏生态行为实施之前已发生的；

（四）其他可以认定污染环境、破坏生态行为与损害之间不存在因果关系的情形。

第 15 条 被侵权人起诉请求侵权人赔偿因污染环境、破坏生态造成的财产损失、人身损害以及为防止损害发生和扩大、清除污染、修复生态环境而采取必要措施所支出的合理费用的，人民法院应予支持。

最高人民法院《关于民事诉讼证据的若干规定》

第 2 条 人民法院应当向当事人说明举证的要求及法律后果，促使当事人在合理期限内积极、全面、正确、诚实地完成举证。

当事人因客观原因不能自行收集的证据，可申请人民法院调查收集。

环境资源纠纷案件裁判规则第 16 条:

在噪声污染责任纠纷中,施工单位排放噪声超过国家规定标准,建设单位未依法进行环境影响评价或采取有效保护措施,属于以不作为的方式侵权,造成他人身体健康受损的,与施工单位构成共同侵权,应承担连带责任

〔**规则描述**〕:建设单位是建设工程的投资人,是工程建设项目的总负责方,依照法律的规定负有进行建设项目环境影响评价及采取环境保护措施的法律责任,无论建设单位是否将建设项目的施工对外发包,均不能免除其在项目实施中的环境保护义务。建设单位有效履行法定职责,可从源头上防控因工程建设发生的污染事件,强化建设单位不履行职责的法律责任,即与施工单位构成共同侵权,承担连带责任,可有效减少噪声污染的发生。

一、类案检索大数据报告

截至 2020 年 6 月 15 日,通过 Alpha 案例库共检索到类案 10 件。整体情况如下:

从年份分布情况可以看出当前条件下案件数量的变化趋势(见图 16 – 1)。

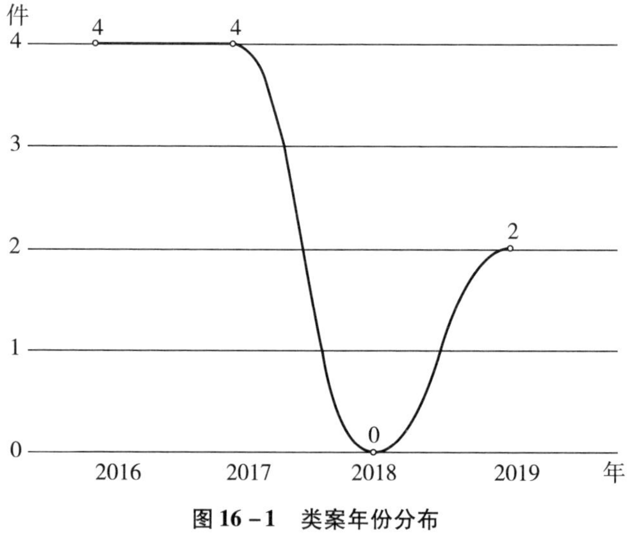

图 16 – 1　类案年份分布

从地域分布来看，当前案件主要集中在重庆市、湖北省、福建省，分别占比为30.00%、20.00%、20.00%。其中，重庆市的案件量最多，达到3件（见图16－2）。

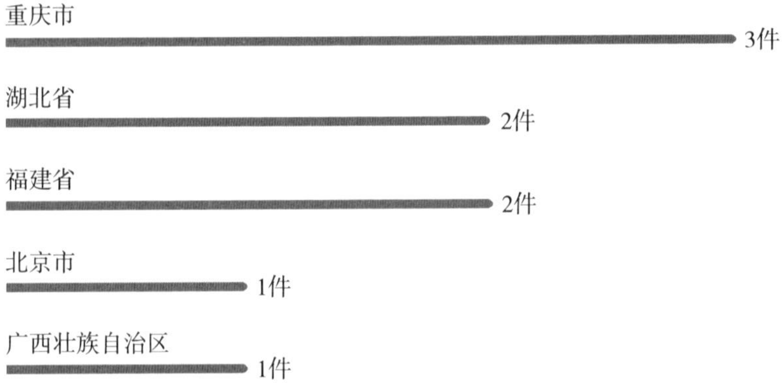

图16－2　类案主要地域分布

从审理程序分类统计可以看到当前的审理程序分布状况。一审案件有7件，二审案件有2件，再审案件有1件（见图16－3）。

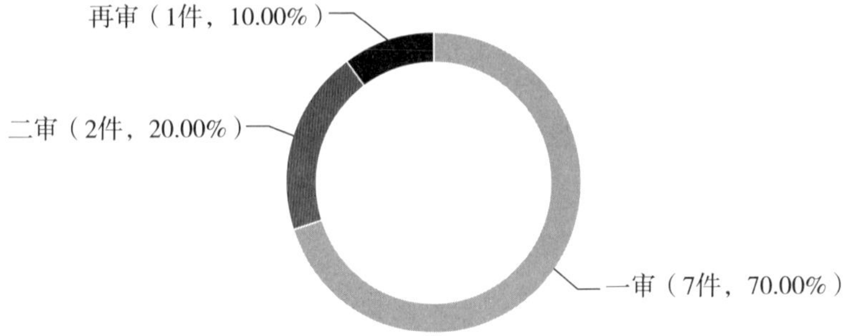

图16－3　类案审理程序分布

二、可供参考的例案

例案一　吴某某与某房地产开发公司、某建设工程公司、某建设公司噪声污染责任纠纷案[①]

【法院】

重庆市第四中级人民法院

① 本例案为重庆市高级人民法院2016～2017年环境资源审判十大典型案例之一。

【案号】

(2016)渝04民终587号

【当事人】

上诉人(原审被告):某房地产开发公司

被上诉人(原审原告):吴某某

被上诉人(原审被告):某建设工程公司

被上诉人(原审被告):某建设公司

【基本案情】

某房地产开发公司于2013年底开始实施其在某县城开发的某项目,吴某某家住该项目附近。2014年初某建设公司进场施工至同年9月,其间有夜间施工和产生工程噪声的情况,之后某建设工程公司进场施工。2013年11月1日,某房地产开发公司与某建设公司签订《某项目体育场平基土石方及边坡支护工程施工合同》,将项目的平基土石方及边坡支护工程发包给某建设公司施工。2014年年初,某建设公司进场施工,施工期间有夜间施工和产生工程噪声的情况,某建设公司施工至同年9月结束。2013年12月28日,某房地产开发公司与某建设工程公司签订《某项目一标段施工总承包合同补充协议一》,将项目主体工程发包给某建设工程公司,某建设公司基建工程结束后,某建设工程公司一直施工至诉讼发生时。某房地产开发公司在与某建设公司、某建设工程公司的合同中,有笼统的"依法""文明"施工的约定,但对施工过程中环境保护的措施没有明确约定。2014年11月3日,某房地产开发公司取得某县环保局《某市建设项目环境影响评价文件批准书》。某县环境监测站于2014年11月12日对案涉项目工地夜间施工噪声进行监测,结果显示超标,于2015年4月19日对案涉工地昼间施工噪声进行监测,结果还是超标。某建设工程公司仅取得2014年10月22日至24日夜间施工的许可证。在某建设公司、某建设工程公司施工期间,吴某某出现抑郁情绪发作的情况,先后被诊断为心境障碍(抑郁发作)住院治疗。审理中经鉴定,因吴某某患有心脏病史,易出现抑郁情绪,对环境噪声较常人敏感,可致其抑郁情绪加重或者使抑郁情绪发作。

【案件争点】

某房地产开发公司应否承担本案噪声污染责任。

【裁判要旨】

根据《环境噪声污染防治法》(1996年版)第13~15条之规定,作为建设工程项目的建设单位对其因项目建设产生的噪声有法定的采取措施防治的义务,建设单位未履行相关法定义务致客观上发生噪声污染事实,属于不作为导致污染发生的情形,此亦是法律规定的应有之义。本案中,一方面,某房地产开发公司在某项目实施时未进行环境影响评价,对项目实施中可能造成的噪声污染等未考虑采取措施处理,在对外发包过程中,没有与施工单位就施工过程中的环境保护措施进行明确约定。另一方面,某房地产开发公司虽然在某项目建设较长时间后,进行了环境影响评价,取得评价文件批准书;但是,无证据证明某房地产开发公司依照环境影响评价书的内容采取了防治噪声的措施或监督管理施工企业采取了防治噪声的措施,事实上,项目建设中未经批准进行夜间施工产生噪声,在环境影响评价获得批准后,某环境监测站对工程建设的检测结果,仍是噪声超过法定标准。故某房地产开发公司未履行法定义务致使某项目开发施工中的噪声污染客观存在,作为噪声污染的侵权人,某房地产开发公司应当承担噪声污染责任。基于此,某房地产开发公司与某建设工程公司及某房地产开发公司与某建设公司,就相关期间发生的损害,均属于知道不采取相应措施直接施工可能发生噪声污染损害而轻信能避免损害后果发生的情形,依照《侵权责任法》(已废止)第 8 条①之规定,某房地产开发公司与某建设工程公司及某建设公司应当相互承担连带责任。

例案二 | 王某与某房地产开发公司、某建设公司噪声污染责任纠纷

【法院】

贵州省高级人民法院

【案号】

(2014)黔高民终字第 25 号

【当事人】

上诉人(原审被告):某房地产开发公司

被上诉人(原审原告):王某,某开发区某酒店投资人

原审被告:某建设公司

【基本案情】

王某投资设立了某酒店,经营范围为住宿、大型餐馆服务,经营情况良好。后由建设单位某房地产开发公司开发、施工单位某建设公司承建的某项目开始施工,

① 参见《民法典》第 1168 条。

施工地点位于王某经营的某酒店隔壁。某房地产开发公司向某市环境保护局经济技术开发区分局(以下简称某环保局经开分局)递交了关于某房地产项目的《建设项目环境影响报告表》,但由于某房地产开发公司、某建设公司未采取有效防治噪声的措施,某项目施工时产生了严重的噪声污染,对王某的某酒店经营产生严重影响,给王某造成巨大的经济损失。王某委托某市环境监测站对某酒店现场声环境现状进行检测,证明某酒店所处声环境为超4类,据此,某环保局经开分局向某房地产开发公司下达了《贵州省环境监察执法通知书》,责令某房地产开发公司必须在噪声超标的敏感点设置声屏障阻挡或隔离噪声的传播,同时严格执行《建筑施工场界环境噪声污染排放标准》(GB-12523—2011)。后某房地产开发公司向某环保局经开分局提交《关于减小某项目噪音扰民的报告》,但该项目是否按照该报告确定的处理方法进行施工,并无确切证据证明。故王某诉求某房地产开发公司、某建设公司立即采取有效措施停止对其的噪声污染侵权行为,并连带赔偿其因噪声污染侵权所造成的损失。

【案件争点】

1. 某房地产开发公司、某建设公司是否存在噪声污染行为。

2. 某酒店是否存在损害。

3. 某房地产开发公司、某建设公司的噪声污染行为与某酒店的损害是否存在因果关系。

【裁判要旨】

首先,本案相关证据与事实充分表明,某项目施工行为确实产生噪声,并且有超标的情形,应认定存在噪声污染行为;同时,排污是否超标不是承担侵权责任的界限。环境污染损害责任采无过错责任,国家或者地方规定的污染物排放标准,是环境保护主管部门决定排污单位是否需要缴纳排污管理费和进行环境管理的依据,并不是确定排污者是否承担赔偿责任的界限,即使排污符合标准,给他人造成损害的,也应当根据有损害就要赔偿的原则,承担赔偿责任。其次,结合现有证据材料,依据日常生活经验合理推论,本案某项目施工产生较为严重的噪声污染,的确影响周边居民或企业(包括与其毗邻的某酒店)的生产、生活,客观会影响某酒店的营业,降低某酒店的营业额,给某酒店正常经营造成一定的损失。最后,根据《侵权责任法》(已废止)第66条①的规定:"因污染环境发生纠纷,污染者应当就法律

① 参见《民法典》第1230条。

规定的不承担责任或者减轻责任的情形及其行为与损害之间不存在因果关系承担举证责任。”某房地产开发公司、某建设公司应当对不存在因果关系承担举证责任，现其未举证，就应当承担举证不利的后果，依法推定因果关系成立。如果侵权损害事实客观存在，当事人对损害的具体数额以及赔偿的利益额有争执，且客观上无法确定，人民法院不得拒绝裁判，应考虑案件全部情况，遵循法官职业道德，运用日常生活经验，综合对此作出判断。综上，法院判决某房地产开发公司、某建设公司共同赔偿王某造成的损失。

例案三 | 某奶牛合作社与某局集团有限公司、某供水公司噪声污染责任纠纷

【法院】

吉林省吉林市中级人民法院

【案号】

(2018)吉02民终1025号

【当事人】

上诉人(原审被告)：某局集团有限公司

上诉人(原审被告)：某供水公司

被上诉人(原审原告)：某奶牛合作社

【基本案情】

某奶牛合作社系一家奶牛养殖企业，于2009年10月14日获工商部门批准设立，购买奶牛进行饲养繁殖。2009年6月19日，某省人民政府下发《关于某城市引松供水工程占地区禁止新增建设项目和迁入人口的通告》。2010年6月9日，原环境保护部向某省水务投资集团有限公司下达《关于某省中部城市引松供水工程环境影响报告书的批复》，同意某省中部城市引松供水工程项目建设。2015年9月15日，某局集团有限公司被确定为某省中部城市引松供水工程总干线施工一标段中标单位，并于2015年10月与某供水公司签订相应合同文件。经批准，该工程于2015年10月28日开工建设。考虑到环保措施费用或补偿费用过高，某供水公司委托某水利水电勘测设计研究院对1#支洞方案进行了比选设计，并最终对1#支洞进行了变更设计，但变更后的设计方案仍存在夜间施工噪声超标的现象。某局集团有限公司按照某供水公司提供的设计方案进行施工建设。某省中部城市引松供水工程项目建设施工爆破噪声和道路运输噪声会对奶牛造成影响，且存在夜间

施工噪声超标的现象。爆破施工及其他施工行为产生的噪声、震动引起某奶牛合作社养殖的奶牛受惊吓,脱缰,怀孕奶牛流产、断奶等应激反应。某奶牛合作社委托某检测技术有限公司对奶牛场内声环境及振动数值进行了监测。该检测公司于同年2月27日出具了检测报告,结果为:声环境监测结果为Leq45.0,Lmax79.7;振动监测结果为VLzi56.06,VLma,95.90。因此,某奶牛合作社要求某局集团有限公司、某供水公司共同赔偿因爆破施工产生的震动和噪声环境污染损害,以及造成某奶牛合作社奶牛淘汰的损失。

【案件争点】

某奶牛合作社的奶牛损失与某局集团有限公司及供水公司的施工行为间是否存在因果关系。

【裁判要旨】

最高人民法院《关于适用〈中华人民共和国民事诉讼法〉的解释》第90条规定:"当事人对自己提出的诉讼请求所依据的事实或者反驳对方诉讼请求所依据的事实,应当提供证据加以证明,但法律另有规定的除外。在作出判决前,当事人未能提供证据或者证据不足以证明其事实主张的,由负有举证证明责任的当事人承担不利的后果。"《侵权责任法》(已废止)第65条①规定:"因污染环境造成损害的,污染者应当承担侵权责任。"第66条②规定:"因污染环境发生纠纷,污染者应当就法律规定的不承担责任或者减轻责任的情形及其行为与损害之间不存在因果关系承担举证责任。"本案中,因某局集团有限公司、供水公司进行施工建设过程中爆破产生噪声,对周围环境造成噪声污染损害,属于污染环境损害,应由某局集团有限公司、某供水公司对某奶牛合作社所饲养的奶牛损失与其施工行为间不存在因果关系承担举证责任。由于某局集团有限公司及某供水公司未能举证证明奶牛损失与其施工行为间不存在因果关系,故应由其承担举证不能的法律后果,另根据日常生活经验,爆破产生的噪声及振动必然会对奶牛造成惊吓并导致流产、断奶等现象产生,故应当认定施工行为与奶牛损失间存在因果关系。某局集团有限公司作为工程的施工方,其实施的爆破及其他施工行为产生的噪声直接造成了某奶牛合作社饲养的奶牛流产、断奶等损失,应对某奶牛合作社的损失承担赔偿责任。而某供水公司作为该工程的建设单位,工程选址是由其负责的,根据某局集团有限公司提

---

① 参见《民法典》第1229条。

② 参见《民法典》第1230条。

供的《某城市引松供水工程总干线隧道TBM施工段1#支洞方案比选设计》《某城市引松供水工程总干线隧道TBM施工段1#支洞变更设计报告》《某城市引松供水工程1#支洞施工期噪声影响评价报告》等证据能够体现某供水公司作为建设单位在确定工程选址时即明知在此处施工会对某奶牛合作社产生噪声污染，故某供水公司对本案损害后果的发生存在明显过错。应对某奶牛合作社的损失承担连带赔偿责任。综上，判决某局集团有限公司赔偿某合作社奶牛损失，某供水公司对此承担连带赔偿责任。

三、裁判规则提要

（一）噪声污染责任的构成要件

《民法典》第1229条规定："因污染环境、破坏生态造成他人损害的，侵权人应当承担侵权责任。"第11条规定："其他法律对民事关系有特别规定的，依照其规定。"《环境噪声污染防治法》第2条规定："本法所称环境噪声，是指在工业生产、建筑施工、交通运输和社会生活中所产生的干扰周围生活环境的声音。本法所称环境噪声污染，是指所产生的环境噪声超过国家规定的环境噪声排放标准，并干扰他人正常生活、工作和学习的现象。"据此，噪声污染损害赔偿责任的构成要件有三个：

1. 有排放噪声超出法定标准造成污染的行为。
2. 有损害后果。
3. 噪声污染与损害后果之间有因果关系。

例如，就例案一的情况而言，可以逐一对应上述构成要件：首先，作为施工单位的某建设公司、某建设工程公司在其各自施工期间均存在排放噪声超标的行为，某建设工程公司还存在未经许可夜间施工的行为，也就是说存在排放噪声超出法定标准造成污染的行为，符合第一个构成要件；其次，在二者施工期间，吴某某抑郁情绪发作，多次住院治疗，存在身体健康受损的事实，且其为了避免身体继续遭受噪声的损害外出租房，存在费用损失，也就是具备了损害后果的构成要件；最后，根据某市精神卫生中心出具的《某市精神卫生中心精神医学鉴定意见书》，虽然其结论明确吴某某的心境障碍（抑郁发作）与环境噪声之间无因果联系，但是，该中心在《某市精神卫生中心精神医学鉴定意见书》的分析说明中明确了因吴某某患有心脏病史，易出现抑郁情绪，对环境噪声较常人敏感，可致其抑郁情绪加重或者使抑郁情绪发作的意见。基于此，噪声污染的侵权行为与吴某某因抑郁情绪加重接受住院治疗及为避免损害加重而搬离住所在外居住产生的损失之间存在因果关系,符合第三个构成要件。至此,侵权行为人对此应承担噪声污染责任毋庸置疑。

(二)防治噪声污染系建设单位的法定义务

建设单位,是建设工程的投资人,也称业主,是工程建设项目建设过程中的总负责方,因此,需要进一步明确其防治房屋噪声污染的法定义务。根据《环境影响评价法》之规定,建设单位应当就对环境有影响的建设项目进行环境影响评价,同时,建设单位应当在建设项目实施过程中同时实施环境影响报告书及环境影响评价文件审批部门审批意见中提出的环境保护对策措施。由此理解,建设单位负有对建设项目进行环境影响评价及实施环境保护措施的法律责任。无论建设单位是否将建设项目的施工对外发包,均不能免除其项目实施中环境保护的义务,如建设单位在项目实施中未尽其责,则应承担相应的法律责任。虽然《环境影响评价法》只明确了建设单位的行政责任,但依据下述其他法律,并不影响其因改变环境或保护环境不力给他人造成损害而应当承担的民事责任。

根据《环境噪声污染防治法》第 13 条第 2 ~ 3 款的规定:"建设项目可能产生环境噪声的,建设单位必须提出环境影响报告书,规定环境噪声污染的防治措施,并按照国家规定的程序报环境保护行政主管部门批准。环境影响报告书中,应当有该建设项目所在地单位和居民的意见。"也就是说,建设的项目在有可能产生环境噪声的情况下,建设单位需要提出规定环境噪声污染防治措施的环境影响报告书并报批,报告书中还需要有项目所在地单位和居民的意见,对建设单位而言这是法定义务。值得注意的是,该条虽然没有明确提及时间,但从实际情况看,应当是提前提出报告并报批,才符合现实情况。

《环境噪声污染防治法》第 14 条第 2 款规定:"建设项目在投入生产或者使用之前,其环境噪声防治设施必须按照国家规定的标准和程序进行验收;达不到国家规定要求的,该建设项目不得投入生产或者使用。"第 15 条规定:"产生环境噪声污染的企业事业单位,必须保持防治环境噪声污染的设施的正常使用;拆除或者闲置环境噪声污染防治设施的,必须事先报经所在地的县级以上地方人民政府生态环境主管部门批准。"第 28 条规定:"在城市市区范围内向周围生活环境排放建筑施工噪声的,应当符合国家规定的建筑施工场界环境噪声排放标准。"第 30 条规定:"在城市市区噪声敏感建筑物集中区域内,禁止夜间进行产生环境噪声污染的建筑施工作业,但抢修、抢险作业和因生产工艺上要求或者特殊需要必须连续作业的除外。因特殊需要必须连续作业的，必须有县级以上人民政府或者其有关主管部门的证明。前款规定的夜间作业，必须公告附近居民。”上述规定均表明建设单位应当采取噪声污染防护措施，系其法定义务，即建设单位负有对建设项目进行环境影响评价及实施环境保护措施的法律责任。如果建设项目可能产生噪声，建设单位必须严格按照前述规定落实各项义务，提出环境影响报告书，采取噪声防护措施，听取项目所在地单位和居民的意见，保护居民的生活环境。无论建设单位是否将建设项目的施工对外发包，均不能免除其项目实施中环境保护的义务，如建设单位在项目实施中未尽其责，则构成对法定义务的违反，应承担相应的法律责任。

这里还需要明确一点，即建设单位与施工单位之间的合同约定，作为建设单位一般会考虑在合同中设置免除责任的条款，但系其与施工单位之间的内部约定，根据合同相对性及上述法律规定，该约定无对外效力，即便约定其不承担法律责任，受害人依然可以依据法律规定要求建设单位和施工单位承担连带责任。

（三）建设单位不作为导致噪声污染侵害发生与施工单位构成共同侵权

建设单位和施工单位明知施工单位不采取保护措施即进行施工可能会发生噪声污染损害的后果而轻信能够避免而致损害发生，构成噪声污染共同侵权，应当承担连带责任。《民法典》第 1168 条规定：“二人以上共同实施侵权行为，造成他人损害的，应当承担连带责任。”该规定明确了共同侵权的构成。而环境共同侵权是指，复数主体之“共同性”行为致使环境介质污染或破坏，进而对他人人身权、财产权造成损害或者有造成损害之虞，依法应承担连带法律责任的行为。除了一般侵权行为应当遵循的加害行为与损害结果之间有因果关系、加害行为的违法性等一般构成要件外，环境共同侵权行为的构成要件有其特殊性，包括：

1. 加害主体的复数性

即加害主体必须是两人或者两人以上，且均具有相应的民事行为能力。例如，在例案一中，加害主体有三个，即某房地产开发公司（建设单位）、某建设公司（施工单位）和某建设工程公司（施工单位），三者皆为法人，因此兼具有民事行为能力，均为侵权行为人，均应承担法律责任。

2. 加害行为的协作性

加害行为的协作性，是指各个侵权行为人之间存在互相利用、彼此支持的行为分担情形。共同侵权行为的协作性，意味着每一个行为人实际上都是以他人的行为作为自己的行为，从而实现其致害目的的。因此，对共同侵权行为人的认定，并不要求其必须亲自实施加害行为,只要具有服从于共同意思的行为分担,就可以被认定是共同侵权行为人。受害人也不必证明每个共同行为人的行为与损害结果之间都存在因果关系,而只需证明共同行为与损害结果之间存在因果关系。因为在共同侵权的情况下,个别共同侵权行为人缺乏直接因果关系,但可以通过共同的意思或者意志得以弥补。同时,环境污染行为通常是作为方式,但有些情况下不作为方式也可以构成环境污染行为,尤其是建设单位与施工单位之间的共同侵权,建设单位未依法进行环境影响评价或采取有效保护措施,违反了法定义务,建设单位与施工单位之间具有相互利用、彼此分担的行为分担,存在加害行为的协作性,建设单位即构成这里所述的以不作为的方式侵权。

例如,就例案一的情况而言,某房地产开发公司作为建设单位虽然没有直接实施噪声超标的排放行为,但某房地产开发公司未按规定进行环境影响评价,在对外发包时没有与施工单位就施工过程中的环境保护措施进行明确约定,亦未对项目实施中可能或已经造成的噪声污染等采取措施处理,事实上对于修建某项目的发生噪声污染损害行为,某房地产开发公司与某建设公司、某房地产开发公司与某建设工程公司之间具有相互利用、彼此分担的行为分担,存在加害行为的协作性。鉴于某建设公司、某建设工程公司在各自施工期间均具有排放噪声超标的行为,且与吴某某抑郁病情发作有因果关系,某房地产开发公司应当对某建设公司、某建设工程公司的加害行为承担相应的法律后果。

3. 主观意思的共同性

主观意思共同包括共同故意和共同过失两种形式。共同故意,是指不仅每一行为人对其加害行为都存在个别认识上的故意,而且行为人相互之间还存在必要的共谋,即相互之间具有共同的意思联络。共同过失,是指数行为人对损害发生的可能性有共同的认识,但均有回避损害的自信。共同过失不要求有对“损害”认识的交流,只需客观上应有共同的认识即可。建设单位在这类案件中有义务进行环境影响评价或采取有效保护措施,其应当意识到未采取措施可能发生噪声污染的损害后果,却轻信能避免损害后果发生,因此,在客观上与施工单位主观意思具有共同性。

例如,就例案一的情况而言,某房地产开发公司作为建设单位,某建设公司及某建设工程公司作为施工单位,就相关期间发生的损害,均应知道不采取相应措施直接施工可能发生噪声污染损害后果,却轻信能避免损害后果发生,故存在共同过失。

4. 损害结果的统一性

损害结果的统一性，是指侵权行为人的行为造成的损害后果应当是与共同意思相统一的整体。这种统一性要求加害行为乃至其损害结果的发生，应当在共同意思的目的范围之内，不能超出目的范围的可预见程度，而且并不要求损害结果必须同一，只要统一于共同的意思即可。也就是说，基于常理认识，外部环境对人的心理及情绪会产生重要影响，施工单位排放噪声超过国家规定标准，建设单位未依法进行环境影响评价或采取有效保护措施，其共同的损害结果为排放的噪声超标给人体造成损害，均在共同意思的目标范围之内，未超出目的范围的可预见程度，损害结果具有统一性。

例如，就例案一的情况而言，某房地产开发公司、某建设公司及某建设工程公司应该预见到排放噪声超标会对人体造成损害，吴某某因噪声污染致抑郁病情发作并未超出排放噪声导致损害的可预见程度，因此符合损害结果的统一性之构成要件。

综上，施工单位排放噪声超标，建设单位以不作为的方式共同导致噪声污染侵害发生，可认定为构成共同侵权，建设单位应与施工单位一起承担连带责任。如今，减少噪声污染、创造安宁的生活环境是满足人民日益增长的优美生态环境的需要。近年来，环境污染责任纠纷案件中涉及城市建筑噪声的案件呈上升趋势。建设单位是建设工程的投资人，是工程建设项目的总负责方，依照法律的规定负有进行建设项目环境影响评价及采取环境保护措施的法律责任，无论建设单位是否将建设项目的施工对外发包，均不能免除其在项目实施中的生态环境保护义务。建设单位有效履行法定职责，可从源头上防控因工程建设发生的污染事件，强化建设单位不履行职责的法律责任，可有效减少噪声污染的发生，还群众以宁静。

四、辅助信息

高频词条：

《民法典》

第11条 其他法律对民事关系有特别规定的，依照其规定。

第110条第1款 自然人享有生命权、身体权、健康权、姓名权、肖像权、名誉权、荣誉权、隐私权、婚姻自主权等权利。

第178条第2款 连带责任人的责任份额根据各自责任大小确定；难以确定责任大小的，平均承担责任。实际承担责任超过自己责任份额的连带责任人，有权向其他连带责任人追偿。

第179条 承担民事责任的方式主要有:

(一)停止侵害;

(二)排除妨碍;

(三)消除危险;

(四)返还财产;

(五)恢复原状;

(六)修理、重作、更换;

(七)继续履行;

(八)赔偿损失;

(九)支付违约金;

(十)消除影响、恢复名誉;

(十一)赔礼道歉。

法律规定惩罚性赔偿的,依照其规定。

本条规定的承担民事责任的方式,可以单独适用,也可以合并适用。

第1168条 二人以上共同实施侵权行为,造成他人损害的,应当承担连带责任。

第1172条 二人以上分别实施侵权行为造成同一损害,能够确定责任大小的,各自承担相应的责任;难以确定责任大小的,平均承担责任。

第1229条 因污染环境、破坏生态造成他人损害的,侵权人应当承担侵权责任。

第1230条 因污染环境、破坏生态发生纠纷,行为人应当就法律规定的不承担责任或者减轻责任的情形及其行为与损害之间不存在因果关系承担举证责任。

《环境保护法》

第42条第1款 排放污染物的企业事业单位和其他生产经营者,应当采取措施,防治在生产建设或者其他活动中产生的废气、废水、废渣、医疗废物、粉尘、恶臭气体、放射性物质以及噪声、振动、光辐射、电磁辐射等对环境的污染和危害。

《环境噪声污染防治法》

第13条 新建、改建、扩建的建设项目,必须遵守国家有关建设项目环境保护管理的规定。

建设项目可能产生环境噪声污染的,建设单位必须提出环境影响报告书,规定环境噪声污染的防治措施，并按照国家规定的程序报生态环境主管部门批准。

环境影响报告书中，应当有该建设项目所在地单位和居民的意见。

第 14 条 建设项目的环境噪声污染防治设施必须与主体工程同时设计、同时施工、同时投产使用。

建设项目在投入生产或者使用之前，其环境噪声污染防治设施必须按照国家规定的标准和程序进行验收；达不到国家规定要求的，该建设项目不得投入生产或者使用。

第 15 条 产生环境噪声污染的企业事业单位，必须保持防治环境噪声污染的设施的正常使用；拆除或者闲置环境噪声污染防治设施的，必须事先报经所在地的县级以上地方人民政府生态环境主管部门批准。

第 28 条 在城市市区范围内向周围生活环境排放建筑施工噪声的，应当符合国家规定的建筑施工场界环境噪声排放标准。

第 30 条 在城市市区噪声敏感建筑物集中区域内，禁止夜间进行产生环境噪声污染的建筑施工作业，但抢修、抢险作业和因生产工艺上要求或者特殊需要必须连续作业的除外。

因特殊需要必须连续作业的，必须有县级以上人民政府或者其有关主管部门的证明。

前款规定的夜间作业，必须公告附近居民。

《环境影响评价法》

第 16 条 国家根据建设项目对环境的影响程度，对建设项目的环境影响评价实行分类管理。

建设单位应当按照下列规定组织编制环境影响报告书、环境影响报告表或者填报环境影响登记表（以下统称环境影响评价文件）：

（一）可能造成重大环境影响的，应当编制环境影响报告书，对产生的环境影响进行全面评价；

（二）可能造成轻度环境影响的，应当编制环境影响报告表，对产生的环境影响进行分析或者专项评价；

（三）对环境影响很小、不需要进行环境影响评价的，应当填报环境影响登记表。

建设项目的环境影响评价分类管理名录，由国务院生态环境主管部门制定并公布。

第22条第1款 建设项目的环境影响报告书、报告表,由建设单位按照国务院的规定报有审批权的环境保护行政主管部门审批。

第25条 建设项目的环境影响评价文件未依法经审批部门审查或者审查后未予批准的,建设单位不得开工建设。

第26条 建设项目建设过程中,建设单位应当同时实施环境影响报告书、环境影响报告表以及环境影响评价文件审批部门审批意见中提出的环境保护对策措施。

第27条 在项目建设、运行过程中产生不符合经审批的环境影响评价文件的情形的,建设单位应当组织环境影响的后评价,采取改进措施,并报原环境影响评价文件审批部门和建设项目审批部门备案;原环境影响评价文件审批部门也可以责成建设单位进行环境影响的后评价,采取改进措施。

环境资源纠纷案件裁判规则第 17 条：
渔业生产者未经相关行政主管部门许可，非法占有水域进行养殖，主张污染者对因排污造成的损失进行赔偿的，对于鱼苗、饲料类生产成本，人民法院应予以支持；对于其实施非法养殖行为的人工费、预期收益损失部分，因不属于合法民事权益，人民法院不予支持

〔**规则描述**〕：公民、法人的合法民事权益受法律保护。渔业生产者未经相关行政主管部门许可，非法占有水（海）域进行养殖，主张污染者对因排污而对其造成的损失进行赔偿的，人民法院应根据经济损失的不同法律性质分别作出裁决。渔业生产者投入的鱼苗、饲料类生产成本，属于合法民事权益，人民法院应予以支持；因违法行为而产生的人工费及预期收益损失不属于合法民事收益，人民法院不予支持。

一、类案检索大数据报告

截至 2020 年 6 月 15 日，通过 Alpha 案例库共检索到类案 110 件。整体情况如下：从年份分布情况可以看出当前条件下案件数量的变化趋势（见图 17－1）。

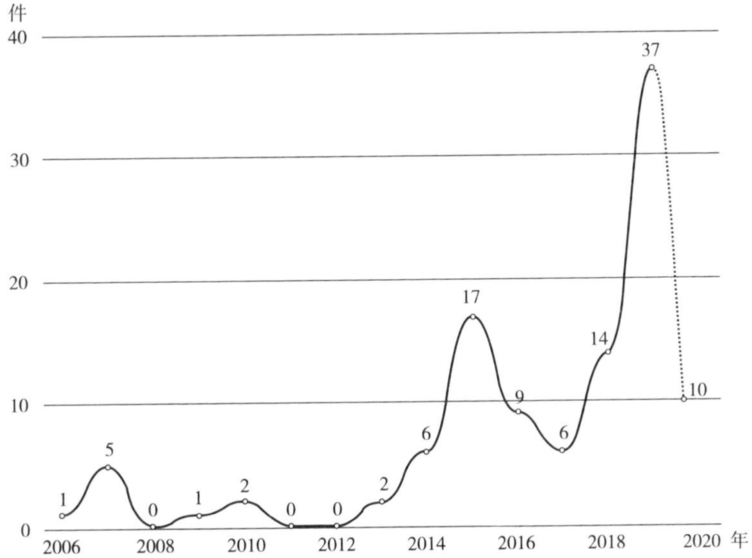

图 17－1　类案年份分布

从地域分布来看,当前案件主要集中在广西壮族自治区、福建省、山东省,分别占比为46.36%、9.09%、7.27%。其中,广西壮族自治区的案件量最多,达到51件(见图17-2)。

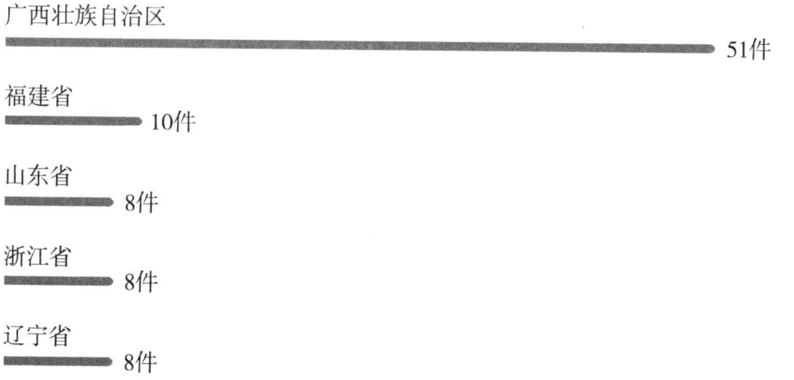

图17-2 类案主要地域分布

从审理程序分布状况可以看到当前的审理程序分布状况。一审案件有41件,二审案件有65件,再审案件有4件(见图17-3)。

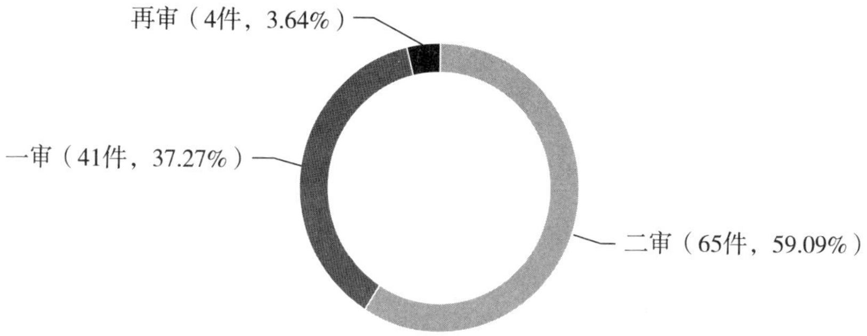

图17-3 类案审理程序分布

二、可供参考的例案

例案一 | 邓某诉广西永凯某有限责任公司等六企业通海水域污染损害责任纠纷

【法院】

广西壮族自治区高级人民法院

【案号】

(2016)桂民终193号

【当事人】

上诉人(一审被告)：广西永凯糖纸有限责任公司

上诉人(一审被告)：南宁祈顺纸业有限公司(原公司名称：南宁劲达兴纸业有限公司)

上诉人(一审被告)：横县六景华鸿污水处理有限公司

被上诉人(一审原告)：邓某

一审被告：南宁糖业股份有限公司伶俐糖厂

一审被告：华劲集团股份有限公司南宁纸业分公司

【基本案情】

2012年4月29日~5月25日，广西横县郁江六景至飞龙河段连续发生多起网箱养殖鱼类死亡事故，邓某是遭受死鱼事故的养殖户之一。事故河段是横县人民政府为保护重点流域水质和饮用水源安全而划定的禁止网箱养殖水域，邓某未持有合法有效的《水域滩涂养殖许可证》。死鱼事件发生后，当地渔业管理部门和环境保护主管部门对死鱼原因开展调查，认为溶解氧偏低是鱼类死亡的主要原因。邓某认为，广西永凯糖纸有限责任公司等六企业所在的河岸位置均属其养殖河段的上游，且其排污管都是通向郁江，其排污行为直接造成郁江六景至飞龙河段溶解氧过低，从而导致其网箱鱼大量死亡，诉请法院判令六家企业连带赔偿其经济损失、人工费114,786元、饲料鱼苗成本302,500元，并由六家企业共同承担本案的诉讼费用。

【案件争点】

渔业生产者未经相关行政主管部门许可，非法占有水域进行养殖，是否可以主张污染者对因排污而造成的损失承担赔偿责任以及如何承担。

【裁判要旨】

本案中，邓某已经举证证明广西永凯糖纸有限责任公司(以下简称永凯公司)、南宁祈顺纸业有限公司(以下简称祈顺公司)和横县六景华鸿污水处理有限公司(以下简称华鸿公司)均排放了可能造成其养殖鱼缺氧致死的污染物，并且该污染物到达了损害发生地，而永凯公司、祈顺公司和华鸿公司未能举证证明其污染行为与邓某的死鱼损害不存在因果关系，故应认定永凯公司、祈顺公司和华鸿公司的排污行为与邓某的养殖损失存在因果关系。邓某在死鱼事故发生时未依法取得养殖证,并不享有使用水域从事养殖生产的权利,其养殖收益不具有合法性,故养殖鱼价值构成中的利润部分及养殖人工费不受法律保护,但其购买的鱼苗、饲养鱼类必要的饲料等成本性投入属于合法民事利益,应当受到法律的保护。对于邓某可受法律保护的养殖损失,强降雨导致各种污染源汇入郁江输出的有机污染物占损害后果的原因力比例为75%,沿江生产企业正常排放生产废水输出的有机污染物占损害后果的原因力比例为25%。对于生产企业排污造成的邓某养殖成本损失23,056.13 元,永凯公司、祈顺公司和华鸿公司应平均承担赔偿责任。

对于损失的认定,法院以行政部门记载的死鱼数据为依据,综合鱼种类、数量、鱼苗市场价格等各方面实际因素,对邓某购买鱼苗的损失进行合理计算,对购买饲料的成本根据养殖惯例进行酌定,尊重客观事实且公平合理。邓某未经相关行政主管部门许可使用全民所有的水域,对其非法占有水域进行养殖而取得的不正当收益损失部分法律不予保护,对其具体实施非法养殖行为所投入的人工费亦不应支持,但其购买的鱼苗、饲料、鱼药等生产成本并无非法性,仍属于合法的民事权益,应予以保护。根据原南宁市环境保护局的报告,从造成死鱼河段溶解氧降低的有机污染物的来源构成来看,沿江生产企业正常排放的生产废水为输出耗氧有机物的来源之一,还存在另外三方面的污染源,法院确定排污企业对邓某可受法律保护的养殖损失应承担25%的责任比例有事实和法律依据。

例案二　马某、张某、马某科、张某布、马某伦与青岛港口投资建设(集团)有限责任公司、中交一航局第二工程有限公司、长江南京航道工程局海上养殖损害责任纠纷

【法院】

山东省高级人民法院

【案号】

鲁民四终字第8号

【当事人】

上诉人(原审原告):马某

上诉人(原审原告):张某

上诉人(原审原告):马某科

上诉人(原审原告):张某布

上诉人（原审原告）：马某伦

上诉人（原审被告）：青岛港口投资建设（集团）有限责任公司

上诉人（原审被告）：中交一航局第二工程有限公司

上诉人（原审被告）：长江南京航道工程局

【基本案情】

2006年3月7日，梁某某将2001年11月27日承包的青岛胶南琅琊水产开发公司的浅海增殖区转让给马某等五人使用，承包期开始后，马某等五人即在承包海域从事鲍鱼、海参底播养殖。2007～2008年，马某等五人先后投放各类规格鲍鱼苗、海参苗若干。2009年，董家口港区进行开发建设，其中，青岛港口投资建设（集团）有限责任公司（以下简称港投公司）、中交一航局第二工程有限公司（以下简称中交二公司）、长江南京航道工程局（以下简称南京航道局）共同承担了相关的工程项目建设任务。

2009年年底，马某等五人及附近养殖户开始陆续发现养殖区内的养殖物出现非正常死亡。马某等五人及其他养殖户遂委托山东大洋海事司法鉴定所对受损养殖区域致损原因进行鉴定，并对受损养殖物的价值进行评估。2011年11月30日，山东大洋海事司法鉴定所出具技术鉴定报告，结论为马某等五人在山东胶南胡家山前承包的海上养殖区出现的养殖物非正常死亡与董家口港区建设有关，给马某等五人造成经济损失448.4090万元，上述损失并不包括马某等五人养殖时间中断和缩短造成的损失。

【案件争点】

港投公司、中交二公司、南京航道局是否应对马某等五人主张的养殖损失承担赔偿责任。

【裁判要旨】

马某等五人自身并不具有养殖许可证和海域使用证；马某等五人基于与梁某某签订的浅海增殖区转让协议实际使用涉案海域，马某等五人提供了两份《水域滩涂养殖许可证》申请表，但该申请表并非行政主管部门颁发的养殖许可证书，而且其中载明的申请使用期限已经在2006年之前到期，因此，由于马某等五人未能提交有效的海域使用权证及养殖证，其养殖合法的主张不能成立。法院同时认为：虽然涉案工程存在相关工程项目的环境影响报告书及批复文件，但是，原青岛市环境保护局《关于青岛港董家口港区西防波堤施工引堤项目环境影响报告表的批复》等相关文件表明本案相关工程项目必然会对海洋生态环境，包括附近养殖区造成不利影响,即使严格按照环保要求施工,也仅是将对海洋环境的不利影响控制在一定范围内,相关工程项目对周边海洋环境造成污染不可避免。

虽然马某等五人没有提交有效的海域使用证及养殖许可证,未能证明其养殖的合法性,但鉴于马某等五人实际投放苗种养殖的事实,对其养殖成本应予保护。马某等五人主张的人工造礁损失因未能提供证据证实其实际损失情况不予支持,其主张的其他损失,因不属于养殖成本损失,亦不予支持。山东大洋海事司法鉴定所的技术鉴定报告中认定的直接经济损失,因未考虑养殖合法性问题,对该结论不予采纳。

《海域使用管理法》第3条第2款规定:"单位和个人使用海域,必须依法取得海域使用权。"第19条规定:"……海域使用申请人自领取海域使用证书之日起,取得海域使用权。"国家海洋局制定的《海域使用权管理规定》第2条规定:"海域使用权的申请审批、招标、拍卖、转让、出租和抵押,适用本规定。"第43条规定:"海域使用权出租、抵押的,双方当事人应当到原登记机关办理登记手续。"第48条规定:"未经登记擅自出租、抵押海域使用权,出租、抵押无效。"根据上述规定,任何单位和个人使用海域均应自领取海域使用权证书之日起才取得海域使用权,通过出租取得海域使用权的应当到登记机关办理登记手续,否则出租无效。马某等五人使用的海域系自梁某某处承包而来,梁某某则是通过青岛胶南琅琊水产开发公司承包而来,但涉案争议海域只有部分登记在青岛胶南琅琊水产开发公司名下,即使马某等五人在承包涉案海域时出租人有合法的海域使用权,马某等五人使用涉案海域也因未在登记机关办理出租登记而无效。因此,马某等五人使用涉案海域不符合法律规定。《渔业法》第11条规定:"……单位和个人使用国家规划确定用于养殖业的全民所有的水域、滩涂的,使用者应当向县级以上地方人民政府渔业行政主管部门提出申请,由本级人民政府核发养殖证,许可其使用该水域、滩涂从事养殖生产……"养殖证是单位或个人使用水域、滩涂从事养殖生产活动的法律凭证,未依法取得养殖证就不享有使用水域、滩涂从事养殖生产的权利,其使用权不受法律保护。马某等五人在涉案海域进行养殖未取得养殖证,其在涉案海域进行养殖的行为不受法律保护。综上,山东省高级人民法院认为,马某等五人未能提供合法有效的海域使用权证和养殖证,原审法院认定马某等五人主张养殖行为合法不成立是正确的。马某等五人在涉案海域进行养殖的行为虽然不符合法律规定,但渔业生产本身并非法律禁止的危害社会公共利益的行为,无证养殖并不意味着养殖户的财产毫无法律上的权利,他人非法侵害时仍应承担赔偿责任。董家口港区进行施工虽然经过环境影响评价，但施工是否严格按照标准进行的无法予以证明，爆破、疏浚、底泥抛填等施工行为必然导致泥沙悬浮的增加，引起水质的变化，导致海水污染，并且马某等五人所在养殖区域存在养殖物死亡的情况，因此，侵权人应当承担相应的赔偿责任。中交二公司及南京航道局是在董家口港区施工的两家单位，作为施工方应当为直接侵权人，该两单位分别实施侵权行为，每个单位的施工行为均足以造成该损害结果，因此该两单位应承担连带赔偿责任。港投公司作为建设单位，负责工程的发包等事项，并不直接参与施工，因此港投公司并非侵权人，马某等五人要求港投公司承担连带责任无法律依据，对马某等五人的该项诉讼请求不应予以支持。

例案三 | 乳山市新嘉华水产有限公司、中交烟台环保疏浚有限公司海上养殖损害责任纠纷案

【法院】

山东省高级人民法院

【案号】

鲁民终1899号

【当事人】

上诉人（原审原告）：乳山市新嘉华水产有限公司

上诉人（原审被告）：中交烟台环保疏浚有限公司

【基本案情】

2008年6月1日、12月1日，乳山市人民政府颁发国海证083700389号、国海证093700539号、国海证083700392号、国海证093700540号、国海证093700541号五份海域使用权证书，载明的海域使用权人分别为宋某杰、郭某波、赵某挥、李某远，项目名称为浅海底播养殖，用海方式为开放式养殖。登记机关乳山市海洋与渔业局分别对海域使用权进行了登记，并收取了相应的海域使用金。上述四人于2015年6月5日分别出具《声明》称，其个人均系乳山市新嘉华水产有限公司（以下简称新嘉华公司）职工，五份海域使用权证书项下相应海域由新嘉华公司从事菲律宾蛤仔养殖并承担海域使用金，全部收益和风险由新嘉华公司享有和承担。但涉案的五份海域使用权证书海域使用权人一栏中并未登记新嘉华公司方名称。新嘉华公司于2008年在大连海洋大学教授闫某武的指导下，开始在上述五份海域使

用权证书标明的海域进行菲律宾蛤仔的养殖。2010年3月17日,中交烟台环保疏浚有限公司(以下简称中交公司)开始在乳山港扩建一期航道工程,2010年4月15日,中交公司向监理人山东港通工程管理咨询有限公司及业主乳山市港航基础工程有限公司发出003号、004号工程业务联系单,认为施工作业可能存在对周边水域回淤、污染环境的隐患,要求两公司采取相应措施。山东港通工程管理咨询有限公司认为情况属实;乳山市港航基础工程有限公司回复将尽早协调实施防泄漏处理。2010年3月26日施工开始后,施工船舶开始采用绞吸作业方式疏浚航道,并先后向湾内、湾外两个吹填区进行吹填作业,造成吹填废水先后自湾内、湾外两个溢流口向外泄露排放入海。在施工期间,绞吸作业和吹填溢流产生的悬浮泥沙均对附近海域的海水水质产生影响。2010年6月17日,受乳山市港航基础工程有限公司及包括新嘉华公司在内的共计22家养殖户的委托(新嘉华公司方在委托鉴定书上签字确认),山东海洋与渔业司法鉴定中心开始对海水养殖贝类经济损失进行鉴定,鉴定结果:(1)乳山市商港航道疏浚吹填导致其作业区周边养殖海域内悬浮物超渔业水质标准,损害了部分人工养殖贝类。(2)养殖贝类经济损失共计11,767,862.24元:菲律宾蛤仔损失7,304,151.10元,缢蛏损失3,716,085.89元,青蛤损失747,625.25元。2011年7月15日,新嘉华公司向中交公司提出《关于乳山市新嘉华水产有限公司海水贝类养殖污染受损造成经济损失情况及解决赔偿意见》,主张经济损失共计2.3093亿元,并要求双方共同委托鉴定机构,对新嘉华公司的经济损失情况重新进行司法鉴定和评估。2011年8月,新嘉华公司向山东省高级人民法院提起诉讼,要求中交公司赔偿经济损失1.85亿元。

【案件争点】

1.新嘉华公司的养殖行为是否合法。

2.中交公司是否应对新嘉华公司主张的养殖损失承担赔偿责任。

【裁判要旨】

根据《海域使用管理法》的规定,任何单位和个人均应自领取海域使用证书之日起才取得海域使用权,新嘉华公司使用的海域系登记在宋某杰、郭某波、赵某挥、李某远名下,即便是由上述四人将海域使用权转让于新嘉华公司使用,也应依法向海洋行政主管部门提出申请,经批准后做变更登记再领取海域使用权证书。然而未有证据证明新嘉华公司取得海域使用权证书,故新嘉华公司主张取得涉案海域使用权没有证据支持,新嘉华公司使用涉案海域不符合法律规定。根据《渔业法》第11条的规定,渔业养殖是一种经行政许可后方可从事的行为,而养殖证是单位或个人使用水域、滩涂从事养殖生产活动的法律凭证，未依法取得养殖证就不享有使用水域、滩涂从事养殖生产的权利，其使用权不受法律保护，新嘉华公司非法使用海域并进行非法养殖获得的利益属非法利益，不应受国家法律法规的保护。综上，新嘉华公司未能提供合法有效的海域使用权证书和养殖证，其养殖合法的主张不能成立。

新嘉华公司养殖行为本身合法与否不影响其投放苗种权益的合法性，即新嘉华公司对其筹资购买的苗种具有合法的权益，该合法权益不因养殖行为的非法性丧失，他人非法侵害时仍应承担赔偿责任。鲁海渔鉴(2010)渔鉴字第7号司法鉴定报告书已经确定了施工作业周围海域污染损害的事实。新嘉华公司养殖区虽距主要污染源较远，但中交公司现有证据及专家意见并不能证明其施工作业产生的悬浮泥沙对养殖物没有影响。中交公司主张其行为与损害结果不存在因果关系，证据不足，不予支持。故中交公司作为侵权人应当承担相应的赔偿责任。

新嘉华公司未取得海域使用权证和养殖证就从事水产养殖的行为，存在脱离国家有关部门监督管理的可能，这违背了制定法律的目的，所以其养殖利益不能与合法养殖行为受到同等法律保护，只应保护其在养殖区域投入的养殖成本。中交公司的施工行为引起涉案海域水质发生变化，造成环境污染，导致新嘉华公司的养殖物死亡，中交公司作为侵权人应当承担赔偿责任。

三、裁判规则提要

（一）公民、法人的合法的民事权益受法律保护

《民法典》第3条规定："民事主体的人身权利、财产权利以及其他合法权益受法律保护，任何组织或者个人不得侵犯。"民事权利及其他合法权益受法律保护是民法的基本精神，也是民事立法的出发点和落脚点。《民法典》对于民商事法律具有统领作用。《民法典》第1164条规定："本编调整因侵害民事权益产生的民事关系。"第110条规定："自然人享有生命权、身体权、健康权、姓名权、肖像权、名誉权、荣誉权、隐私权、婚姻自主权等权利。法人、非法人组织享有名称权、名誉权和荣誉权。"因此，依据《民法典》相关规定，侵权人实施侵权行为造成他人损失，对于受害人所遭受的合法民事权益损失，受害人要求侵权人予以赔偿的，人民法院应予以支持；对于不具有合法性的经济损失，人民法院不予支持。

(二)渔业生产者养殖行为的合法性判定

《渔业法》第 11 条规定:“国家对水域利用进行统一规划,确定可以用于养殖业的水域和滩涂。单位和个人使用国家规划确定用于养殖业的全民所有的水域、滩涂的,使用者应当向县级以上地方人民政府渔业行政主管部门提出申请,由本级人民政府核发养殖证,许可其使用该水域、滩涂从事养殖生产。核发养殖证的具体办法由国务院规定。集体所有的或者全民所有由农业集体经济组织使用的水域、滩涂,可以由个人或者集体承包,从事养殖生产。”由此可见,渔业生产者使用国家规划确定用于养殖业的全民所有的水域、滩涂进行养殖,必须取得本地人民政府核发的养殖证,取得养殖权,方可从事渔业养殖活动,其合法权益方可受到法律保护。

渔业生产者从事渔业养殖活动,除应遵守《渔业法》规定取得养殖证外,还需要遵守《河道管理条例》的相关规定。《河道管理条例》第 24 条第 1 款规定:“在河道管理范围内,禁止修建围堤、阻水渠道、阻水道路;种植高秆农作物、芦苇、杞柳、荻柴和树木(堤防防护林除外);设置拦河渔具;弃置矿渣、石渣、煤灰、泥土、垃圾等。”第 25 条规定:“在河道管理范围内进行下列活动,必须报经河道主管机关批准;涉及其他部门的,由河道主管机关会同有关部门批准……(二)爆破、钻探、挖筑鱼塘……”由此可见,渔业生产者不得在河道设置拦河渔具,在河道挖筑鱼塘则须报道河道主管机关批准,否则,养殖活动仍不符合相关的法律规定。

渔业生产者利用海水养殖,还需要遵守海域使用法的相关规定。《海域使用管理法》第 19 条规定:“海域使用申请经依法批准后,国务院批准用海的,由国务院海洋行政主管部门登记造册,向海域使用申请人颁发海域使用权证书;地方人民政府批准用海的,由地方人民政府登记造册,向海域使用申请人颁发海域使用权证书。海域使用申请人自领取海域使用权证书之日起,取得海域使用权。”利用海水养殖,也是使用海域的一种具体方式。因此,渔业生产者利用海水养殖,不仅应申领养殖证,还应向有关部门提出海域使用申请,取得海域使用权证,方可从事海水养殖活动。

根据以上分析,渔业生产者养殖行为的合法性判定,需要区分两类情形:其一,利用河道从事养殖行为,不仅需要向渔业部门申领养殖证,还需要注意不得违反《河道管理条例》的相关规定,在特定情形下需取得水利行政主管部门的批准;其二,利用海域从事养殖行为,不仅需要向渔业部门申领养殖证,还需要申领海域使用证。

此外，渔业生产者超越相关行政许可范围或者使用无效许可证件从事养殖生产的行为，在实践中也屡见不鲜。上述行为也将导致渔业生产者的养殖行为违反相关法律规定。

（三）非法养殖受污致损时侵权人应赔偿鱼苗、饲料等生产类成本

渔业生产者未经相关行政主管部门许可，非法占有水域进行养殖，主张污染者对因排污而造成的损失进行赔偿的，对于渔业生产者所遭受的经济损失，污染者或相关第三人是否应予以赔偿？渔业生产本身并非法律禁止的危害社会公共利益的行为，而是增进社会财富、满足社会生产需求，从而具有一定社会价值的行为，因此，无证养殖并不意味着渔业生产者的财产毫无法律上的权利，非法侵害他人的污染者或第三者仍应承担一定的民事法律责任。由于渔业生产者在侵害发生前所投入的鱼苗、饲料等生产类成本，本身具有合法性，根据《民法典》确立的保护合法民事权益的基本原则，对于此类合法权益，法律应予以保护，对于渔业生产者提起的赔偿请求，人民法院可以予以支持。对于渔业生产者实施非法养殖行为的人工费、预期收益损失部分，属于非法行为所产生的经济损失，不属于合法民事权益，不属于法律保护范围，人民法院不予支持。

四、辅助信息

高频词条：

《民法典》

第 3 条　民事主体的人身权利、财产权利以及其他合法权益受法律保护，任何组织或者个人不得侵犯。

第 11 条　其他法律对民事关系有特别规定的，依照其规定。

第 110 条　自然人享有生命权、身体权、健康权、姓名权、肖像权、名誉权、荣誉权、隐私权、婚姻自主权等权利。

法人、非法人组织享有名称权、名誉权和荣誉权。

第 179 条　承担民事责任的方式主要有：

（一）停止侵害；

（二）排除妨碍；

（三）消除危险；

（四）返还财产；

(五)恢复原状;

(六)修理、重作、更换;

(七)继续履行;

(八)赔偿损失;

(九)支付违约金;

(十)消除影响、恢复名誉;

(十一)赔礼道歉。

法律规定惩罚性赔偿的,依照其规定。

本条规定的承担民事责任的方式,可以单独适用,也可以合并适用。

第1164条 本编调整因侵害民事权益产生的民事关系。

第1166条 行为人造成他人民事权益损害,不论行为人有无过错,法律规定应当承担侵权责任的,依照其规定。

第1182条 侵害他人人身权益造成财产损失的,按照被侵权人因此受到的损失或者侵权人因此获得的利益赔偿;被侵权人因此受到的损失以及侵权人因此获得的利益难以确定,被侵权人和侵权人就赔偿数额协商不一致,向人民法院提起诉讼的,由人民法院根据实际情况确定赔偿数额。

第1229条 因污染环境、破坏生态造成他人损害的,侵权人应当承担侵权责任。

第1230条 因污染环境、破坏生态发生纠纷,行为人应当就法律规定的不承担责任或者减轻责任的情形及其行为与损害之间不存在因果关系承担举证责任。

最高人民法院《关于审理环境侵权责任纠纷案件适用法律若干问题的解释》

第1条 因污染环境、破坏生态造成他人损害,不论侵权人有无过错,侵权人应当承担侵权责任。

侵权人以排污符合国家或者地方污染物排放标准为由主张不承担责任的,人民法院不予支持。

侵权人不承担责任或者减轻责任的情形,适用海洋环境保护法、水污染防治法、大气污染防治法等环境保护单行法的规定;相关环境保护单行法没有规定的,适用民法典的规定。

第6条 被侵权人根据民法典第七编第七章的规定请求赔偿的,应当提供证明以下事实的证据材料:

(一)侵权人排放了污染物或者破坏了生态;

（二）被侵权人的损害；

（三）侵权人排放的污染物或者其次生污染物、破坏生态行为与损害之间具有关联性。

第7条 侵权人举证证明下列情形之一的，人民法院应当认定其污染环境、破坏生态行为与损害之间不存在因果关系：

（一）排放污染物、破坏生态的行为没有造成该损害可能的；

（二）排放的可造成该损害的污染物未到达该损害发生地的；

（三）该损害于排放污染物、破坏生态行为实施之前已发生的；

（四）其他可以认定污染环境、破坏生态行为与损害之间不存在因果关系的情形。

《渔业法》

第1条 为了加强渔业资源的保护、增殖、开发和合理利用，发展人工养殖，保障渔业生产者的合法权益，促进渔业生产的发展，适应社会主义建设和人民生活的需要，特制定本法。

第11条 国家对水域利用进行统一规划，确定可以用于养殖业的水域和滩涂。单位和个人使用国家规划确定用于养殖业的全民所有的水域、滩涂的，使用者应当向县级以上地方人民政府渔业行政主管部门提出申请，由本级人民政府核发养殖证，许可其使用该水域、滩涂从事养殖生产。核发养殖证的具体办法由国务院规定。

集体所有的或者全民所有由农业集体经济组织使用的水域、滩涂，可以由个人或者集体承包，从事养殖生产。

《海域管理法》

第1条 为了加强海域使用管理，维护国家海域所有权和海域使用权人的合法权益，促进海域的合理开发和可持续利用，制定本法。

第3条 海域属于国家所有，国务院代表国家行使海域所有权。任何单位或者个人不得侵占、买卖或者以其他形式非法转让海域。

单位和个人使用海域，必须依法取得海域使用权。

第6条 国家建立海域使用权登记制度，依法登记的海域使用权受法律保护。

国家建立海域使用统计制度，定期发布海域使用统计资料。

《河道管理条例》

第24条 在河道管理范围内，禁止修建围堤、阻水渠道、阻水道路；种植高杆农作物、芦苇、杞柳、荻柴和树木(堤防防护林除外);设置拦河渔具;弃置矿渣、石渣、煤灰、泥土、垃圾等。

在堤防和护堤地,禁止建房、放牧、开渠、打井、挖窖、葬坟、晒粮、存放物料、开采地下资源、进行考古发掘以及开展集市贸易活动。

第25条 在河道管理范围内进行下列活动,必须报经河道主管机关批准;涉及其他部门的,由河道主管机关会同有关部门批准:

(一)采砂、取土、淘金、弃置砂石或者淤泥;

(二)爆破、钻探、挖筑鱼塘;

(三)在河道滩地存放物料、修建厂房或者其他建筑设施;

(四)在河道滩地开采地下资源及进行考古发掘。

环境资源纠纷案件裁判规则第18条：
因第三人过错污染环境造成损害的，受害人可以以污染者为被告或者以污染者和第三人同时为被告提起环境民事侵权诉讼。无过错者承担了赔偿责任的，可以向第三人追偿。法律另有规定的，从其规定

〔**规则描述**〕：环境侵权行为是一种特殊侵权行为，环境侵权责任是一种无过错责任。完全是因第三人的过错而致环境污染损害发生时，受害人既可以将直接污染者作为被告，也可以将直接污染者和与造成该污染有因果关系的第三人同时作为被告，向人民法院提起诉讼。即使直接污染者主观上无过错，直接污染者也应与第三人一起向受害人承担连带赔偿责任。污染者承担赔偿责任后，可以向有过错的第三人追偿。《海洋环境保护法》、国务院《关于核事故损害赔偿责任问题的批复》对于海洋污染损害赔偿责任人及核事故损害赔偿责任有不同规定，从其规定。根据《海洋环境保护法》第89条第1款之规定，完全由于第三者的故意或者过失，造成海洋环境污染损害的，由第三者排除危害，并承担赔偿责任。根据国务院《关于核事故损害赔偿责任问题的批复》之规定，核设施的营运者应当对核事故造成的人身伤亡、财产损失或者环境受到的损害承担赔偿责任。营运者以外的其他人不承担赔偿责任。

一、类案检索大数据报告

截至2020年6月15日，通过Alpha案例库共检索到类案37件。整体情况如下：

从年份分布情况可以看出在当前条件下案件数量的变化趋势（见图18－1）。

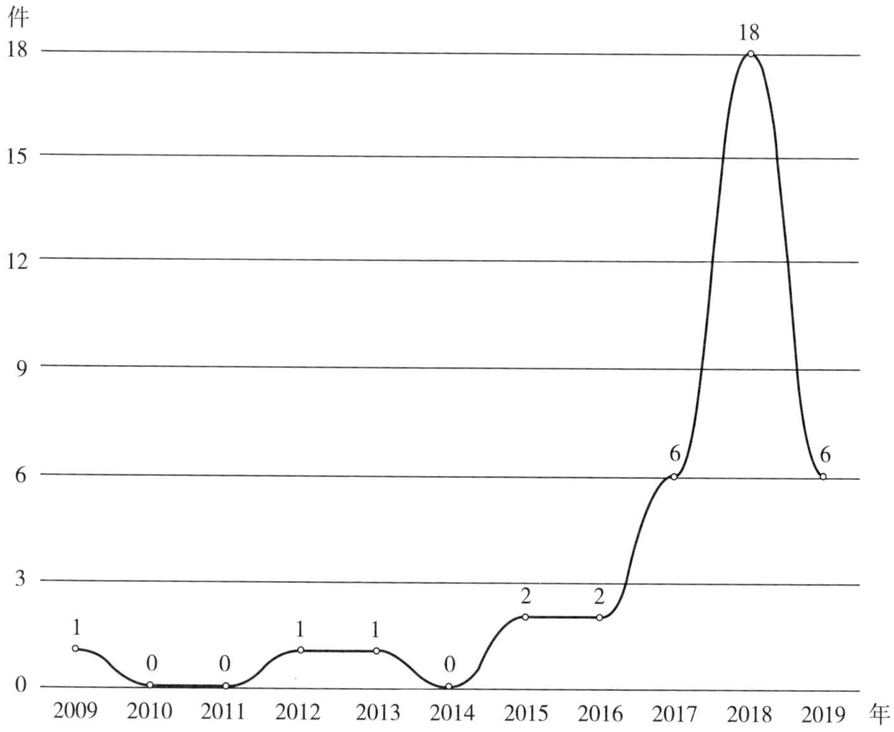

图 18－1　类案年份分布

从地域分布来看,当前案件主要集中在湖南省、江苏省、江西省,分别占比为 48.65%、8.11%、5.41%。其中,湖南省的案件量最多,达到 18 件(见图 18－2)。

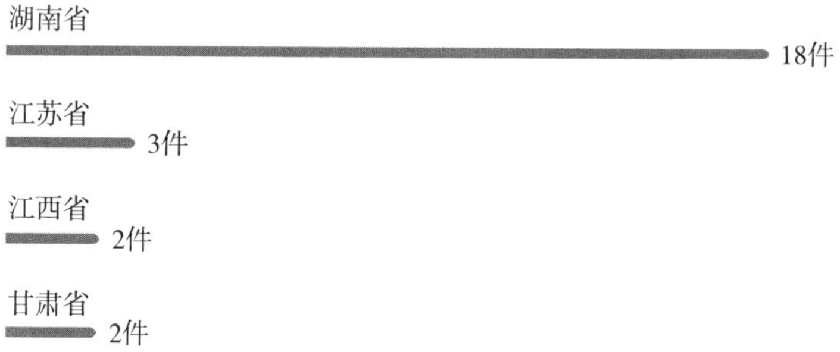

图 18－2　类案主要地域分布

从审理程序分类统计可以看到当前的审理程序分布状况。一审案件有 21 件,二审案件有 11 件,再审案件有 4 件,其他案件有 1 件(见图 18－3)。

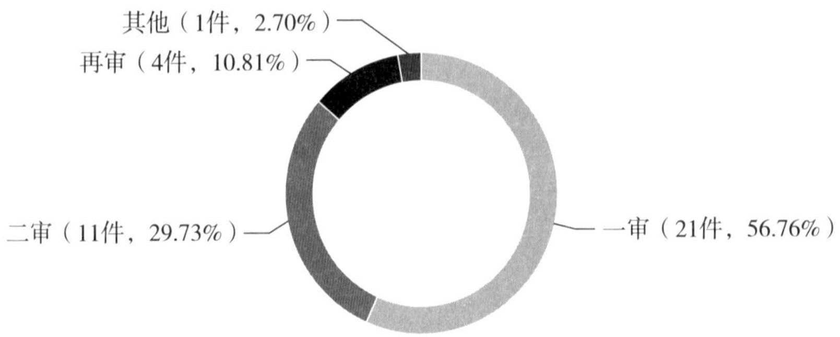

图 18－3 类案审理程序分布

二、可供参考的例案

例案一 重庆市长寿区龙河镇盐井村 1 组与蒙城县利超运输有限公司等环境污染责任纠纷①

【法院】

重庆市长寿区（县）人民法院

【当事人】

原告：重庆市长寿区龙河镇盐井村 1 组

被告：蒙城县利超运输有限公司

被告：新余市广诚汽车运输有限责任公司

被告：李某某等杨某某遗属

被告：濮阳市汽车运输公司

【基本案情】

2010 年 7 月 6 日，李某驾驶杨某某所有的牵引车与濮阳市汽车运输公司（以下简称濮阳公司）所有的重型罐式货车尾随相撞发生交通事故，造成杨某某死亡、财产毁损，罐式货车所载的一甲胺溶液发生泄漏，产生环境污染。李某承担此次事故的全部责任，濮阳公司的驾驶员不承担责任。上述牵引车系挂靠蒙城县利超运输有限公司（以下简称利超公司）、新余市广诚汽车运输有限责任公司（以下简称广诚公司）经营。此次交通事故泄漏一甲胺溶液 5.34 吨，对当地鱼塘、农田造成污

① 本例案为《最高人民法院公报》2014 年第 11 期案例。

染。后政府职能部门对被污染的鱼塘和农田损失情况进行了实地测查,确认了相关损失。重庆市长寿区龙河镇盐井村1组(以下简称盐井村1组)提起诉讼,请求判令利超公司、广诚公司、李某某等杨某某遗属、濮阳公司连带赔偿因环境污染造成的财产损失7500元。

【案件争点】

载有化学物的车辆与其他车辆发生事故,造成化学物泄漏导致环境污染的,在其他车辆对交通事故负全责的情况下,载有化学物车辆是否承担环境侵权责任。

【裁判要旨】

根据《侵权责任法》(已废止)第68条①之规定,环境污染者即使因第三人的过错造成他人损失,也不能免责,故濮阳公司应当承担环境污染的损害赔偿责任,其在赔偿后有权向有过错的其他责任人进行追偿。杨某某一方在交通事故中负有全部责任,对于盐井村1组遭受的环境污染损害具有过错,应承担赔偿责任。现杨某某已经死亡,该债务发生在杨某某与李某某婚姻关系存续期间,故李某某应当对该债务承担连带责任,杨某芹等杨某某的继承人应在继承杨某某遗产的范围内承担赔偿责任。杨某某所有的车辆,挂靠在利超公司、广诚公司名下,故该两公司应当承担补充赔偿责任。李某系杨某某雇佣的驾驶员,其在从事雇佣活动中造成他人损害的,依法应由雇主对外承担侵权责任。事故发生后,政府职能部门作出的损失情况统计表应予采纳。被告对污染行为与损害之间不存在因果关系未予举证证明,故对其辩解不予采信。法院于2011年12月作出判决,判令由濮阳公司、李某某赔偿盐井村1组损失7500元;利超公司、广诚公司承担补充赔偿责任;杨某芹等继承人在继承杨某某遗产的范围内对前款债务承担清偿责任;驳回盐井村1组对李某的诉讼请求。

例案二 | 罗山县宝城街道办事处等与永成市天成运输有限公司等环境侵权责任纠纷

【法院】

河南省罗山县人民法院

① 参见《民法典》第1233条。

【案号】

（2018）豫 1521 民初 1448 号

【当事人】

原告：罗山县宝城街道办事处

原告：罗山县宝城街道桑园村民委员会

原告：罗山县宝城街道岳冲社区居民委员会

原告：罗山县宝城街道桑园村民委员会受害村民

原告：罗山县宝城街道岳冲社区居民委员会受害居民

被告：永成市天成运输有限公司

被告：杨某某

被告：丁某某

被告：刘某某

被告：中华联合财产保险股份有限公司洛阳中心支公司

被告：中国人寿财产保险股份公司商丘市中心支公司

被告：洛阳卡漫物流有限公司

被告：中国人寿财产保险股份公司洛阳市中心支公司

【基本案情】

2017 年 6 月 27 日，被告杨某某驾驶豫 N×××号车沿 312 国道由西向东行驶，与前方同向洛阳卡漫物流有限公司（以下简称卡漫物流公司）驾驶员兼押运员刘某某驾驶的豫 C×××号车尾部相撞，车辆损坏，致豫 C×××号车拉载的乙酸乙烯酯泄漏，造成桑园村、岳冲社区空气、土地、水等严重污染，致家禽、鱼、庄稼、蔬菜、树木死亡。经罗山县公安交通警察大队认定，杨某某负此事故全部责任，刘某某不负事故责任。豫 N×××号车在中华联合财产保险股份有限公司洛阳中心支公司（以下简称联合财保洛阳公司）、中国人寿财产保险股份公司商丘市中心支公司（以下简称人寿财保商丘公司）投保有交强险、商业三责险。豫 C×××号车在中国人寿财产保险股份公司洛阳市中心支公司（以下简称人寿财保洛阳公司）投保第三者责任保险和货物责任保险，且在保险期间内。保险合同约定先在第三者责任保险 1,000,000 元内赔付，超出部分才在“危货三责险”内赔付，且两个险种不重复计算赔偿。其中施救清污费用，单次事故赔偿限额为 300,000 元，每次事故免赔额为 100,000 元。法律费用，单次事故赔偿限额为 150,000 元，每次事故免赔额为 100,000 元。免责条款已向投保人卡漫物流公司尽到明确说明义务，该公司签章认可。杨某某系豫N×××号车实际车主丁某某雇请司机,该车辆挂靠永成市天成运输有限公司(以下简称天成运输公司)。五原告请求法院判令被告赔偿原告应急抢险费用,废物处理费用,环境监测费用,环境污染场地检测费用,村民、动植物死亡赔偿费用,桑园、岳冲村村民、人畜饮用水费用,处理本案的差旅费用,律师费用共计472,906元,八被告承担连带赔偿责任,并承担诉讼费用。

【案件争点】

载有化学物的车辆与其他车辆发生事故,造成化学物泄漏导致环境污染的,在其他车辆对交通事故负全责的情况下,载有化学物车辆是否承担环境侵权责任。

【裁判要旨】

因污染环境造成损害的,污染者应当承担侵权责任。因第三人的过错污染环境造成损害的,被侵权人可以向污染者请求赔偿,也可以向第三人请求赔偿。污染者赔偿后,有权向第三人追偿。故本案原告损失应由污染者即被告卡漫物流公司赔偿。因豫C×××号车在被告人寿财保洛阳公司投保第三者责任保险和货物责任保险,故原告相关损失可根据保险合同约定赔偿。

例案三 | 新余市博凯再生资源开发有限责任公司与凌某、杨某某追偿权纠纷

【法院】

江西省新余市渝水区人民法院

【案号】

(2018)赣0502民初7055号

【当事人】

原告:新余市博凯再生资源开发有限责任公司

被告:凌某

被告:杨某某

被告:何某

被告:江西锐天工贸有限公司

【基本案情】

2013年11月14日,新余市博凯再生资源开发有限责任公司与江西锐天工贸有限公司签订《合作协议》,双方约定:为发挥各自优势,进一步挖掘锌深加工产业,合作成立新余市博凯再生资源开发有限责任公司景源分公司(以下简称景源分公

司）；该分公司由江西锐天工贸有限公司负责投资，自主经营，自负盈亏，人事、社保及债权债务均与新余市博凯再生资源开发有限责任公司无关；新余市博凯再生资源开发有限责任公司生产的锌加工尾料销售给景源分公司，价格随行就市；合作期限为十年。在合作期间，双方无实质性业务往来，景源分公司从未向江西锐天工贸有限公司提供生产加工性原料。

合作期间，江西锐天工贸有限公司未经原告同意将景源分公司交由杨某某、何某实际经营且未尽监管职责。2015 年 8 月 5 日，杨某某与宜春市中安实业有限公司（以下简称中安公司）签订《货物交换合同》，双方约定以景源分公司的机头灰换取中安公司的铅泥。自 2016 年 3 月 6 日起，由凌某经手分 12 次向中安公司提供共计 149.14 吨机头灰。同年 4 月，新余市仙女湖发生水体污染重大事件。经司法机关查明：中安公司经营的粗铟工厂无危险废物经营资质，未依法取得建设项目环评审批同意、未配套建设污染防治设施；中安公司在生产过程中，将未经处理的含镉、铊、镍等重金属及砷的废液、废水，通过私设暗管方式直接排入袁河和仙女湖流域，造成新余市第三水厂供水中断的特别重大事件。

【案件争点】

四个被告是否为我国《侵权责任法》（已废止）第 68 条①规定的第三人。

【裁判要旨】

《侵权责任法》（已废止）第 68 条规定："因第三人的过错污染环境造成损害的，被侵权人可以向污染者请求赔偿，也可以向第三人请求赔偿。污染者赔偿后，有权向第三人追偿。"该法条是关于对第三人过错污染环境的责任承担的规定，其中，第三人是指污染者与被侵权人以外的第三人，非环境污染者即非控制、排放污染源的人，且不属于污染主体的从业人员，该条规定的第三人的过错具有唯一性，与污染者或被侵权人没有任何意思联络。本案中，第一、二、三被告分别是景源分公司的业务经理、实际负责人、企业登记信息的负责人，均属于景源分公司的从业人员，不属于原《侵权责任法》第 68 条规定第三人。第四被告是原告的生意合作伙伴，亦不是原《侵权责任法》第 68 条规定的第三人。

综上所述，第一至第四被告不是我国原《侵权责任法》第 68 条规定的第三人，原告不能依据该法律规定向第一至第四被告行使追偿权。第三被告经法院传票传唤无正当理由拒不到庭参加诉讼，视为其放弃举证、质证和抗辩的权利，并承担由

---

① 参见《民法典》第 1233 条。

此产生的对其不利的法律后果。法院依据原《侵权责任法》第 68 条,《民事诉讼法》第 64 条、第 144 条之规定,判决如下:驳回原告新余市博凯再生资源开发有限责任公司的诉讼请求。

三、裁判规则提要

(一)第三人环境侵权行为的概念与特点

第三人环境侵权行为,是指完全由于第三人的故意或过失,造成环境污染并导致他人人身或财产损害的行为。其中,“第三人”特指污染排放者和被侵权人之外的其他人。

第三人环境侵权行为存在以下几个特点:

(1)存在侵权人、被侵权人、第三人三方法律主体。在一般的环境侵权法律关系中,只存在侵权人和被侵权人双方主体,即侵权人排放污染的行为,致被侵权人遭受污染损害。而在第三人环境侵权法律关系中,存在三方主体:由于第三人故意或过失之行为,导致侵权人对外排放污染物质,并致使被侵权人污染损害发生。该特征使第三人环境侵权行为区别于一般的环境侵权行为。

(2)第三人主观上存在过错,污染排放者主观上没有过错。如果污染排放者主观上与第三人存在共同的故意或共同的过失,污染排放者与第三人之行为构成环境共同侵权行为;如果污染排放者主观上与第三人存在分别的过失,则污染排放者与第三人之行为构成数人环境侵权。该特征使第三人环境侵权行为区别于共同环境侵权行为和数人环境侵权行为。

(3)被侵权人损害是由侵权人之污染排放行为所造成的。第三人之故意或过失行为是产生被侵权人损害的间接原因,但污染损害发生的直接原因是侵权人之污染排放行为。直接的致害行为是污染行为,这使第三人环境侵权行为区别于一般的第三人侵权行为。

(二)第三人环境侵权的责任承担

《民法典》第 1175 条规定:“损害是因第三人造成的,第三人应当承担侵权责任。”第 1233 条规定:“因第三人的过错污染环境、破坏生态的,被侵权人可以向侵权人请求赔偿,也可以向第三人请求赔偿。侵权人赔偿后,有权向第三人追偿。”前述第 1175 条规定于第七编“侵权责任”第一章“一般规定”中,而前述第 1233 条规定于第七编第七章“环境污染和生态破坏责任”中。根据特别法条优先于普通法条的法律适用原则，第三人环境侵权行为应适用《民法典》第1233条之规定。因此，与一般的第三人侵权行为不同，对于第三人侵权环境行为，被侵权人既可以向第三人直接提起侵权诉讼，也可以向污染者提起侵权诉讼。司法实践中，被侵权人通常同时对侵权人和第三人提起侵权诉讼。污染者承担侵权责任后，有权向第三人追偿。

法律之所以如此规定，主要基于以下两方面原因：其一，环境侵权行为是一种特殊侵权行为，其归责原则为无过错责任原则。换言之，无论侵权人主观上有无过错，侵权人均应对被侵权人之损害承担侵权责任。环境侵权之原因行为，即侵权人向环境排放污染的行为，是一种可能危及附近居民人身、健康与财产安全的危险行为。此外，环境侵权通常还具有加害主体与受害主体不平等和不可互换、涉及诸多现代科学技术知识、加害人多为企业且其有分散损失之途径等特点。为更好地保护处于弱者地位的受害人，《民法典》基于危害责任法理明确规定，无论污染者主观有无过错，其均应对污染受害人承担侵权责任。因此，在第三人环境侵权案件中，即使排污者主观并无过错，其在法律上仍应向被侵权人承担侵权责任。其二，第三人行为与排污者之排污行为构成了竞合侵权行为。竞合侵权行为，是指两个以上的民事主体作为侵权人，有的实施直接侵权行为，与损害结果具有直接因果关系，有的实施间接侵权行为，与损害结果的发生具有间接因果关系，直接侵权人与间接侵权人与损害后果之间均存在法律上因果关系，并且均应当承担法律责任的侵权行为形态。在竞合侵权行为中，造成损害发生的直接原因行为，通常称为直接侵权行为或主行为，造成损害发生的间接原因行为，通常称为间接侵权行为或从行为。根据主行为与从行为发生竞合的原因不同，杨立新教授将竞合侵权行为分为以下几种类型：[①]（1）提供条件的竞合侵权行为，即从行为是主行为实施的必要条件，若无从行为，主行为即无法造成损害结果的竞合侵权行为。（2）“提供条件＋政策考量”的竞合侵权行为，即符合提供条件的竞合侵权行为的要求，但基于政策考量，规定间接侵权人先承担中间责任，之后向直接侵权人追偿以实现最终责任的竞合侵权行为。（3）提供平台的竞合侵权行为，即从行为的实施者为直接侵权人提供销售、服务等交易平台，直接侵权人通过平台实施的行为造成受害人损害的，法定情形下从行为实施者需附条件地承担不真正连带责任的竞合侵权行为。（4）提供机会的竞合侵权行为，即从行为为主行为的实施提供了机会，使主行为的实施能够顺

---

① 参见杨立新：《侵权责任法》（第3版），法律出版社2018年版，第121～122页。

利完成的竞合侵权行为。

在第三人环境侵权案件中,污染损害完全是由第三人故意或过失行为造成的,排污者主观上无过错,但被侵权人仍可向其提起诉讼并要求其承担侵权责任。法律之所以作如此规定,主要是基于使被侵权人合法权益能够得到更及时、更合面保护的政策考量。因此,从第三人环境侵权的特点及法理来看,第三人环境侵权行为当属于"提供条件 + 政策考量"的竞合侵权行为。

《民法典》第 1204 ~ 1205 条规定的产品责任中的第三人责任,第 1252 条和第 1253 条所规定的建筑物、构筑物及其他设施脱落、附落、倒塌损害责任,规定被侵权人可以直接向应当承担中间责任的生产者、销售者或者所有人、管理人、使用人以及第三人或者建设单位、施工单位请求赔偿;在他们承担了赔偿责任之后,再向应当承担最终责任的其他责任人追偿。① 在第三人环境侵权案件中,污染者承担的是中间责任,而第三人承担最终责任。换言之,污染者承担的是第三人责任的补充责任。这与《民法典》所规定的前述"提供条件 + 政策考量"的竞合侵权行为的责任承担的不同之处是,中间责任人只能是污染者,最终责任人只能是第三人,污染者与第三人之间的责任性质不能互换。

(三)第三人环境侵权责任承担规则适用之例外

《海洋环境保护法》、国务院《关于核事故损害赔偿责任问题的批复》对于第三人环境侵权责任承担有不同规定,应当从其规定。

《海洋环境保护法》第 89 条第 1 款规定,完全由于第三者的故意或者过失,造成海洋环境污染损害的,由第三者排除危害,并承担赔偿责任。根据该规定,在第三人海洋污染侵权案件中,被侵权人只能向第三者提起侵权诉讼,而不能向污染排放者提起侵权诉讼。该规定与《1992 年国际油污损害民事责任公约》和《2001 年国际燃油污染损害民事责任公约》的相关规定基本一致,因此该规定有其特殊的价值考量。

对于核污染损害,国务院《关于核事故损害赔偿责任问题的批复》规定,核设施的营运者应当对核事故造成的人身伤亡、财产损失或者环境受到的损害承担赔偿责任。营运者以外的其他人不承担赔偿责任。根据该规定,在第三人核污染侵权案件中,核设施的营运者是唯一的责任主体,被侵权人只能向核设施的营运者提起

---

① 参见杨立新:《侵权责任法》(第 3 版),法律出版社 2018 年版,第 123 页。

侵权诉讼，而不能向第三人提起侵权诉讼。针对核污染的高度危险性及赔偿数额巨大等特点，为了更好地保护受害人利益，各国法律均规定了核污染损害赔偿的绝对责任。该责任较无过错责任更为严格，将最终责任人确定为赔付能力更为强大的污染者而不是第三人，更有利于受害人利益的保护，同时也有利于督促核污染设施的营运者采取更加完备、更加谨慎的污染损害预防措施。核污染损害中的第三人环境侵权责任制度，也因此呈现特殊性。

四、辅助信息

高频词条：

《民法典》

第 1175 条 损害是因第三人造成的，第三人应当承担侵权责任。

第 1229 条 因污染环境、破坏生态造成他人损害的，侵权人应当承担侵权责任。

第 1230 条 因污染环境、破坏生态发生纠纷，行为人应当就法律规定的不承担责任或者减轻责任的情形及其行为与损害之间不存在因果关系承担举证责任。

第 1233 条 因第三人的过错污染环境、破坏生态的，被侵权人可以向侵权人请求赔偿，也可以向第三人请求赔偿。侵权人赔偿后，有权向第三人追偿。

最高人民法院《关于审理环境侵权责任纠纷案件适用法律若干问题的解释》

第 1 条 因污染环境、破坏生态造成他人损害，不论侵权人有无过错，侵权人应当承担侵权责任。

侵权人以排污符合国家或者地方污染物排放标准为由主张不承担责任的，人民法院不予支持。

侵权人不承担责任或者减轻责任的情形，适用海洋环境保护法、水污染防治法、大气污染防治法等环境保护单行法的规定；相关环境保护单行法没有规定的，适用民法典的规定。

第 5 条 被侵权人根据民法典第一千二百三十三条规定分别或者同时起诉侵权人、第三人的，人民法院应予受理。

被侵权人请求第三人承担赔偿责任的，人民法院应当根据第三人的过错程度确定其相应赔偿责任。

侵权人以第三人的过错污染环境、破坏生态造成损害为由主张不承担责任或者减轻责任的，人民法院不予支持。

第7条 侵权人举证证明下列情形之一的,人民法院应当认定其污染环境、破坏生态行为与损害之间不存在因果关系:

(一)排放污染物、破坏生态的行为没有造成该损害可能的;

(二)排放的可造成该损害的污染物未到达该损害发生地的;

(三)该损害于排放污染物、破坏生态行为实施之前已发生的;

(四)其他可以认定污染环境、破坏生态行为与损害之间不存在因果关系的情形。

《海洋环境保护法》

第89条 造成海洋环境污染损害的责任者,应当排除危害,并赔偿损失;完全由于第三者的故意或者过失,造成海洋环境污染损害的,由第三者排除危害,并承担赔偿责任。

对破坏海洋生态、海洋水产资源、海洋保护区,给国家造成重大损失的,由依照本法规定行使海洋环境监督管理权的部门代表国家对责任者提出损害赔偿要求。

《水污染防治法》

第96条 因水污染受到损害的当事人,有权要求排污方排除危害和赔偿损失。

由于不可抗力造成水污染损害的,排污方不承担赔偿责任;法律另有规定的除外。

水污染损害是由受害人故意造成的,排污方不承担赔偿责任。水污染损害是由受害人重大过失造成的,可以减轻排污方的赔偿责任。

水污染损害是由第三人造成的,排污方承担赔偿责任后,有权向第三人追偿。

国务院《关于核事故损害赔偿责任问题的批复》

一、中华人民共和国境内,依法取得法人资格,营运核电站、民用研究堆、民用工程实验反应堆的单位或者从事民用核燃料生产、运输和乏燃料贮存、运输、后处理且拥有核设施的单位,为该核电站或者核设施的营运者。

二、营运者应当对核事故造成的人身伤亡、财产损失或者环境受到的损害承担赔偿责任。营运者以外的其他人不承担赔偿责任……

环境资源纠纷案件裁判规则第 19 条:
无意思联络的数人环境侵权案件中,各污染行为与损害后果的原因力大小可结合受污染地域区位、受损环境检测数据、自然科学知识进行分析并合理确定

〔**规则描述**〕:在无意思联络的数人环境侵权案件中,污染系多个责任主体、多个排污行为叠加所致的情况下,法院将根据鉴定报告和专家意见,对各污染行为与损害后果的原因力大小结合受污染地域区位、受损环境检测数据、自然科学知识进行分析并合理确定,从而厘清不同排污行为产生的主次责任以及各行为人承担责任的比例。

一、类案检索大数据报告

截至 2020 年 6 月 15 日,通过 Alpha 案例库共检索到类案 18 件。整体情况如下:从年份分布情况可以看出当前条件下案件数量的变化趋势(见图 19 -1)。

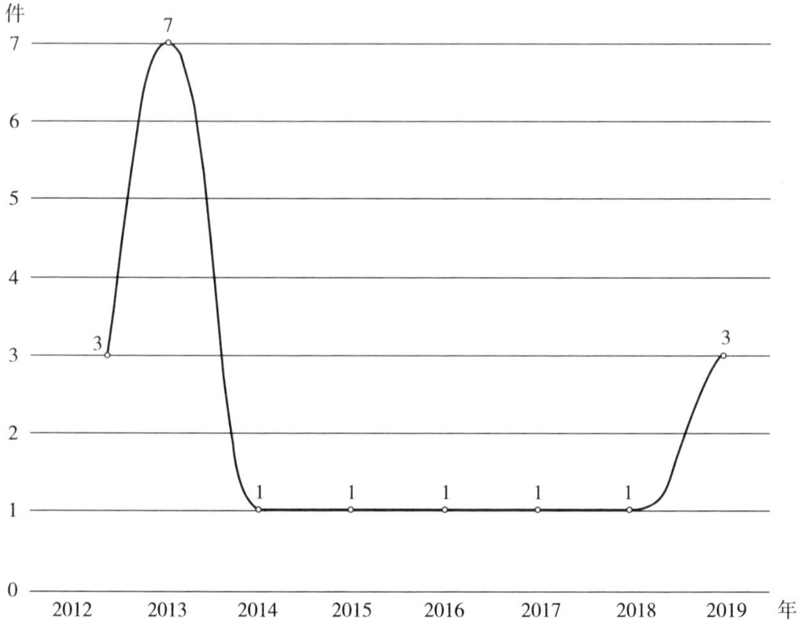

图 19 -1　类案年份分布

从地域分布来看,当前案件主要集中在广西壮族自治区、江苏省,分别占比为83.33%、16.67%。其中,广西壮族自治区的案件量最多,达到15件(见图19-2)。

图19-2 类案主要地域分布

从审理程序分类统计可以看到当前的审理程序分布状况。二审案件有15件,再审案件有3件(见图19-3)。

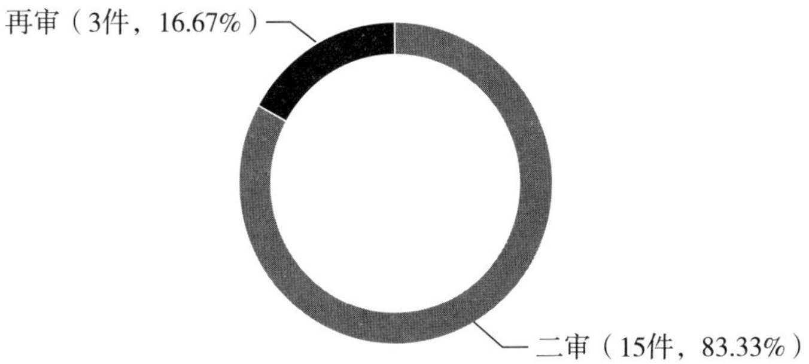

图19-3 类案审理程序分布

二、可供参考的例案

例案一 聂某等149户村民与某公司五矿、某公司六矿、某总医院环境污染责任纠纷①

【法院】

平顶山市中级人民法院

【案号】

(2011)平民终字第118号

【当事人】

上诉人(原审原告):聂某等149户村民

① 本例案为最高人民法院2014年7月3日发布的典型案例之一。

上诉人（原审被告）：某公司五矿

上诉人（原审被告）：某公司六矿

上诉人（原审被告）：某总医院

【基本案情】

聂某等149人居住在某市某村，该村坐落于某市西部某路以东约200米，某路以南约50米处，是1985年原某村因地质塌陷搬迁到该处。有一条水沟从村中穿过，该水沟自上游顺流而下，某公司五矿、某公司六矿、某总医院下属的二分院系住所地在该地区的单位。聂某等149户某村村民因本村井水达不到饮用水的标准而到附近村庄取水。聂某等人以某公司五矿、某公司六矿、某总医院排放的污水将地下水污染，造成井水不能饮用为由提起诉讼，请求判令三被告赔偿异地取水的误工损失等。法院委托某司法鉴定中心出具的司法鉴定意见书显示，根据现场监测结果，对照有关标准，得出以下鉴定意见：某公司五矿、某公司六矿目前外排生产生活污水可以达标排放，不致对下游某村造成严重污染。但生活污水外排水质COD超标，总硬度也较高，会造成下游污染，由于该地包括了当地村民生活、职工生活和其他企业排污，成分复杂，不能确定就是某公司五矿、某公司六矿生活污水外排导致下游污染。下游井水中矿区特征因子均达标，总硬度略高但也满足标准要求，受到污染应为上游居民生活污水和区域地质结构共同影响，不能确定是某公司五矿、某公司六矿污染责任。鉴定区域各向外排放废水煤矿均负有矿井水抽排导致下游水量大，溢出河道导致树木受淹的责任。本次鉴定以前某公司五矿、某公司六矿、某总医院等是否存在污染问题已经无法监测。根据询问，某公司五矿、某公司六矿在清理沉淀池时会有部分污泥排出，建议今后在此类清理作业时，底泥应抽至专门的罐车内外运处理。总体鉴定意见为：某总医院已搬迁，某公司五矿、某公司六矿不是下游环境污染的主要责任方，但矿井水抽排对树木受淹有一定责任。

【案件争点】

某公司五矿、某公司六矿、某总医院对其排放的生产污水应否承担责任及如何承担责任。

【裁判要旨】

法院审理过程中，鉴定人员出庭接受质询，证明即便某公司五矿、某公司六矿、某总医院排放的是达标污水，也肯定会含有一定的污染因子，某公司五矿、某公司六矿职工及家属排放的生活污水与某公司五矿、某公司六矿排放的生产污水只能按主次责任划分。某司法鉴定中心出具补充报告鉴定意见显示"某村村民井水中CODmn超标严重,不能满足饮用水要求。生活污水外排水质COD超标严重,总硬度也较高,与某村村民井水中COD超标一致"。说明居民外排的生活污水是造成某村的地下水污染的主要原因。因该地区某公司五矿、某公司六矿职工家属约占60%的比例,某公司五矿、某公司六矿职工居住的房屋系由某公司五矿、某公司六矿单位统一设计、建造的房屋,某公司五矿、某公司六矿单位的职工居住该房屋对生活污水的排放只能按照建房时设计的排污管道进行排污,无法采取其他方法控制生活污水的排放。且根据对市污水办调查的笔录显示,某公司五矿、某公司六矿及其职工家属的污水费用由某公司五矿、某公司六矿统一缴纳。因此,某公司五矿、某公司六矿应对其职工及家属排放的生活污水造成的污染共同承担主要的赔偿责任。某总医院对某公司五矿、某公司六矿职工及家属的生活排污没有过错,故其不应对该生活排污造成的损害承担赔偿责任。无意思联络的数人环境侵权案件中,各污染行为与损害后果的原因力大小可结合受污染地域区位、受损环境检测数据、自然科学知识进行分析并合理确定,法院依据鉴定报告及专家意见,结合查明的生产污水与生活污水对损害发生所起的主次作用以及某公司五矿、某公司六矿职工及其家属所排生活污水约占致损生活污水总排量的60%等事实,认定某公司五矿、某公司六矿、某总医院对因其排放生产污水造成的本案误工损失共同承担40%的赔偿责任;某公司五矿、某公司六矿就其职工及家属排放生活污水造成的其余60%误工损失共同承担六成的赔偿责任。

例案二 李某某与某林化厂、某斡砖厂、黄某甲、黄某乙、黄某丙、黄某丁大气污染侵权纠纷

【法院】

广西壮族自治区南宁市中级人民法院

【案号】

(2011)南市民二终字第269号

【当事人】

上诉人(原审被告):某林化厂

被上诉人(原审原告):李某某

原审被告:某斡砖厂

原审被告：黄某甲

原审被告：黄某乙

原审被告：黄某丙

原审被告：黄某丁

【基本案情】

李某某种植农作物剑麻的承包地位于某斡砖厂、某林化厂的北偏西约 1 千米处。2007 年，包括李某某在内共计 33 户农户承包种植的剑麻均出现全田剑麻枯死症状，主要表现为剑麻叶尖出现水渍状坏死斑后枯死，部分叶片中部也出现枯死斑，当年生叶片受害最严重，往年生叶片稍轻，全田受害分布，较背风处受害较轻，迎风处较重。而剑麻地附近除某斡砖厂、某林化厂外并无其他污染源。李某某发现后于 2007 年 9 月上旬向某县环保局投诉，反映某斡砖厂、某林化厂排放的烟气对其剑麻造成污染。某县环保局经多次现场调查，制作了《现场询问调查笔录》1 份、《现场检查记录》3 份及《某林化厂废气监测结果》表格 1 份。某县环境保护监测站 2007 年 10 月 11 日的监测结果表明，某斡砖厂二氧化硫排放浓度为 960 mg/m^3，而某林化厂二氧化硫排放浓度为 364mg/m^3。2009 年 8 月 12 日某县环保局向法院出具《关于某斡砖厂某松香厂污染投诉案的调查处理情况》，某县环保局认为，农作物的污染认定权限属于农业行政主管部门，遂向李某某说明。李某某又向某县农业局投诉，某县农业局依职权派出农艺师进行调查处理，并于 2007 年 9 月 20 日作出《鉴定意见书》和《某分场剑麻损失评估表》，农户代表及某林化厂代表黄某某在意见书上签名，并加盖了某县农业局的公章，《鉴定意见书》鉴定意见：剑麻受害非栽培原因，主要是受东南面工厂废气污染引起；《某分场剑麻损失评估表》载明了李某某受害剑麻数量及价格。

【案件争点】

1. 某县农业局所作出的《鉴定意见书》和《某分场剑麻损失评估表》能否作为定案的依据。

2. 某林化厂是否应承担赔偿责任，如承担责任，是连带责任还是按份责任。

3. 某斡砖厂和某林化厂承担责任的比例问题。

【裁判要旨】

原农业部《基本农田保护区环境保护规程（试行）》（已废止）第 2.1.1 条“管理机构设置”规定：“……县级以上（含县级）地方各级人民政府农业行政主管部门负责本辖区的基本农田保护区环境保护工作。”第 2.5.2 条“污染事故的查处”规定：

“农业环境保护行政主管部门接到报告后,应立即派人至事故现场调查,对事故发生的原因和污染程度进行恰当的认定,作出处理结果报告(污染事故处理结果报告的内容见附件一)后,报上一级农业环境保护行政主管部门”。根据上述规定,某县农业局依法具有对农业污染事故发生的原因和污染程度进行恰当认定的法定职权。某县农业局作出的《鉴定意见书》和《某分场剑麻损失评估表》对污染事故造成的原因及受损状况调查翔实,认定恰当,有鉴定人姓名,有农户代表及某林化厂代表签字,加盖了某县农业局的公章,鉴定程序合法,可以作为本案定案的依据。根据《侵权责任法》(已废止)第66条,[①]最高人民法院《关于民事诉讼证据的若干规定》(2008年调整版)第4条第1款第3项的规定,环境污染属于特殊的侵权行为,环境污染损害赔偿纠纷采取举证责任倒置原则,赔偿责任适用的是无过错责任原则。因此,本案某林化厂应就环境污染损害事实与其不存在因果关系及法律规定的不承担责任或者减轻责任的情形进行举证,但某林化厂提供的证据,不能证明环境污染损害事实与其不存在因果关系,也不能证明其存在法律规定的不承担责任情形,故可以认定某林化厂的行为与损害结果存在因果关系,某林化厂应当承担由此而产生的赔偿责任。企业排污,无论排污是否达标,只要造成污染损害,就应承担民事责任,排污达标并不当然免除排污者的民事责任。

关于某林化厂所承担的责任是连带责任还是按份责任的问题,本案中,农业污染事故系某斡砖厂和某林化厂在生产时排放废气共同致害造成的结果,但某斡砖厂和某林化厂属于无共同故意和无共同过失而致他人损害,属于无意思联络的数人侵权,应当根据过失大小或者原因力比例各自承担相应的赔偿责任,而不是承担连带责任。关于某斡砖厂和某林化厂承担责任的比例问题,某林化厂属于达标排放企业,而某斡砖厂不是达标排放企业,其被工商行政机关吊销营业执照却仍在生产经营。同时,根据某县环境保护监测站的监测结果,某斡砖厂二氧化硫排放浓度大大高于某林化厂二氧化硫排放浓度。综合以上因素,某斡砖厂对于造成污染原因力较大,应承担主要责任,即承担70%的赔偿责任,某林化厂对于造成污染原因力较小,应承担次要责任,即承担30%的赔偿责任。

---

① 参见《民法典》第1230条。

例案三 陈某某与某糖纸公司、某纸业公司、某污水处理公司、某钛业公司、某糖厂、某纸业分公司海上、通海水域污染损害责任纠纷

【法院】

广西壮族自治区高级人民法院

【案号】

(2016)桂民终207号

【当事人】

上诉人(一审被告):某糖纸公司

上诉人(一审被告):某纸业公司

上诉人(一审被告):某污水处理公司

被上诉人(一审原告):陈某某

原审被告:某钛业公司

原审被告:某糖厂

原审被告:某纸业分公司

【基本案情】

陈某某从2006年开始在某县某村河段进行网箱养鱼。2012年4月29日~5月25日,某县某河段连续发生多起网箱养殖鱼类死亡事故,陈某某是遭受死鱼事故的养殖户之一。死鱼事件发生后,当地渔业管理部门和环保部门对死鱼原因开展调查,死鱼原因均是由于水体缺氧所致,即溶解氧偏低是造成网箱鱼缺氧大量死亡的直接原因。2012年5月以来,某江上游某江段不管是水位、流量还是流速,均创五年来历史最低,同时受汛期来临前某水库放水蓄洪影响,某河段水位、流量和流速也比往年偏低,导致水体稀释降解能力下降;某河段属于市区至某县县城的过渡段,主要消纳降解市区排放的污染物,水环境十分脆弱;进入5月以来,某市区东部和某县西北部均发生过短时间大范围高强度的降雨,使内河及城镇污水管、雨水管寄存的污水和农村面源有机污染物短时间内大量排入某江,上述各种因素的叠加致使某江溶解氧急剧下降,并持续较长一段时间。

对沿江排水企业的排查,某糖纸公司因排污管堵塞塌陷停产,污水处理设施正常运行处理蔗渣场废水,处理达标后通过某纸业公司的排污管排到某江,某纸业公司排污口与某糖纸公司排污口并排,相距不超过10米,排污管道也是直接通入某江;某钛业公司于2012年4月29日~5月25日停产,仅有少量废水排放;某糖厂

的排污口距离某县某村上游30千米左右,位于某江某河段,排污管道直接通入某江;某纸业分公司的排污口位于某市某区某镇某沙场码头,排污管道直接通入某江,距离某县某村码头75.4千米,某城某村码头86.9千米。2012年4月29日~5月25日,该公司正常生产,正常排污,无违法超标排放行为;某污水处理公司的排污口位于某县某村码头下游200米处左右,排污管道直接通入某江。

【案件争点】

1. 陈某某养殖鱼类死亡与排污企业排污之间是否具有因果关系。

2. 排污企业是否应承担赔偿责任及如何承担。

【裁判要旨】

死鱼事故的原因应该根据事故现场调查、水样检测结果、事故发生时间、鱼类行为特征、反应及鱼体检查结果等因素综合分析。根据某市环保局的报告,从造成死鱼河段溶解氧降低的有机污染物的来源构成来看,沿江生产企业正常排放的生产废水为输出耗氧有机物的来源之一,此外,还存在另外三方面的污染源。在事发当时某江水位、流量和流速偏低,水体稀释降解能力下降的情况下,大范围、短时间、高强度的降雨使内河及城市污水管、雨水管内积存的污水和农业面源污染物短时间内大量排入某江,这是造成流域性溶解氧急剧下降的主要原因。因此,自然因素引发的有机污染物输出对陈某某养殖损失具有大部分原因力,《水污染防治法》第85条第2款规定:"由于不可抗力造成水污染损害的,排污方不承担赔偿责任;法律另有规定的除外。"根据该规定的立法原意,作为沿江排污企业不应对该特定自然条件等不可抗力导致的损害后果承担赔偿责任。综合全案酌情考虑,强降雨导致各种污染源汇入某江所输出的有机污染物占死鱼损害后果的原因力比例为75%,排污企业对陈某某可受法律保护的养殖损失应承担25%的责任。

某糖厂在死鱼事故发生前的相当一段时间已停止排污行为,某钛业公司和某纸业分公司的排污行为与陈某某的养殖损失之间不存在因果关系,故某糖厂、某钛业公司、某纸业分公司不应承担污染损害赔偿责任,本案承担责任的为某糖纸公司、某纸业公司、某污水处理公司,现有证据无法确认其各自排放生产废水中耗氧有机物的数量在所有有机污染物中所占的具体比例。最高人民法院《关于审理环境侵权责任纠纷案件适用法律若干问题的解释》(2015年版)第3条第2款规定:"两个以上污染者分别实施污染行为造成同一损害,每一个污染者的污染行为都不足以造成全部损害,被侵权人根据侵权责任法第十二条规定请求污染者承担责任的，人民法院应予支持。”《侵权责任法》（已废止）第12条①规定：“二人以上分别实施侵权行为造成同一损害，能够确定责任大小的，各自承担相应的责任；难以确定责任大小的，平均承担赔偿责任。”因此，某糖纸公司、某纸业公司、某污水处理公司对陈某某的损失应平均承担责任，即某糖纸公司、某纸业公司、某污水处理公司分别赔偿原告陈某某养殖经济损失5168元。

三、裁判规则提要

（一）明确无意思联络的数人侵权的要点：过错独立

无意思联络的数人侵权，是指两个以上的行为人在并无共同过错的情况下，针对同一目标实施的侵权行为。无意思联络数人侵权和共同侵权是有相同之处的，都是两个或两个以上的行为人造成的损害，同时，这些行为人造成的损害结果只有一个。但不同之处在于，无意思联络的数人实施的侵权行为的“故意”或者“过失”是孤立的。也就是说，这两个以上的行为人之间没有共同过失、共同故意，包括连心照不宣都没有。虽然这样的区分在文字上看没有什么难以理解的，但是实务中却存在证明的难度，例如，共同侵权不一定要事先沟通，有时甚至可以通过眼神交流达到目的，作为受害人如何证明是共同侵权，从而让各个行为人之间承担连带责任？在认定上可以简单把握一个标准，即过错孤立，也就是说，在无意思联络数人侵权中，有可能一方行为人是故意，而另一方行为人是过失；也有可能一方行为人是过失，而另一方行为人既没有故意也没有过失。行为人之间没有共同过错，由他们分别实施侵权行为，通常只是偶然结合在一起共同发生作用致人遭受损害。

环境污染中，除了单独污染行为可能构成侵权外，也有无意思联络的数人污染行为构成环境侵权，主要是指两个或两个以上的环境污染行为在没有意思联络的情况下造成了相同的损害结果的行为。在这样的环境侵权案件中，受害人起诉若干个侵权行为人，若干个侵权行为人之间过错独立，有的侵权行为人是故意造成损害，即可能存在噪声超标、污水排放超标行为，有的行为人是过失，在排污处理达标的情况下与排污超标的侵权行为人共同造成了损害后果，但识别的标准是所有侵权行为人之间没有意思联络，过错独立。

例如，就例案一的情况而言，侵权行为人排放污水之间并没有共同的故意或者过失，甚至排放污水是否达标的情况都不尽相同，均是因各自独立的行为导致同一

① 参见《民法典》第177条。

损害后果,因此,法院根据鉴定报告和专家意见,将各污染行为与损害后果的原因力大小与受污染地域区位、受损环境检测数据、自然科学知识结合起来进行分析,最终合理确定了不同侵权行为人的责任。

(二)明确无意思联络的数人环境侵权的类型划分:叠加侵权行为、择一侵权行为、竞合侵权行为

依据各环境污染行为致使损害结果的必要性和关联性,可以将数人环境污染侵权行为分为以下三种类型:

1. 叠加侵权行为。较为常见,即存在两个以上的侵权行为人分别实施两个以上的侵权行为,两个以上侵权行为分别被行为人直接对侵害客体实施,共同造成了全部损害,但从原因力或者因果关系角度看,其中每一个侵权行为只能给受害人造成一部分损害,各损害叠加才能造成全部损害。环境污染的叠加侵权行为是指两个或两个以上的污染者分别对环境实施了污染行为,给受害人造成了相同的损害,其中不管哪一个环境污染行为单独发生都不会造成部分或全部的损害后果,但如果这些污染行为相互结合叠加后,就有可能造成受害人的部分或全部损害,损害后果是多个污染行为共同作用所致;或者有可能两个以上的侵权行为人分别实施两个以上的环境侵权行为,但直接作用于侵害客体的只是一个行为,该行为造成了受害人的全部损害后果,另外的行为是最后一个行为得以被实施的条件。

2. 择一侵权行为。是指在两个或两个以上污染者对环境的侵害行为中,当中的一人或者数人都有造成受害人相关权益损害后果的可能,但是并不能确定具体是哪一个人或哪个行为的实施导致了损害后果的发生。

3. 竞合侵权行为。是指两个或两个以上的污染者在无意思联络的情况下分别对环境实施了污染行为,均导致了相同的损害结果,但在这些侵权行为中不管是哪一个环境侵权行为独立发生,都能够导致相同的损害结果。当然,在这个环境侵权中,不考虑排放物之间所产生的化学反应,只考虑这些排放物在排放并相互作用后是否会导致相同的损害结果以及独立排放某一污染物时是否也能导致同样的损害后果。

明确无意思联络的数人环境侵权的类型划分具有实务意义,不同类型的侵权行为原因力也有所不同,从不同类型、原因力角度出发可以进一步明确数人环境侵权责任中的责任归属,例如,在竞合侵权行为类型中,任何一个侵权行为独立发生都能导致相同的损害结果,即可以认为每一个侵权行为人都应当承担责任。

(三)明确数人环境侵权责任中的责任归属:从原因力大小出发

在侵权法的责任划分中,最后的责任归属划分主要考虑的是原因力,指的是在导致受害人同一损害后果的数个原因中,各原因对于该损害后果的发生或扩大所发挥的作用力。也就是说,侵害行为后果的严重程度和这些行为在损害后果当中的影响程度。具体而言,有三种典型的原则:

1. 平均承担原则。主要是指把侵权行为应当承担的责任依据环境污染者的总数进行平均承担;《民法典》第 177 条规定:“二人以上依法承担按份责任,能够确定责任大小的,各自承担相应的责任;难以确定责任大小的,平均承担责任。”其中的责任承担形式就包括平均承担。

2. 按份责任原则。主要是指把侵权行为应当承担的责任依据与损害结果的关联程度在环境污染者之间进行划分,确定不同比例,各个侵权行为人按照比例承担责任;根据《民法典》第 177 条的规定,无意思联络数人侵权承担按份责任的前提是——由其中每一个人的行为共同发生作用才能够造成受害人的全部损害。

当然,也存在以按份责任为原则,平均承担为补充的情形,主要是指在通常情况下各个环境污染者之间的责任归属划分依据原因力,即环境污染行为与损害结果的关联程度来确立,可以由法院根据鉴定报告和专家意见,将各污染行为与损害后果的原因力大小与受污染地域区位、受损环境检测数据、自然科学知识结合进行分析,最终确定各个侵权行为人应当承担的责任的份额。但是,当上述方式下仍无法确定各个侵权行为人应当承担的责任时,就采用平均承担原则,在此参照原则下,各具体类型侵权行为责任划分如下:每个侵害行为均不是必要原因,同时,对于环境污染结果的影响程度均难以通过技术鉴定等手段量化,根据法律规定,任何一个侵权行为均不能直接导致最后的损害结果,此时适用“按份责任为原则,平均承担为补充”原则,能够厘清相关责任的,各个环境污染者应当承担与其相对应的责任;无法明确相关责任的,应当承担的责任依据环境污染者的总数进行平均承担。例如,在择一侵权行为中,环境污染者无法明确,当中的一人或者数人都有造成受害人相关权益损害后果的可能,但是并不能确定具体是哪一个人或哪个行为的实施导致了损害后果的发生,过错独立,所以责任分担适用平均承担原则,侵权行为应当承担的责任依据环境污染者的总数进行平均承担。

总之,针对无意思联络的数人侵权,在原因力清晰的情况下,如果属于按份责任,则明确能够区分责任大小的各自承担责任;不能区分责任大小的,平均承担责任,具有明确、具体的可操作性。

3. 连带责任的情形。《民法典》第 1171 条规定:“二人以上分别实施侵权行为造成同一损害,每个人的侵权行为都足以造成全部损害的,行为人承担连带责任。”也就是说,无意思联络的数人侵权承担连带责任的前提是——其中每一个行为人的侵权行为都足以造成受害人的全部损害。在这种情况下,存在由两个以上行为人分别实施两个以上侵权行为,这两个以上侵权行为还分别被行为人直接针对侵害客体实施,从而造成了损害,并且从原因力或者因果关系角度看,其中每一个侵权行为都起到足以造成受害人全部损害的责任,那么这些行为人虽然没有共同意思联络,但是需要承担连带责任。例如,在竞合侵权行为中,不管是哪一个环境侵权行为独立发生,都能够导致相同的损害结果,在损害结果发生的前提下,就可以认定为对于损害结果的发生,各个侵权行为人的影响程度相同,所以,环境竞合侵权行为的责任划分归属为应当承担连带责任。

环境污染大多以单独的环境侵权行为存在,但是也存在多数人在主观上没有意思联络的情况下,实施了污染环境的行为造成了他人的损害。在无意思联络的数人环境侵权行为的问题中,责任形式和侵权行为人之间的责任划分问题是争议较大的问题。法院可根据鉴定报告和专家意见,将各污染行为与损害后果的原因力大小与受污染地域区位、受损环境检测数据、自然科学知识结合起来进行分析,合理确定责任,从而厘清不同排污行为产生的主次责任以及各行为人承担责任的比例,有利于平衡各方当事人的利益,形成最有说服力的判决。

四、辅助信息

高频词条:

《民法典》

第 3 条 民事主体的人身权利、财产权利以及其他合法权益受法律保护,任何组织或者个人不得侵犯。

第 177 条 二人以上依法承担按份责任,能够确定责任大小的,各自承担相应的责任;难以确定责任大小的,平均承担责任。

第 1168 条 二人以上共同实施侵权行为,造成他人损害的,应当承担连带责任。

第 1184 条 侵害他人财产的,财产损失按照损失发生时的市场价格或者其他合理方式计算。

第1229条 因污染环境、破坏生态造成他人损害的，侵权人应当承担侵权责任。

第1230条 因污染环境、破坏生态发生纠纷，行为人应当就法律规定的不承担责任或者减轻责任的情形及其行为与损害之间不存在因果关系承担举证责任。

第1231条 两个以上侵权人污染环境、破坏生态的，承担责任的大小，根据污染物的种类、浓度、排放量，破坏生态的方式、范围、程度，以及行为对损害后果所起的作用等因素确定。

《环境保护法》

第64条 因污染环境和破坏生态造成损害的，应当依照《中华人民共和国侵权责任法》的有关规定承担侵权责任。

第66条 提起环境损害赔偿诉讼的时效期间为三年，从当事人知道或者应当知道其受到损害时起计算。

《水污染防治法》

第96条 因水污染受到损害的当事人，有权要求排污方排除危害和赔偿损失。

由于不可抗力造成水污染损害的，排污方不承担赔偿责任；法律另有规定的除外。

水污染损害是由受害人故意造成的，排污方不承担赔偿责任。水污染损害是由受害人重大过失造成的，可以减轻排污方的赔偿责任。

水污染损害是由第三人造成的，排污方承担赔偿责任后，有权向第三人追偿。

第98条 因水污染引起的损害赔偿诉讼，由排污方就法律规定的免责事由及其行为与损害结果之间不存在因果关系承担举证责任。

最高人民法院《关于审理环境侵权责任纠纷案件适用法律若干问题的解释》

第1条第1~2款 因污染环境、破坏生态造成他人损害，不论侵权人有无过错，侵权人应当承担侵权责任。

侵权人以排污符合国家或者地方污染物排放标准为由主张不承担责任的，人民法院不予支持。

第3条第2款 两个以上侵权人分别实施污染环境、破坏生态行为造成同一损害，每一个侵权人的污染环境、破坏生态行为都不足以造成全部损害，被侵权人根据《民法典》第一千一百七十二条规定请求侵权人承担责任的，人民法院应予支持。

最高人民法院《关于适用〈中华人民共和国民事诉讼法〉的解释》

第91条 人民法院应当依照下列原则确定举证证明责任的承担,但法律另有规定的除外:

(一)主张法律关系存在的当事人,应当对产生该法律关系的基本事实承担举证证明责任……

环境资源纠纷案件裁判规则第 20 条：

环境侵权案件中，法院应对鉴定机构的资质依职权进行实质性审查，超出其鉴定资质范围作出的鉴定意见，不能作为认定案件事实的依据

〔**规则描述**〕：司法鉴定机构应当在本机构司法鉴定业务范围内开展司法鉴定业务、作出司法鉴定意见。其他鉴定机构也应当在鉴定业务范围内开展鉴定业务，作出鉴定意见。人民法院应当对鉴定意见是否超出鉴定机构鉴定业务范围进行实质性审查，超出鉴定机构鉴定业务范围的鉴定意见不予采纳。

一、类案检索大数据报告

截至 2020 年 6 月 15 日，分别以“超出资质”“环境侵权”为关键词，通过 Alpha 案例库共检索到类案 13 件，整体情况如下：

从年份分布情况，可以看到当前条件下案件数量的变化趋势（见图 20－1）。

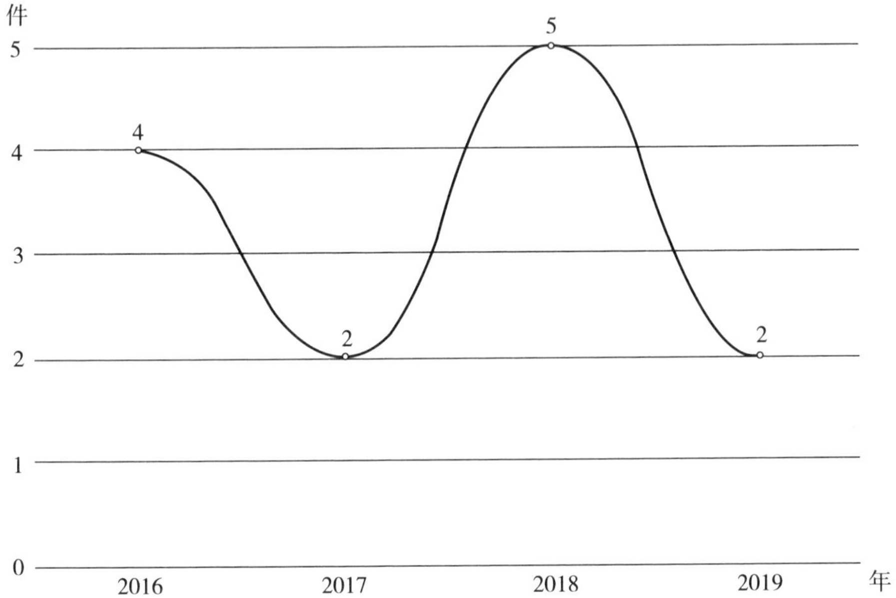

图 20－1　类案年份分布

从地域分布来看,当前案件主要集中在四川省、广东省、重庆市,分别占比为23.08%、15.38%、15.38%。其中,四川省的案件量最多,达到3件(见图20-2)。

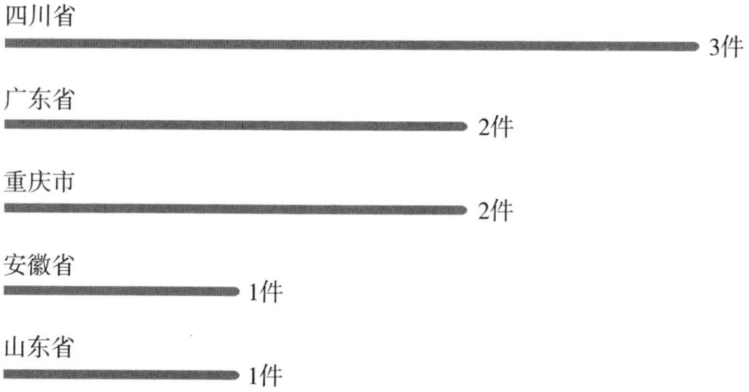

图20-2 类案地域分布

从审理程序分类统计可以看到当前的审理程序分布状况。一审案件有6件,二审案件有6件,再审案件有1件(见图20-3)。

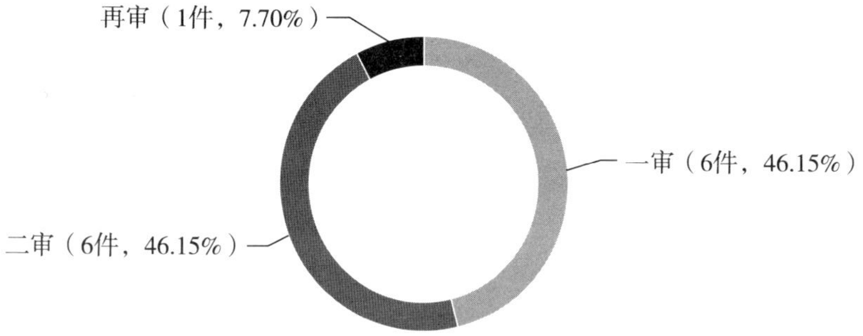

图20-3 类案审理程序分布

二、可供参考的例案

例案一 | 倪某诉丹东海洋红风力发电有限责任公司噪声污染责任纠纷

【法院】

辽宁省高级人民法院

【案号】

(2013)辽审三民提字第45号

【当事人】

再审申请人(一审原告、二审上诉人)：倪某

被申请人(一审被告、二审被上诉人)：丹东海洋红风力发电有限责任公司

【基本案情】

倪某系东港市菩萨庙镇常胜村村民，1993年秋建温室甲鱼养殖场一座，分别于1995年、1997年两次扩建，占地面积880平方米，其中净水池面积750平方米，另配有蓄水池一个及注排水、加热设施等。1993年养殖场建成后，倪某从丹东与朝鲜交界处收购当地野生中华鳖(俗称甲鱼)进行自繁自养，16~17个月可完成一个养殖周期，上市甲鱼单体重达750克，已连续养殖七年。2000年3月，丹东海洋红风力发电有限责任公司(以下简称海洋红公司)在倪某养殖场及周边村落建成大规模风力发电机组，其中两组发电机位于养殖场附近：一组位于养殖场东南约100米处，另一组位于养殖场西北400~500米处。2000年9月后倪某养殖的甲鱼大量死亡，甲鱼生产处于停滞状态。2001年7月25日，倪某自行委托辽宁省淡水渔业环境监督监测站针对海洋红公司对倪某甲鱼场生产影响进行了论证，辽宁省淡水渔业环境监督监测站2001年8月5日作出《丹东海洋红风力发电有限责任公司对倪某甲鱼场生产影响的论证报告》，结论为：养殖用水源和养殖池中水质的各项指标符合国家渔业水质标准，能够满足甲鱼生长对水质的要求，饲料中各项指标正常；风力发电机叶轮转动投影及噪声扰乱并改变了温室大棚中甲鱼所需的安静生活环境，而且这种惊扰正值四五月的甲鱼繁殖、发育和生长期，导致了一系列不良后果。后倪某针对其所遭损失，又委托丹东国信资产评估有限责任公司进行了评估鉴定，丹东国信资产评估有限责任公司于2001年12月10日作出丹国信评报字(2001)第439号资产评估报告，结论为：倪某水产养殖经营损失价值为1,508,400元，养殖经营场所迁移费用为129,566元，总计为1,637,966元。倪某以海洋红公司为被告向丹东市中级人民法院提起民事诉讼。诉讼中丹东市中级人民法院委托原农业部黄渤海区渔业生态环境监测中心(以下简称渔业生态监测中心)针对"丹东海洋红风力发电厂对室内养殖中华鳖生长影响"进行现场试验鉴定，原农业部黄渤海区渔业生态环境监测中心于2003年11月7日作出《丹东海洋红风力发电厂对室内养殖的中华鳖生长影响的现场试验鉴定报告》，结论为：试验现场的噪声、电磁辐射以及转动的阴影，不会对中华鳖的存活和生长造成影响。倪某于2003年11月19日撤回起诉。2007年1月30日，倪某以同一事实向东港市人民法院再次提起民事诉讼，庭审中，倪某提供原农业部渔业局资源环保处出具的一份证明材料。

该份证明材料认为,原农业部黄渤海区渔业生态环境监测中心"关于风车的噪声、电磁辐射、转动阴影等因素对中华鳖的存活和生活影响的试验鉴定"已超出该局核发的《渔业污染事故调查鉴定资格证书》的业务范围。应海洋红公司申请,法院向《渔业污染事故调查鉴定资质证书》的颁发部门原农业部渔业局(中华人民共和国渔政渔港监督管理局,以下简称渔政渔港监督管理局)致函,请求说明:(1)原农业部黄渤海区渔业生态环境监测中心是否有"渔业污染事故调查鉴定"资质资格;(2)原农业部黄渤海区渔业生态环境监测中心是否有鉴定室内养殖"中华鳖"死亡资质。原农业部渔业局复函答复:"依据农业部《渔业污染事故调查鉴定资格管理办法》,农业部黄渤海区渔业生态环境监测中心持有我局颁发的《渔业污染事故调查鉴定资格证书》(甲级),具有渔业污染事故调查资格。"原农业部黄渤海区渔业生态环境监测中心的上级主管部门为原农业部渔业局,原农业部渔业局同时也是渔政渔港监督管理局。原农业部渔业局资源环保处是原农业部渔业局(渔政渔港监督管理局)的一个处,分管资源环保工作。原农业部黄渤海区渔业生态环境监测中心持有渔政渔港监督管理局颁发的"渔业污染事故调查鉴定甲级资质证书",2004年6月11日在山东省高级人民法院审核注册。

【案件争点】

侵权行为与损害结果之间是否存在因果关系。

【裁判要旨】

因环境污染引起的损害赔偿诉讼,由加害人就法律规定的免责事由及行为与损害结果之间不存在因果关系承担举证责任,即因环境污染引起的损害赔偿,被告法定的免责条件为:(1)举证证明被告的行为与原告的损害后果间无因果关系;(2)举证证明被告具有法律规定的免责事由。本案中,倪某养殖的中华鳖(俗称甲鱼)于2000年9月后大量死亡的客观事实存在,原农业部黄渤海区渔业生态环境监测中心的现场试验鉴定报告认为,试验现场的噪声、电磁辐射以及转动的阴影,不会对中华鳖的存活和生长造成影响。倪某认为,原农业部黄渤海区渔业生态环境监测中心试验鉴定已超出原农业部渔业局核发的《渔业污染事故调查鉴定资格证书》的业务范围。但原农业部渔业局为涉案纠纷有权处理机关,其复函证实原农业部黄渤海区渔业生态环境监测中心具有渔业污染事故调查资格,并持有原农业部渔业局颁发的《渔业污染事故调查鉴定资格证书》(甲级),故黄渤海区渔业生态环境监测中心作出的丹东海洋红风力发电厂对室内养殖的中华鳖生长影响的现场试验鉴定报告应予采信,即倪某养殖的中华鳖死亡与海洋红公司建成的风力发电机组产生的噪声，电磁辐射以及转动的阴影无因果关系，海洋红公司抗辩主张成立，一审法院予以采纳。而倪某提供的原农业部渔业局资源环保处为其出具的证明材料真实性及对涉案纠纷相关证明资质一审法院无从考证，不予采信。黄渤海区渔业生态环境监测中心是否在法院进行司法注册备案并不影响黄渤海区渔业生态环境监测中心对涉案项目鉴定资质，故倪某该项主张无法律依据，一审法院不予支持。综上，倪某要求被告赔偿损失无事实及法律依据，一审法院不予照准。

倪某对一审判决不服，提起上诉。《民事诉讼法》第64条规定，当事人对自己提出的主张，有责任提供证据。最高人民法院《关于民事诉讼证据的若干规定》(2008年调整版)第2条规定，当事人对自己提出的诉讼请求所依据的事实或者反驳对方诉讼请求所依据的事实有责任提供证据加以证明。没有证据或者证据不足以证明当事人的事实主张的，由负有举证责任的当事人承担不利后果。第4条规定，因环境污染引起的损害赔偿诉讼，由加害人就法律规定的免责事由及行为与损害结果之间不存在因果关系承担举证责任。倪某因其养殖的中华鳖(俗称甲鱼)于2000年9月后大量死亡，对海洋红公司提起噪声污染侵权赔偿之诉。因噪声污染侵权纠纷属于环境污染损害赔偿范畴，故举证责任在于海洋红公司。经丹东市中级人民法院委托，原农业部黄渤海区渔业生态环境监测中心经鉴定认为，试验现场的噪声、电磁辐射以及转动的阴影，不会对中华鳖的存活和生长造成影响。原农业部黄渤海区渔业生态环境监测中心是原农业部设立的具有渔业污染事故调查鉴定资格证书的甲级渔业污染事故调查单位，所出具的是现场试验鉴定报告；而辽宁省渔业环境监督检测站是地方渔业环境监督单位，于2001年8月5日出具的仅是论证报告，并非鉴定结论报告。二审法院认为，一审法院依据原农业部黄渤海区渔业生态环境监测中心作出的《丹东海洋红风力发电厂对室内养殖的中华鳖生长影响的现场试验鉴定报告》，判决驳回上诉人的诉讼请求是正确的。

《人民法院对外委托司法鉴定管理规定》第11条规定，司法鉴定所涉及的专业未纳入名册时，人民法院司法鉴定机构可以从社会相关专业中，择优选定受委托单位或专业人员进行鉴定。原农业部黄渤海区渔业生态环境监测中心是否进行司法注册备案并不能影响该监测中心对涉案项目的鉴定资质。且经渔政渔港监督管理局确认，原农业部黄渤海区渔业生态环境监测中心具有渔业污染事故调查鉴定资格。故一审法院将原农业部黄渤海区渔业生态环境监测中心作出的《丹东海洋红风力发电厂对室内养殖的中华鳖生长影响的现场试验鉴定报告》作为定案依据是正确的。倪某的该项上诉主张，无事实和法律依据，二审法院不予支持。

针对该鉴定结论双方发生争议,渔政渔港监督管理局和原农业部渔业局资源环保处分别作出了答复,渔政渔港监督管理局虽答复称渔业生态环境监测中心具有渔业污染事故鉴定资质,但实际上并未对本案噪声、电磁辐射、转动阴影等因素对中华鳖的影响是否系渔业生态监测中心的鉴定范围作出实质性答复。原农业部渔业局资源环保处答复称,渔业生态监测中心"关于风车的噪声、电磁辐射、转动阴影等因素对中华鳖的存活和生活影响的试验鉴定"已经超出核发的《渔业污染事故调查鉴定资格证书》的业务范围。该答复为确定性答复,与渔政渔港监督管理局的答复并不矛盾,且说明渔业生态监测中心在鉴定资质上存在问题,应当认定渔业生态监测中心不具有涉及本案环境污染的鉴定资质。

根据《渔业水域污染事故调查处理程序规定》的定义,渔业水域污染事故,是指由于单位和个人将某种物质和能量引入渔业水域,损坏渔业水体使用功能,影响渔业水域内的生物繁殖、生长或造成该生物死亡、数量减少,以及造成该生物有毒有害物质积累、质量下降等,对渔业资源和渔业生产造成损害的事实。因此,渔业水域污染一般是指水体受到物质污染的影响,继而影响水体内生物的生存所造成的污染。而案涉环境污染损害纠纷,根据本案基本事实和证据,是基于风力发电产生的噪声、光影及电磁造成的新类型环境污染。而噪声、光影及电磁对中华鳖生长和生存可能造成的影响,并非一定通过污染其生存的水域产生,可能会直接作用于生物体本身,本案不属于一般意义上的渔业水域污染。仅具有渔业污染鉴定资质的机构所出具的鉴定结论不能作为定案的依据。

《辽宁省风力发电厂生态建设管理暂行办法》第 10 条第 3 项规定,1500 千瓦及以下机组应与噪声及光影敏感目标保持 500 米以上防护距离,并根据风力发电机组型号和地形地貌等实际情况核定防护距离。本案依据相关资料记载和证明,中华鳖属于对噪声及光影敏感生物,而本案中风力发电机最近一组机组距离养殖场仅 100 米,不符合规范要求。该文件虽然发布在后,但无疑确定了风力发电机对环境具有的影响,并作出强制性的规定予以规范。该证据可以印证中华鳖死亡与风力发电机所产生的噪声、转动阴影、电磁辐射等因素具有一定因果关系。再审期间,海洋红公司经法院询问,坚持渔业生态监测中心的鉴定结论,不要求本案对因果关系问题再次鉴定,而本案也已不具备重新鉴定的条件。综上,本案海洋红公司未完成中华鳖死亡与其实施的风力发电行为之间不存在因果关系证明责任,其应承担相应的民事责任。

关于本案所发生的具体损失数额,因原审法院以渔业生态监测中心的鉴定结论作为本案定案的依据，认定本案不具有事实因果关系，所以未对损失数额委托鉴定机构进行司法鉴定。针对此节事实，案涉中华鳖的死亡已经时隔多年，不具备再次鉴定的客观条件。倪某自行委托的关于损失的鉴定结论系有鉴定资质的鉴定机构作出，鉴定人员也接受了法院询问，原鉴定结论亦经过了庭审质证。海洋红公司明确表示本案不具备重新鉴定的条件，也不申请重新鉴定。根据最高人民法院《关于民事诉讼证据的若干规定》第 28 条的规定，该鉴定结论应当予以采信。

例案二 | 包头市九原区麻池镇永茂泉村村委会诉内蒙古蒙电华能热电股份有限公司包头第二热电厂环境污染损害赔偿纠纷

【法院】

内蒙古自治区包头市中级人民法院

【案号】

(2006)包民三初字第 12 号

【当事人】

原告：包头市九原区麻池镇永茂泉村村委会

被告：内蒙古蒙电华能热电股份有限公司包头第二热电厂

【基本案情】

包头市九原区麻池镇永茂泉村(以下简称永茂泉村)位于内蒙古蒙电华能热电股份有限公司包头第二热电厂(以下简称第二热电厂)所建的贮灰场西北方，该贮灰场建于 20 世纪 80 年代末，主要用于排放发电废弃物粉煤灰。永茂泉村村委会认为，第二热电厂从 1999 年 1 月起至 2003 年 12 月连年排放大量粉煤灰，严重污染了附近的土地及农作物，造成严重损失，为此诉至法院，请求依法判令第二热电厂赔偿 5 年来其 2100 亩土地所受污染的实际损失 300 万元，并停止侵害，采取有效措施清除粉煤灰污染。诉讼费由被告负担。

【案件争点】

1. 永茂泉村村委会是否具有原告主体资格。

2. 第二热电厂是否存在污染行为。

3. 永茂泉村是否存在损失的事实。

【裁判要旨】

本案原告是以环境污染提起的财产损害赔偿，按照法律要件划分，环境污染损害赔偿作为一种特殊侵权行为,受害人首先应就加害人有污染行为以及损害的事实承担举证责任。最高人民法院《关于民事诉讼证据的若干规定》(2001 年版)第 4 条第 3 项规定,因环境污染引起的损害赔偿诉讼,由加害人就法律规定的免责事由及其行为与损害结果之间不存在因果关系承担举证责任。也就是说,被告对法定的免责事由和污染行为与损害之间的因果关系负举证责任,而原告在本案的举证责任为:被告贮灰池的污染行为和原告的实际损害结果。关于被告贮灰池的污染行为,根据原告提供的证据及被告的反驳,依照证据规则,鉴定结论必须具备合格的形式和内容。也就是说,法院对于鉴定结论不仅应当审查鉴定的依据及使用的科学手段、是否有明确的结论,还要审查鉴定机构的资格。原告提供的证据 1《监测报告》,出具单位内蒙古自治区农业能源环保监测站不具有鉴定资质,其加盖其他单位的认证章,没有法律效力,故该报告不能作为定案的依据。原告提交的证据 3 委托书与《评估报告》的委托人相矛盾。原告提供证据 13《协议书》,其认可是在解决贮灰场南池时签订的,所以不能证明被告北池的污染事实。原告提供的证据 15、16 三份取土拉运的协议,也不能充分证明被告贮灰场北池对原告农作物造成污染的事实。

关于原告的实际损害结果,根据原告提供的证据和被告的反驳,原告提交的证据 2《评估报告》,是为沃土壕村委会出具的,不能证明与原告有关,且出具单位包头市农业科学研究所于 2004 年 7 月 8 日首次申请取得计量认证证书,这表明 2002 年 9 月 25 日出具该报告时,包头市农业科学研究所并没有评估认证的资质。这一事实不仅被告提交的证据 1 包头市农业科学研究所的计量认证合格证书及附表予以证实,原告提供的证据 8 包头市农业科学研究所计量认证合格证书也可证明。故该《评估报告》不能作为有效证据予以采信。

例案三 | 周某与湖北燕加隆九方圆板材有限责任公司环境污染责任纠纷

【法院】

湖北省蕲春县人民法院

【案号】

(2019)鄂 1126 民初 4 号

【当事人】

原告:周某

被告：湖北燕加隆九方圆板材有限责任公司

【基本案情】

周某居住在蕲春县横车镇九棵松村三组。2016年5月，周某因身体不适，经检查得知患上重度再生障碍贫血。周某认为，其患有重度再生障碍贫血与湖北燕加隆九方圆板材有限责任公司（以下简称九方公司）长期排放的污染物有关，遂诉至法院。

【案件争点】

九方公司是否应对周某承担环境污染损害赔偿责任。

【裁判要旨】

《侵权责任法》（已废止）第65条[①]规定："因污染环境造成损害的，污染者应当承担侵权责任。"法律规定对于环境污染侵权实行无过错责任，只要行为人的污染行为造成损害，污染者就要承担相应的责任。《侵权责任法》（已废止）第66条[②]规定："因污染环境发生纠纷，污染者应当就法律规定的不承担责任或者减轻责任的情形及其行为与损害之间不存在因果关系承担举证责任。"该规定确定了环境污染纠纷案件适用举证责任倒置的原则。但举证责任倒置原则不等于受害方不承担任何举证义务，受害人仍应就污染物对其损害的关联性承担举证责任。最高人民法院《关于审理环境侵权责任纠纷案件适用法律若干问题的解释》（2015年版）第6条规定："被侵权人根据侵权责任法第六十五条规定请求赔偿的，应当提供证明以下事实的证据材料：（一）污染者排放了污染物；（二）被侵权人的损害；（三）污染者排放的污染物或者其次生污染物与损害之间具有关联性。"根据上述法律规定，周某应当提供证据证明九方公司排放的污染物与损害之间具有关联性，然后由九方公司就法律规定的不承担责任、减轻责任的情形或者行为与损害之间不存在因果关系承担举证责任。周某所提供的证据不足以证明其主张九方公司存在排放甲醛的污染事实以及排放的污染物或者其次生污染物与其的损害之间具有关联性。九方公司提供的证据能够证明其厂区周边未检测出甲醛的事实。根据最高人民法院《关于适用〈中华人民共和国民事诉讼法〉的解释》（2015年版）第90条第1款的规定："当事人对自己提出的诉讼请求所依据的事实或反驳对方诉讼请求所依据的事实，应当提供证据加以证明，但法律另有规定的除外。"本案中，当事人未能提供证

---

① 参见《民法典》第1229条。

② 参见《民法典》第1230条。

据或者证据不足以证明其事实主张时,由负有举证证明责任的当事人承担不利的后果。

三、裁判规则提要

(一)环境损害司法鉴定的概念

环境损害司法鉴定,是指在诉讼活动中鉴定人运用环境科学的技术或者专门知识,采用监测、检测、现场勘察、实验模拟或者综合分析等技术方法,对环境污染或者生态破坏诉讼涉及的专门性问题进行鉴别和判断并提供鉴定意见的活动。环境诉讼中需要解决的专门性问题包括:确定污染物的性质;确定生态环境遭受损害的性质、范围和程度;评定因果关系;评定污染治理与运行成本以及防止损害扩大、修复生态环境的措施或方案等。

从环境损害司法鉴定的内容上看,环境损害司法鉴定主要分为以下几类:(1)污染物性质鉴定,主要包括危险废物鉴定、有毒物质鉴定,以及污染物其他物理、化学等性质的鉴定;(2)地表水和沉积物环境损害鉴定,主要包括因环境污染或生态破坏造成河流、湖泊、水库等地表水资源和沉积物生态环境损害的鉴定;(3)空气污染环境损害鉴定,主要包括因污染物质排放或泄露造成环境空气或室内空气环境损害的鉴定;(4)土壤与地下水环境损害鉴定,主要包括因环境污染或生态破坏造成农田、矿区、居住和工矿企业用地等土壤与地下水资源及生态环境损害的鉴定;(5)近海海洋与海岸带环境损害鉴定,主要包括因近海海域环境污染或生态破坏造成的海岸、潮间带、水下岸坡等近海海洋环境资源及生态环境损害的鉴定;(6)生态系统环境损害鉴定,主要对动物、植物等生物资源和森林、草原、湿地等生态系统,以及因生态破坏而造成的生物资源与生态系统功能损害的鉴定;(7)其他环境损害鉴定,主要包括由于噪声、振动、光、热、电磁辐射、核辐射等污染造成的环境损害鉴定。鉴定结论,是指由具有科学、技术、工艺等专门知识的人,根据司法机关的指派或聘请,对诉讼案件中需要解决的某些专门性问题进行分析、鉴别后所提供的结论性意见。①

(二)对鉴定意见进行司法审查的必要性

《民事诉讼法》第63条第2款规定:"证据必须查证属实,才能作为认定事实的

① 参见司法部、原环境保护部《关于规范环境损害司法鉴定管理工作的通知》(司发通〔2015〕118号)。

根据。”鉴定意见作为法定证据的一种，也同其他种类证据一样，必须经过查证属实，才能作为认定事实的根据。

鉴定意见之所以必须经过法院审查方可作为认定事实的根据，主要基于以下两方面原因：(1)司法鉴定意见是客观性与主观性的统一。鉴定意见以科学知识为基础，是科学实验与科学研究的结果，因此，鉴定意见具有客观性。但是，鉴定人对于知识的掌握可能有欠缺，不同的鉴定人，知识结构、专业能力、工作经验各异，因此，鉴定意见也呈现一定的主观性。(2)鉴定意见的不确定性。鉴定意见的不确定性源于两个方面：其一，科学是发展的，科学自身也存在一定的不确定性。其二，收集资料中的不确定性，也会在一定程度上导致鉴定意见的不确定性。

(三)鉴定意见司法审查的内容

人民法院审查司法鉴定意见，一般从以下几个方面对民事司法鉴定意见进行审查。

1. 关联性审查。所谓证据的关联性，是指证据必须与案件的待证事实有关，是能够证明案件的待证事实。最高人民法院《关于民事诉讼证据的若干规定》第 88 条规定：“审判人员对案件的全部证据，应当从各证据与案件事实的关联程度、各证据之间的联系等方面进行综合审查判断。”这就是关于证据的关联性规定，鉴定意见也必须符合关联性要求。

2. 合法性审查。对鉴定意见的合法性审查，主要包括以下内容：对鉴定机构及鉴定人的资质审查；对司法鉴定程序合法性的审查；对鉴定材料的取得、保管、送检等过程的合法性审查；审查鉴定人是否有回避情形；审查鉴定意见书是否符合法定的形式等。

3. 可靠性审查。鉴定意见是对专门性问题的一种科学实证意见，而法官囿于专业知识的缺乏，常常难以实现对鉴定意见的客观性审查，所以，人民法院对鉴定意见的客观性审查通常转变为对鉴定意见的可靠性审查。对鉴定意见的可靠性进行审查，主要包括两个方面：(1)对鉴定意见使用的科学原理及采用的鉴定方法进行审查；(2)对鉴定意见的论证过程进行审查。这需要法官在具体个案中结合实际情况进行判断。

(四)环境司法鉴定意见的司法审查

环境损害司法鉴定是司法鉴定的一个特殊类型。其除了具有一般司法鉴定所具有的科学性与法律性相统一、主观性与客观性相统一的特点外,还具有以下几个特点:(1)复杂性。环境损害鉴定常常涉及多个学科。污染物可以是多种多样的,污染的成因、方式、途径千变万化,被污染的客体涉及大气、河流、海洋、土地、林地、农作物等,污染结果和污染物之间的因果关系有强有弱,对环境损害导致的损失进行货币化评估错综复杂,解决这些问题所需的专业技术具有复杂性和多学科性。(2)即时性。有些环境污染具有易逝性、扩散性特点,如果不及时进行固定、鉴定,就难以反映真实的污染情况。(3)环境损害鉴定成本高、周期长。例如,2011 年 6 月,渤海蓬莱 19－3 油田发生重大海洋溢油污染责任事故。原国家海洋局等部门组织人员进行鉴定,需要动用轮船、雇佣劳动力,支出费用达上百万元;而一个普通的环境损害鉴定,一般也需要几万元、几十万元,远高于传统司法鉴定的成本。此外,由于环境损害司法鉴定的复杂性,鉴定人常常需要开展实验、组织研讨等活动,这在客观上也导致了环境损害司法鉴定周期长的结果。(4)环境损害司法鉴定对环境诉讼案件的处理具有举足轻重的影响。环境损害鉴定属于非法律专业性问题,如果法官、检察官无法作出专业判定,就难以开展有效的审理和判决。环境损害司法鉴定运用专业技术技能科学定性污染物和污染破坏行为,科学判定环境损害行为与损害结果之间的因果关系,科学判断损害程度、范围以及损失数额等,从而为解决环境损害纠纷和打击环境污染犯罪提供关键技术支撑。①

鉴于环境损害司法鉴定工作的重要性,相关部门根据行政管理与专业领域的不同,建立了种类繁多、分工细致的环境司法鉴定司法体系。当前我国环境损害司法鉴定体系包括污染物性质鉴定、地表水和沉积物环境损害鉴定、空气污染环境损害鉴定、土壤与地下水环境损害鉴定、海洋生态环境损害鉴定、农业环境污染损害鉴定、养殖和野生渔业环境污染损害鉴定、室内环境质量检测、林业环境破坏评估鉴定、危险废弃物认定等。根据环境司法鉴定的具体内容,我国环境司法鉴定的管理,分别由生态环境保护、农业、国土、林业、海洋、渔业等行政管理部门各自负责。

近年来,我国的环境司法鉴定工作虽然取得了一定的进步,但由于仍处于起步阶段,在实际工作中暴露出不少问题:(1)缺乏有资质的鉴定机构。由于立法、管理制度、技术等多方面的原因,目前缺乏从事环境损害鉴定的机构和人员。(2)从业机构和人员能力参差不齐,难以对环境司法审判提供有效技术支撑。技术队伍建设滞后且工作不规范,导致司法实践中法官找不到符合法律要求的鉴定人对环境

① 参见王元凤等:《我国环境损害司法鉴定的现状与展望》,载《中国司法鉴定》2017 年第 4 期。

损害专门性问题提出鉴定意见或作出评估报告。(3)鉴定意见科学性、权威性不足。由于缺乏环境损害鉴定评估的专门的程序规定，很多环境损害鉴定评估的技术细节缺乏可操作性的指导，导致鉴定机构在鉴定过程中随意性加大，或者出现由于鉴定人接受委托人聘请，违反职业操守出具有利于委托人的结论等情况。由于缺乏环境损害鉴定评估程序和技术规范，影响鉴定意见的合法性、客观性和科学性。(4)多份鉴定意见彼此冲突现象。法官在审理环境纠纷案件中经常遇到原告、被告各自提供的鉴定意见互相冲突的情况。①

对于环境司法鉴定工作中存在的问题，除应加强环境损害司法鉴定行业管理，完善环境损害鉴定评估技术规范和标准，推动构建司法鉴定机制外，人民法院在审理环境资源诉讼案件时，应切实加强对环境司法鉴定意见的司法审查。在对鉴定机构的资质、鉴定业务范围、鉴定程序等进行司法审查时，应当进行实质性审查，方可保证鉴定意见的科学性、权威性、公正性和公信力，从而为人民法院正确审理环境资源诉讼提供有力保障。最高人民法院《关于全面加强环境资源审判工作　为推进生态文明建设提供有力司法保障的意见》第20条规定："充分发挥专家在环境资源审判工作中的作用。建立环境资源审判专家库，在审理重大疑难案件、研讨疑难专业问题、制定规范性文件时，充分听取专家意见……"因此，人民法院在对环境鉴定机构资质、鉴定业务范围、鉴定程序等进行实质性审查的过程中，对于相关技术性问题，可以充分发挥技术专家的作用，解决法官可能面临的技术障碍问题。

四、辅助信息

高频词条：

《民法典》

第1229条　因污染环境、破坏生态造成他人损害的，侵权人应当承担侵权责任。

第1230条　因污染环境、破坏生态发生纠纷，行为人应当就法律规定的不承担责任或者减轻责任的情形及其行为与损害之间不存在因果关系承担举证责任。

最高人民法院《关于审理环境侵权责任纠纷案件适用法律若干问题的解释》

第6条　被侵权人根据民法典第七编第七章的规定请求赔偿的，应当提供证明以下事实的证据材料：

---

① 参见於方、田超、张衍桑：《我国环境损害司法鉴定制度初探》，载《中国司法鉴定》2015年第5期。

(一)侵权人排放了污染物或者破坏了生态;

(二)被侵权人的损害;

(三)侵权人排放的污染物或者其次生污染物、破坏生态行为与损害之间具有关联性。

第7条 侵权人举证证明下列情形之一的,人民法院应当认定其污染环境、破坏生态行为与损害之间不存在因果关系:

(一)排放污染物、破坏生态的行为没有造成该损害可能的;

(二)排放的可造成该损害的污染物未到达该损害发生地的;

(三)该损害于排放污染物、破坏生态行为实施之前已发生的;

(四)其他可以认定污染环境、破坏生态行为与损害之间不存在因果关系的情形。

《民事诉讼法》

第63条 证据包括:

(一)当事人的陈述;

(二)书证;

(三)物证;

(四)视听资料;

(五)电子数据;

(六)证人证言;

(七)鉴定意见;

(八)勘验笔录。

证据必须查证属实,才能作为认定事实的根据。

最高人民法院《关于民事诉讼证据的若干规定》

第36条 人民法院对鉴定人出具的鉴定书,应当审查是否具有下列内容:

(一)委托法院的名称;

(二)委托鉴定的内容、要求;

(三)鉴定材料;

(四)鉴定所依据的原理、方法;

(五)对鉴定过程的说明;

(六)鉴定意见;

(七)承诺书。

鉴定书应当由鉴定人签名或者盖章，并附鉴定人的相应资格证明。委托机构鉴定的，鉴定书应当由鉴定机构盖章，并由从事鉴定的人员签名。

第40条 当事人申请重新鉴定，存在下列情形之一的，人民法院应当准许：

（一）鉴定人不具备相应资格的；

（二）鉴定程序严重违法的；

（三）鉴定意见明显依据不足的；

（四）鉴定意见不能作为证据使用的其他情形。

存在前款第一项至第三项情形的，鉴定人已经收取的鉴定费用应当退还。拒不退还的，依照本规定第八十一条第二款的规定处理。

对鉴定意见的瑕疵，可以通过补正、补充鉴定或者补充质证、重新质证等方法解决的，人民法院不予准许重新鉴定的申请。

重新鉴定的，原鉴定意见不得作为认定案件事实的根据。

第41条 对于一方当事人就专门性问题自行委托有关机构或者人员出具的意见，另一方当事人有证据或者理由足以反驳并申请鉴定的，人民法院应予准许。

《司法鉴定程序通则》

第15条 具有下列情形之一的鉴定委托，司法鉴定机构不得受理：

（一）委托鉴定事项超出本机构司法鉴定业务范围的；

（二）发现鉴定材料不真实、不完整、不充分或者取得方式不合法的；

（三）鉴定用途不合法或者违背社会公德的；

（四）鉴定要求不符合司法鉴定执业规则或者相关鉴定技术规范的；

（五）鉴定要求超出本机构技术条件或者鉴定能力的；

（六）委托人就同一鉴定事项同时委托其他司法鉴定机构进行鉴定的；

（七）其他不符合法律、法规、规章规定的情形。

《司法鉴定机构登记管理办法》

第14条 法人或者其他组织申请从事司法鉴定业务，应当具备下列条件：

（一）有自己的名称、住所；

（二）有不少于二十万至一百万元人民币的资金；

（三）有明确的司法鉴定业务范围；

（四）有在业务范围内进行司法鉴定必需的仪器、设备；

（五）有在业务范围内进行司法鉴定必需的依法通过计量认证或者实验室认可的检测实验室；

(六)每项司法鉴定业务有三名以上司法鉴定人。

第39条 司法鉴定机构有下列情形之一的,由省级司法行政机关依法给予警告,并责令其改正:

(一)超出登记的司法鉴定业务范围开展司法鉴定活动的;

(二)未经依法登记擅自设立分支机构的;

(三)未依法办理变更登记的;

(四)出借《司法鉴定许可证》的;

(五)组织未取得《司法鉴定人执业证》的人员从事司法鉴定业务的;

(六)无正当理由拒绝接受司法鉴定委托的;

(七)违反司法鉴定收费管理办法的;

(八)支付回扣、介绍费,进行虚假宣传等不正当行为的;

(九)拒绝接受司法行政机关监督、检查或者向其提供虚假材料的;

(十)法律、法规和规章规定的其他情形。

后　　记

最高人民法院在《人民法院第五个五年改革纲要(2019—2023)》中提出,完善类案和新类型案件强制检索报告工作机制。类案同判研究机制的健全完善对促进统一法律适用、提升司法公信力具有重要意义和价值,实现类案公正无疑是促进和谐社会建设的重要举措。中国法学会(最高人民法院)审判理论研究会、中国应用法学研究所按照最高人民法院党组要求,积极开展类案同判裁判规则的编写工作。为此,由中国应用法学研究所刑事行政审判研究部韩德强主任作为首席专家担任主编,江苏省徐州市中级人民法院院长花玉军担任副主编,与相关高校、律所合作组建编写团队,编写环境资源纠纷案件裁判规则。

江苏省徐州市中级人民法院在全国较早成立环境资源审判庭,拥有环境案件审判经验丰富的审判团队和研究人员,审理的多件案件入选最高人民法院指导性案例、典型案例、江苏省高级人民法院公报案例,一件案件被收录联合国环境规划署环境法数据库中国环境司法裁判板块,并在联合国多边环境协定信息门户的法律与案例栏目做专题摘要介绍。该院环境资源审判庭被江苏省高级人民法院、共青团江苏省委授予省级"青年文明号"荣誉称号。江苏中虑律师事务所与南京高校签署战略合作协议,聘请南京大学、河海大学等高校的环境法学教授组建了执业经验丰富的专业化环境资源法律服务团队,成立华东地区首家生态环境保护领域的人民调解组织。按照环境侵权类案件特点,编委会专门组建了由法官、法官助理、高校学者、专业律师参加的编写团队。为了保障写作质量,编写团队又分设 3 个写作小组,保证落实到人,确保按时按质完成任务。

本书的编撰历时一年有余,其间,主编韩德强主任到江苏省徐州市中级人民法院座谈指导,明确编写原则和定位,并对每个裁判规则的筛选审定、格式内容编排、类案检索报告的全面性与权威性等内容进行梳理和修正。副主编花玉军院长作为中国行为法学会常务理事、江苏省审判业务专家、江苏省法学会环境资源法学研究会专业顾问,充分发挥示范引领作用,亲自部署统一编写思路和模式,要求每位成员立足促进适法统一的高度,以极强的责任心和使命感完成编写工作,保证编写质量。编写团队多次通过现场会议、视频连线等方式协调工作,进一步统一观点、修改文字,确保书籍编写工作的顺利有序进行。每一位作者在编写过程中均以极大的热情全身心投入,在繁忙的工作之余付出大量时间和精力对规则反复推敲;穷尽检索手段从数千件裁判文书中筛选适合的典型案例,只为尽最大可能找到同类案例,为顺利完成编写付出了辛勤劳动。

全书 20 个规则基本反映了现今环境侵权私益诉讼领域的民事案件类型,明确了类案规则。在国家推进生态文明建设、大力保护环境、建设美丽中国的背景下,希冀通过对该领域类案规则的梳理和编撰,为法院裁判确立法律适用尺度标准,为律师执业提供帮助,并引导公众理性行使诉权维护合法权益,提高法治意识。

感谢 Alpha 法律智能操作系统为本书提供案例检索等支持和帮助!